精品课程新形态教材
21世纪应用型人才培养系列教材
新时代创新型人才培养精品教材

体育与健康
（师范类）

主编　张立燕　吕昌民

TIYU YU JIANKANG
(SHIFANLEI)

湖南大学出版社·长沙

内 容 简 介

本书内容分为理论知识编、运动技能编和职业发展编。理论知识编阐述了师范专业体育、多元健康观、大学生体育健身等内容；运动技能编重点介绍了当前高校开展广泛并与终身健身有关的田径、球类、健美操、武术等项目及锻炼方法；职业发展编从学生将来职业需求考虑选择了队列队形口令指挥、儿童体育游戏组织等内容，突出师范类学生职前技能培养。

本书可作为体育与健康课程的教学用书，也可作为体育爱好者学习与锻炼的指导用书。

图书在版编目（CIP）数据

体育与健康:师范类 / 张立燕,吕昌民主编. —长沙：湖南大学出版社,2023.8(2025.8重印)
ISBN 978-7-5667-3173-9

Ⅰ.①体… Ⅱ.①张… ②吕… Ⅲ.①体育-师范大学-教材②健康教育-师范大学-教材 Ⅳ.①G807.4 ②G647.9

中国国家版本馆 CIP 数据核字(2023)第 158089 号

体育与健康(师范类)
TIYU YU JIANKANG(SHIFANLEI)

主　　编：	张立燕　吕昌民
责任编辑：	张建平
印　　装：	北京俊林印刷有限公司
开　　本：	787 mm×1092 mm　1/16　印　张：17　字　数：372 千字
版　　次：	2023 年 8 月第 1 版　印　次：2025 年 8 月第 2 次印刷
书　　号：	ISBN 978-7-5667-3173-9
定　　价：	47.50 元

出 版 人：李文邦
出版发行：湖南大学出版社
社　　址：湖南·长沙·岳麓山　　邮　编：410082
电　　话：0731-88822559(营销部),88820006(编辑室),88821006(出版部)
传　　真：0731-88822264(总编室)
网　　址：http:// press.hnu.edu.cn
电子邮箱：1176142336@qq.com

版权所有,盗版必究
图书凡有印装差错,请与营销部联系

前　言

2022年9月，教育部办公厅发布《关于进一步做好"优师计划"师范生培养工作的通知》，要求进一步做好"优师计划"师范生培养工作，"强化学科（领域）基础知识教学，注重跨学科（领域）教学能力培养，根据定向地区需要，加强一专多能师范生培养"。体育与健康课程作为师范专业课程体系的重要组成部分，是增强学生体质、增进健康的重要手段，能为培养一专多能师范生打下基础，能全面培养实施素质教育发展的合格人才。为顺应时代发展，适时编写出版一本体现师范生一专多能培养理念和反映课程改革新成果的师范专业大学体育教材，无疑将会为"优师计划"注入新的活力。

本书根据党的二十大精神，按照教育部的要求，全书结合师范类专业特点，将人民至上、自信自立、守正创新、问题导向、系统观念、胸怀天下的思想融入到知识技能编写中，以培养学生胸怀祖国、服务人民的爱国精神，勇攀高峰、敢为人先的创新精神，引导学生努力把自立自强信念自觉融入人生追求之中，努力把自我发展融入推动全面建成社会主义现代化强国、实现第二个百年奋斗目标、以中国式现代化全面推进中华民族伟大复兴的实践中。

本书源于教学改革研究实践，力求突出以下几个特点：

1. 以党的二十大精神为指引，突出"以人为本，健康第一，终身体育"的理念，突出"体育+思政"的育人作用。在体育理论与健康知识中，融入党的十九大以来的伟大变革，激发学生的爱国热情，培养学生积极参加体育运动的意识，让学生养成终身体育习惯；在体育项目中增加体育优秀人物介绍，加强思政教育，将强身健体与家国情怀、道德培养、个性塑造、意志品质培养融为一体，促进大学生身心健康发展。

2. 结构合理、内容丰富。本书在编排上充分体现系统性、全面性，围绕终身体育目标，选编与学生今后生活密切相关并与终身健身有关的内容，形式力求丰富多彩，引导学生掌握一到两项体育技能和一套科学的健身方法，让学生形成自己的运动爱好和运动专长从而终身受益。

3. 强调职业性。师范类专业的体育教学包括自身体育学习和职前体育教学能力训练的双重任务。据师范类学生的特点，本教材选编的内容力求重点突出，讲究实效，帮助学生认识体育对师范类专业的价值，引导学生掌握与师范类专业相关的体育教学技能，促进学生职业能力的形成。

　　本书编写过程中，得到了学校领导和教务处领导的关心和支持，得到了体育系领导和老师们的积极协助，在此一并感谢。

　　由于我们水平有限，创新能力不强，体育教学实践的各种范例不够丰富，致使我们有许多设想还没有完全实现，这也是编者心中遗憾之事。希望使用这本教材的老师和同学们多提宝贵意见，我们欢迎大家的批评和指正。

编　者

目录 CONTENTS

理论知识编

第一章 师范专业体育 ... 2
第一节 体育概念与功能 ... 2
第二节 师范专业体育的目的、任务与特点 ... 4

第二章 多元健康观 ... 7
第一节 多元健康观 ... 7
第二节 《国家学生体质健康标准》简介 ... 11
第三节 心理健康 ... 15

第三章 大学生体育健身 ... 19
第一节 科学安排体育健身 ... 19
第二节 女大学生的体育健身 ... 23

第四章 运动创伤的预防与处理方法 ... 28

运动技能编

第五章 田径运动 ... 34
第一节 田径运动基本知识 ... 34
第二节 跑 ... 37
第三节 跳跃 ... 47
第四节 投掷 ... 53

第六章　球类运动 ... 56
第一节　篮球 ... 56
第二节　排球 ... 73
第三节　足球 ... 94

第七章　健美操 ... 105
第一节　健美操基本知识 ... 105
第二节　健美操的基本动作 ... 108
第三节　健美操组合动作 ... 110
第四节　大众健美操组合动作 ... 125
第五节　儿童健美操 ... 140

第八章　武术 ... 154
第一节　武术概述 ... 154
第二节　武术基本动作 ... 158
第三节　儿童武术操范例 ... 163

职业发展编

第九章　体操 ... 172
第一节　体操基本知识 ... 172
第二节　队列和体操队形 ... 176
第三节　基本体操 ... 200
第四节　儿童基本体操范例 ... 215
第五节　基本体操的创编 ... 231
第六节　跳绳 ... 234

第十章　体育游戏 ... 239
第一节　体育游戏基本知识 ... 239
第二节　体育游戏范例 ... 242
第三节　儿童体育游戏指导与范例 ... 247
第四节　儿童体育游戏的创编 ... 260

参考文献 ... 265

理论知识编

> 体育是提高人民健康水平的重要途径,是满足人民群众对美好生活向往、促进人全面发展的重要手段,是促进经济社会发展的重要动力,是展示国家文化软实力的重要平台。

第一章 师范专业体育

引导学生认识体育的概念与功能，正确理解新时代体育"四个重要"的新内涵；明确师范专业体育的目标、任务和特点，培养学生树立正确的教育观、职业观。

第一节 体育概念与功能

学习和掌握体育的概念及其功能可以帮助同学们正确理解体育这一社会文化现象的本质，提高体育文化素养，明确学校体育在学校教育中的作用，为学好体育这门学科奠定基础。

一、体育的概念

体育作为一种文化现象有着悠久的历史。随着社会的发展，体育已成为现代文明的重要组成部分，是世界文化百花园中的一朵奇葩。

体育的概念是随着社会的发展而发展的。起初，人们认为体育是根据人体适应与变化的自然规律，有意识地运用人体自身运动增强体质，促进身体健康的方法。随着人们认识的不断提高，体育也被认为是一种社会文化教育活动。

在我国，一般把体育分为"广义体育"和"狭义体育"。

广义体育是体育运动的同义词，它包括学校体育、社会体育（也称群众体育）和竞技体育。三者之间是既有区别，又有联系的整体。其根本任务是增强人民体质，提高运动技术水平，丰富人民文化生活，为社会主义建设事业服务。

狭义体育是指学校体育，它是学校教育的重要组成部分。根据"树立健康第一的指导思想"，按照学校教育目标和不同年龄阶段学生身心发展的特点，面向全体学生，通过体育课、体育课外活动，运用多种多样的身体练习手段，全面发展学生身体，增强体质，传授体育知识技能，培养优良的思想道德品质和促进个性发展，体育是一种有目的、有计划、有组织的教育过程。它与学校德育、智育、美育、劳育等相互配合，共同促进学生素质的全面提高，共同完成培养合格人才的任务。

师范专业的体育同样是学校教育的重要组成部分，教育部《关于加强高等院校教育人才培养工作的意见》曾明确指出："高等院校教育应以培养高等技术应用型专门人才为根本任务，以适应社会需要为目标"，因此，师范专业体育在按照学校的一般规律促进学生身心发展的同时，还要进行幼儿园、小学体育的职前教育技能训练，为将来成为全面发展的合格教师奠定基础。

二、体育的功能

体育具有多种功能，学校体育作为教育的内容之一，是素质教育的重要组成部分，在增进学生身体健康，增强体质，促进身心素质的全面发展等方面，具有不可替代的功能。体育主要具有以下几个功能：

（一）健身功能

体育的基本功能是健身功能。通过身体活动增强体质，提高健康水平，是体育的目的之一。体质是指人体的质量，它是在遗传性和获得性的基础上表现出的人体形态结构、生理机能和心理等综合的、相对稳定的特征。体育可以改善人的身体形态和发育状况，提高生理机能、身体素质和人体基本活动能力的水平，增强对外环境的适应能力和对疾病的抵抗能力，改善心理状态，促进心理健康发展。

（二）智育功能

体育为促进智力发展打下良好的物质基础。良好的体质可以保证有充沛的精力进行学习。体育活动中快速多变的各种练习，使人的视觉、听觉、触觉等各感觉器官都能得到很好的锻炼，使得思维敏捷，记忆力增强，从而促进大脑皮质功能的提高和智力的发展。

（三）德育功能

体育是提高人的思想道德素质的有效途径。体育活动中要练习各种复杂的动作，克服人生、心理上的障碍和困难，磨炼刻苦、顽强、勇敢、坚毅等意志品质；集体活动中要互相帮助、团结协作、密切配合、共同努力，为集体争取荣誉；激烈的竞赛可以培养人的竞争意识、合作意识、创新精神和拼搏精神。通过体育健身有助于实现以上这些现代社会对人的思想道德素质的要求。

（四）娱乐功能

体育是调节心理状态和使精神得到放松的有效手段。通过体育活动，可以获得乐趣，使郁闷的心情得以排遣，满足心理的某种需要；可以使紧张的神经得到松弛，消除学习、工作中的疲劳，使人的精神愉快，心情愉悦。

（五）社会功能

体育是社会的产物，是促进社会发展与社会进步的一种积极健康的力量。竞技体育能振国威，扬民气。奥运冠军站在领奖台，奏响国歌时，能极大鼓舞全国亿万人民的士气；女排姑娘奋力救起一个个难以救起的球时，不仅激发出我们强烈的爱国热情和献身精神，而且增强了民族的凝聚力。

体育能加强国家、地区间的交流与友谊，促进社会发展。2022年北京冬奥会的举办，让世界各国看到我国政治稳定、经济发达和国力昌盛，宣传了中华优秀文化，促进中西文化交流，增强人民的民族自豪感和自信心。同时，北京携手张家口承办2022北京冬奥会，进一步推进京冀两地特别是京张两市在各个领域的战略合作，实现两地在经济、文化、教育、科技、生态、金融、信息交流等各个方面的深入对接，带动了当地经济的发展，加快全面建成小康社会的步伐。

第二节　师范专业体育的目的、任务与特点

师范专业学生不仅要明确自身体育健身的意义和目的，还要从未来从事幼儿、小学教育的角度理解师范专业体育的目的和任务。

一、师范专业学校体育的目的

通过体育教学、课外体育活动和体育教育实践等活动，向学生进行体育理论与方法的教学和身体锻炼的实践，全面锻炼学生身体，增进学生健康，增强体质，促进身心发展，培养学生热爱基础教育事业，并初步具有担任幼儿体育工作、组织小学体育活动的能力，成为德、智、体等方面全面发展的合格教师。

二、师范专业学校体育的任务

（一）全面锻炼身体

培养学生挺拔、健美的身体姿态和良好的教师形象；促进身体的正常发育；促进身体素质以及基本活动能力的全面发展；提高身体生理机能水平，增强适应外界能力和抵抗疾

病的能力；促进学生身心全面发展。

（二）掌握体育基础知识、基本技术和基本技能，提高体育文化素养

学习和掌握体育的基础理论知识、基本技术和基本技能；学会科学锻炼身体的方法，懂得一般的体育与健康知识和体育娱乐的方法；培养对体育的兴趣、爱好，逐步养成经常参加体育健身的习惯以及良好的卫生习惯；为终身体育奠定基础。

（三）培养从事儿童体育工作的职业能力

掌握儿童体育的基础理论知识和儿童体育活动的组织教法；培养初步具有担任幼儿体育教学、卫生保健工作以及组织儿童体育活动的能力；培养对儿童体育活动的兴趣，提高从事儿童体育工作的职前技能，能够基本胜任儿童体育的全面工作。

（四）培养优良思想品德，促进学生个性发展

教育学生拥护中国共产党，热爱祖国，热爱孩子和儿童教育事业；初步树立正确的世界观、人生观、价值观；培养学生具有良好的社会公德和教师的职业道德；发展学生个性，培养学生竞争意识、创新能力、合作能力和应变能力；培养勇敢顽强、艰苦奋斗等优良品质，促进心理健康，陶冶美的情操。

三、高等院校师范专业学校体育的特点

（一）突出"健康第一"的指导思想

师范专业体育教学大纲在教学目的中，贯彻了"健康第一"的指导思想，把全面锻炼学生身体，增进学生健康，增强体质作为教学的主要目的；在教学要求中把培养学生良好的身体姿态，促进身体正常的生长发育，提高生理机能水平，增强适应外界自然环境和抵抗疾病的能力摆在了首要位置；在贯彻执行大纲的要求中，把体育与健康教育相结合加以强调，明确指出体育必须以"健康第一"作为指导思想，学生的健康是师范专业体育教学的目标之一；体育是健康教育的重要内容与手段。

（二）突出职业特点

幼儿园老师是全科型老师，需要掌握体育教育能力；小学老师在任课同时通常会担任班主任工作，需要掌握组织体育活动能力。培养合格的幼儿园、小学教师，是师范专业体育教学的最终目的。通过职前体育基础理论知识的学习，培养师范专业学生组织和开展儿童体育活动的能力；通过儿童体育的职前技能训练，学生可以掌握幼儿园、小学体育所必需的基本动作教学和组织技能技巧；培养师范专业学生的敬业精神，对其进行热爱基础教育专业的思想教育。从思想上、理论上、专业技术、技能上进行全方位的培养，提高学生的综合素质与能力，为成为合格的幼儿园、小学教师打下坚实基础。

（三）理论与实践相结合

在体育的必修教材中，包括理论知识、运动技能和职业发展三大部分。理论知识部分内容根据学生的特点和对知识的接受程度，主要介绍了体育在师范专业教育中的意义与作用，体育教学的目的与任务，体育和健康常识；运动技能实践部分的教材中，列出了体操、球类、田径、武术、游戏、发展身体素质练习等内容；职业发展结合未来职业介绍了儿童体育活动的组织与指导方法，同时还安排了儿童体育活动组织实践。

在认真学习并掌握体育基础知识的基础上进行体育实践和体育的职前技能训练，使理论结合实际，理论指导实践，全面完成体育的教学目标。

思考题

1. 什么是体育？师范专业学生怎样学好体育？
2. 体育具有哪些功能？

第二章 多元健康观

 思政目标

引导学生充分认识体育对提高人民健康水平的积极意义,将自身的健康和国家的富强、民族的复兴紧紧联系在一起,培养家国情怀。

健康是人类文明的象征,是事业成功的基石,是为祖国和人民服务的基本前提,更是提高中华民族素质的基石。世界卫生组织马勒博士曾指出:"健康并不代表一切,但丧失健康就丧失了一切。"这说明了健康是人一生中重要的财富。健康是民族昌盛和国家富强的重要标志。那么,什么是健康,我们师范专业学生应该如何认识健康呢?

第一节 多元健康观

一、什么是健康

早期人们把健康理解为"远离疾病和身体虚弱病症的一种身体状态",随着社会的发展,人们认识到健康的多元性。

1948年,世界卫生组织对健康的定义是"健康不仅仅是没有疾病或虚弱,而是指躯体健康、心理健康和社会适应良好的状态。"在1978年国际初级卫生保健大会上世界卫生组织所发表的《阿拉木图宣言》中重申:"健康不仅是没有疾病或不虚弱,而且是身体的、精神的健康和社会适应良好的总称。"该宣言指出:"健康是基本人权,达到尽可能的健康水平,是世界范围内一项重要的社会性目标。"

1989年世界卫生组织又一次深化了健康的概念,认为健康包括躯体健康、心理健康、

— 7 —

社会适应良好和道德健康。这个现代健康概念中的心理健康和社会性健康是对生物医学模式下的健康的有力补充和发展，它既考虑到人的自然属性，又考虑到人的社会属性，从而摆脱了人们对健康的片面认识。

二、健康的内涵

按照世界卫生组织对健康的解释，一个人的健康应该包括身体健康、心理健康、社会适应良好及道德健康等方面。师范专业学生都应该把自己造就成为一个身心健康，拥有多元健康观的人。

（一）身体健康（生理健康）

身体健康是指身体结构和功能正常，具有生活的自理能力。可以理解为一是身体主要脏器功能良好，身体形态发育良好，体形均匀，人体各系统具有良好的生理功能，有较强的身体活动能力和劳动能力；二是对疾病的抵抗能力较强，能够适应环境变化，抵御各种生理刺激以及致病因素对身体的作用。

新冠肺炎疫情使越来越多的人认识到身体健康的可贵，因为新冠病毒不仅威胁身体健康，甚至危及生命。《2021国民健康洞察报告》显示，93%的人认为"身体健康"是人生中最重要的事情。人们的健康观念有了很大转变。我们国家历来关心人民的健康，我们都能感受到党和政府始终高度重视人民健康，人民至上，生命至上。从号召"发展体育运动，增强人民体质"，到党的十八届五中全会做出了推进健康中国建设的重大决策，再到党的二十大报告提出："面对突如其来的新冠肺炎疫情，我们坚持人民至上、生命至上，坚持外防输入、内防反弹，坚持动态清零不动摇，开展抗击疫情人民战争、总体战、阻击战，最大限度保护了人民生命安全和身体健康"，都体现了国家对人民身体健康的重视。

（二）心理健康

心理健康是指个体能够正确认识自己，及时调整自己的心态，使心理处于良好状态以适应外界的变化。心理健康有广义和狭义之分：狭义的心理健康主要是指无心理障碍等心理问题的状态；广义的心理健康还包括心理调节能力，发展心理效能能力。

（三）社会适应良好

社会适应良好是指个体能与自然环境、社会环境保持良好接触，并对周围环境有良好的适应能力，具有一定的人际交往能力，能有效应对日常生活、工作中的压力，与周围环境保持协调与平衡，使思想、意识、情感、行为能与客观环境相适应，经常进行自我调整，紧跟时代步伐，变被动适应为主动适应，更好地生存与发展。

人们为适应社会环境，要学会选择适合自我的价值观和人生态度，并有效建立促进个人发展的精神背景和自我引导机制，以便能够按社会运行法则，处理好个人和社会之间的矛盾。

心理健康的大学生,应能与社会保持良好的接触,对于社会现状有清晰、正确的认识;既有远大的理想和抱负,又不会沉湎于不切实际的幻想与奢望,注重现实与理想的统一;对于现实生活中所遇到的各种困难和挑战,不怨天尤人,用切实有效的办法去解决,当发觉自己的理想与愿望与社会发展背道而驰时,能够迅速地进行自我调节,以求与社会发展一致,而不是逃避现实,更不妄自尊大和一意孤行。

(四)道德健康

道德健康是人的一种"本质力量","道"既是指人在自然界及社会生活中待人处事应当遵循的一定规律、规则、规范等,也指社会政治生活和做人的最高准则。"德"是指个人的品德和思想情操。道德健康是指能够按照社会规范的细则和要求来支配自己的行为,能为人们的幸福做贡献,表现为思想高尚、有理想、有道德、守纪律。

实践证明,凡与人为善,助人为乐,且具有高尚品德的人,总是心胸坦荡。人若处于无烦恼的心理状态,不仅能使人体分泌更多有益的激素、酶类和乙酰胆碱等,还可增强人体的抗病能力,这无疑对促进健康是有利的。但与之相反,倘若一个人有悖于社会道德准则,由于其胡作非为导致的紧张、恐惧、内疚等不良心态,就会给他带来沉重的精神负担,使之终日食不甘味,夜不成寐,这样的结果自然也就无健康可言了。

三、健康的标准

2000年世界卫生组织提出的健康10条标准,包括:

(1)有充沛的精力,能从容不迫地担负日常生活和繁重的工作,而且不感到过分紧张和疲劳。

(2)处事乐观,态度积极,乐于承担责任,事无大小。

(3)善于休息,睡眠良好。

(4)应变能力强,能适应外界环境中的各种变化。

(5)能抵制一般性感冒和传染病。

(6)体重适当,身材发育匀称,站立时,头、肩、臂的位置协调。

(7)眼睛明亮,反应敏捷,眼睛不易发炎。

(8)牙齿清洁,无龋齿,不疼痛,牙龈颜色正常,无出血现象。

(9)头发有光泽,无头屑。

(10)肌肉丰满,皮肤有弹性。

这10条健康的标准,是就一般情况和普遍情况而言的,但对不同年龄的人还应有不同的标准。

我国传统医学中，也有一套健康的标准。这一整套健康标准主要是针对中年人而言，因此也可以视为中年人的 10 大健康标准。这 10 大标准是：

（1）眼有神：目光炯炯，无呆滞的感觉，说明精气旺盛，脏器功能良好，思想活跃。

（2）声息和：声如洪钟，呼吸从容不迫，心平气和，反映出肺脏功能良好，抵抗力强。

（3）前门松：指小便通畅，说明泌尿、生殖系统大体无恙。

（4）后门紧：大便每日一次，有规律，无腹痛、腹泻之虑，说明消化功能健旺。

（5）形不丰：保持体型匀称，注意不宜过胖，标准体重（公斤）＝身高（厘米）— 105（女性减 100）。

（6）牙齿坚：注意口腔卫生，基本上无龋齿，反映肾精充足。

（7）腰腿灵：表现为肌肉、骨骼和四肢关节有力或灵活，中年知识分子因工作性质尤其要保持腰腿灵。

（8）脉形小：指每分钟心跳次数保持在正常范围（60-80 次/分），说明心脏和循环功能良好。

（9）饮食稳：饮食坚持定时定量，不挑食和偏食，不饱食滥饮，无烟酒嗜好，注意饮食养身法。

（10）起居准：能按时起床和入睡，睡眠质量好。

四、健康中国

长期以来，人民的健康状况始终作为重点内容被关注。要充分认识体育对提高人民健康水平的积极意义，落实全民健身国家战略，普及全民健身运动，促进健康中国建设。

（一）党和政府高度重视人民健康

2015 年 3 月，全国两会期间的政府工作报告首次提出"健康中国"。健康中国有三个层面的含义：从健康事业角度看，"健康中国"是一个发展目标，是指人民健康、长寿水平达到世界先进水平的中国；从人民生活角度看，"健康中国"是一种生活方式，是人人拥有健康理念和健康生活，家家享有健康服务和健康保障的生活方式；从国家发展角度看，"健康中国"是一种发展模式，是把人民健康放在优先发展的战略地位，把健康融入所有政策，努力实现全方位、全周期保障人民健康的国家发展模式。

党的十九届五中全会提出"全面推进健康中国建设"，明确了 2035 年建成健康中国的远景目标。"十四五"规划和 2035 年远景目标纲要进一步细化了"十四五"时期全面推进健康中国建设的目标任务。《"健康中国 2030"规划纲要》《健康中国行动（2019—2030 年）》等一项项部署，彰显了党中央对健康中国建设的高度重视。健康中国蓝图已经绘就，以形成全方位、全生命期的健康体系守护着人民健康。

（二）人民健康是民族昌盛和国家强盛的重要标志

党的二十大报告提出："人民健康是民族昌盛和国家强盛的重要标志。把保障人民健康放在优先发展的战略位置，完善人民健康促进政策。"健康是促进人的全面发展的必然要求，是经济社会发展的基础条件，是民族昌盛和国家富强的重要标志，也是广大人民群众的共同追求。拥有健康的人民意味着拥有更强大的综合国力和可持续发展能力，如果人民健康水平低下，疾病控制不利，不仅人民生活质量受到影响，同时社会会付出沉重的代价。

健康是人类全面发展和经济社会可持续发展的基础，也是人类文明进步最重要的标志之一。健康与经济增长有着紧密联系，经济增长可提高健康水平，良好健康也可促进经济增长，两者相互促进。健康是促进人的全面发展的必然要求，是经济社会发展的基础条件，是国家富强和人民幸福的重要标志，也是广大人民群众的共同追求。没有全民健康就没有全面小康，要将全民健康上升到全面小康社会能否建成的高度，将全民健身作为实现全民健康和全面小康目标的重要保障。经济要发展，健康要上去，人民的获得感幸福感安全感都离不开健康，中华民族要成为身体健康的民族。同学们也要把自身的健康和国家的富强、民族的复兴紧紧联系在一起。

第二节　《国家学生体质健康标准》简介

体质可以反映人体的生命活动，运动能力水平。体质健康通常代表一个人的身体健康。国家历来重视大学生身体健康，《国家学生体质健康标准》（以下简称《标准》）是由教育部、国家体育总局共同组织研制，于2002年7月正式颁布实施，现行《标准》为2014年最新修订。《标准》适用于普通高等学校的在校学生，《标准》测试是"促进学生体质健康发展、激励学生积极进行身体锻炼的教育手段，是学生体质健康的个体评价标准，也是学生毕业的基本条件之一"。

一、《标准》的测试项目

根据《标准》要求，大学生需要进行的测试项目共计八项，分别是身高、体重、肺活量、50米跑、1000米跑（男）/800米跑（女）、立定跳远、坐位体前屈、引体向上（男）/1分钟仰卧起坐（女）。

二、《标准》的说明

（1）《国家学生体质健康标准》是国家学校教育工作的基础性指导文件和教育质量基本标准，是评价学生综合素质、评估学校工作和衡量各地教育发展的重要依据，是《国家体育锻炼标准》在学校的具体实施，适用于全日制普通小学、初中、普通高中、中等职业学校、普通高等学校的学生。

（2）本标准的修订坚持健康第一，落实《国家中长期教育改革和发展规划纲要（2010-2020年）》《国务院办公厅转发教育部等部门关于进一步加强学校体育工作若干意见的通知》（国办发〔2012〕53号）和《教育部关于印发〈学生体质健康监测评价办法〉等三个文件的通知》（教体艺〔2014〕3号）有关要求，着重提高《标准》应用的信度、效度和区分度，着重强化其教育激励、反馈调整和引导锻炼的功能，着重提高其教育监测和绩效评价的支撑能力。

（3）本标准从身体形态、身体机能和身体素质等方面综合评定学生的体质健康水平，是促进学生体质健康发展、激励学生积极进行身体锻炼的教育手段，是国家学生发展核心素养体系和学业质量标准的重要组成部分，是学生体质健康的个体评价标准。

（4）本标准将适用对象划分为以下组别：小学、初中、高中按每个年级为一组，其中小学为6组、初中为3组、高中为3组。大学一、二年级为一组，三、四年级为一组。

（5）小学、初中、高中、大学各组别的测试指标均为必测指标。其中，身体形态类中的身高、体重，身体机能类中的肺活量，以及身体素质类中的50米跑、坐位体前屈为各年级学生共性指标。

（6）本标准的学年总分由标准分与附加分之和构成，满分为120分。标准分由各单项指标得分与权重乘积之和组成，满分为100分。附加分根据实测成绩确定，即对成绩超过100分的加分指标进行加分，满分为20分；小学的加分指标为1分钟跳绳，加分幅度为20分；初中、高中和大学的加分指标为男生引体向上和1000米跑，女生1分钟仰卧起坐和800米跑，各指标加分幅度均为10分。

（7）根据学生学年总分评定等级：90.0分及以上为优秀，80.0～89.9分为良好，60.0～79.9分为及格，59.9分及以下为不及格。

（8）每个学生每学年评定一次，记入《〈国家学生体质健康标准〉登记卡》。特殊学制的学校，在填写登记卡时可以按规定和需求相应地增减栏目。学生毕业时的成绩和等级，按毕业当年学年总分的50%与其他学年总分平均得分的50%之和进行评定。

（9）学生测试成绩评定达到良好及以上者，方可参加评优与评奖；成绩达到优秀者，方可获体育奖学分。测试成绩评定不及格者，在本学年度准予补测一次，补测仍不及格，则学年成绩评定为不及格。

（10）学生因病或残疾可向学校提交暂缓或免予执行《标准》的申请，经医疗单位证明，体育教学部门核准，学生可暂缓或免予执行《标准》，并填写《免予执行<国家学生体质健康标准>申请表》，存入学生档案。确实丧失运动能力、被免予执行《标准》测试的残疾学生，仍可参加评优与评奖，毕业时《标准》测试成绩需注明免测。

（11）各学校每学年开展覆盖本校各年级学生的《标准》测试工作，《标准》测试数据经当地教育行政部门按要求审核后，通过"中国学生体质健康网"上传至"国家学生体质健康标准数据管理系统"。测试和数据上传时间由教育行政部门确定。

（12）本标准由教育部负责解释。

三、测试单项指标与权重

国家学生体质健康标准单项指标与权重如表2-1所示。

表2-1 单项指标与权重

单项指标	权重（％）
体重指数（BMI）	15
肺活量	15
50米跑	20
坐位体前屈	10
立定跳远	10
引体向上（男）/1分钟仰卧起坐（女）	10
1000米跑（男）/800米跑（女）	20

注：体重指数（BMI）= 体重（kg）/身高^2（m^2）。

四、《国家学生体质健康标准》大学测试具体项目

（一）身高体重

（1）身高体重主要用来评价身体匀称度，间接反映身体成分。

（2）身高体重测量方法：立正姿势站在测试器踏板上，上臂下垂，足跟并拢，足尖分开约成60°角，躯干自然挺直，头部保持正直。在测量身高的同时，体重数据也被仪器自然读出。记取成绩以厘米为单位，精确到小数点后一位。

（二）肺活量

（1）肺活量可以反映肺的容积和扩张能力，是评价人体呼吸系统机能的一个重要指标，常用于评价人体生长发育水平和体质状况，它的计算公式为：

$$肺活量体重指数 = 肺活量（毫升）/体重（千克）$$

(2) 肺活量测试方法：

目前我们采用的是电子肺活测试仪，使用干燥的塑料吹嘴（每名同学使用的吹嘴都已经过消毒）。测试同学深呼一口气后，向吹嘴处慢慢呼出至不能再呼出为止。吹气完毕后，液晶屏上最终显示的数字即为肺活量毫升值。共测两次，每次间隔15秒，记录最大值作为测试结果。以毫升为单位，不保留小数。

（三）50米跑

(1) 测试目的：测试学生速度、灵敏素质及神经系统灵活性的发展水平。

(2) 测试方法：受试者至少两人一组测试。站立起跑，受试者听到"跑"的口令后开始起跑。发令员在发出口令同时要摆动发令旗。计时员视旗动开表计时，受试者躯干部到达终点线的垂直面停表。以秒为单位记录测试成绩，精确到小数点后一位，小数点后第二位数按非0进1原则进位，如10.11秒读成10.2秒记录。

（四）立定跳远

(1) 测试目的：测试学生下肢爆发力及身体协调能力的发展水平。

(2) 立定跳远的测试方法：两脚自然分开站立，站在起跳线后，脚尖不得踩线。两脚原地同时起跳，不得有垫步或连跳动作。丈量起跳线后缘至最近着地点后缘的垂直距离。每位同学可试跳三次，取其中成绩最好一次。以厘米为单位，不计小数。

（五）1000米跑（男）/800米跑（女）

(1) 测试目的：测试学生耐力素质的发展水平，特别是心血管呼吸系统的机能及肌肉耐力。

(2) 测试方法：受试者至少两人一组进行测试，站立式起跑。当听到"跑"的口令后开始起跑。计时员看到旗动开表计时，当受试者的躯干部到达终点线垂直面时停表。以分、秒为单位记录测试成绩，不计小数。

（六）坐位体前屈

(1) 测试目的：测量学生在静止状态下的躯干、腰、髋等关节可能达到的活动幅度，主要反映这些部位的关节、韧带和肌肉的伸展性和弹性及学生身体柔韧素质的发展水平。

(2) 测试方法：受试者两腿伸直，两脚平蹬测试纵板坐在平地上，两脚分开约10～15厘米，上体前屈，两臂伸直前伸，用两手中指尖逐渐向前推动游标，直到不能前推为止。测试计的脚蹬纵板内沿平面为0点，向内为负值，向前为正值。记录以厘米为单位，保留一位小数。测试两次，取最好成绩。

（七）仰卧起坐（女）

(1) 测试目的：测试学生的腹肌耐力。

(2) 测试方法：受试者仰卧于垫上，两腿稍分开，屈膝呈90°角左右，两手指交叉贴于脑后。另一同伴压住其踝关节，以固定下肢。受试者坐起时两肘触及或超过双膝为完成一次。仰卧时两肩胛必须触垫。测试人员发出"开始"口令的同时开表计时，记录1分钟内完成次数。1分钟到时，受试者虽已坐起但肘关节未达到双膝者不计该次数，精确到个位。

（八）引体向上（男）

(1) 测试目的：测试学生的上肢肌肉力量的发展水平。

(2) 测试方法：受试者跳起双手正握杠，两手与肩同宽成直臂悬垂。静止后，两臂同时用力引体（身体不能有附加动作），上拉到下颌超过横杠上缘为完成一次。记录引体次数。

第三节　心理健康

一、什么是心理健康

心理健康是健康的重要组成部分，指个体心理在本身及环境条件许可的范围内，所能达到的最佳状态。也就是说，个体心理具有平稳的、良好的状态，对当前和发展的自然环境、社会环境及自身内环境有良好的适应性。心理健康对人的生活、学习和工作都有重要意义。当前社会生活节奏的加快，日趋激烈的竞争和挑战需要人们具有健康的心理状态，那么，什么是健康的心理呢？

二、师范专业学生心理健康的标准

（一）学习态度积极

学习是师范专业学生的主要任务。心理健康的大学生，学习兴趣浓厚，责任感强，能主动认真完成学习任务，对教学方案所规定的各科学习保持着积极的学习态度，即使对个别学科缺乏兴趣，也能理智地分析原因，并努力克服困难，争取学好。

（二）人际关系和谐

人是在一定的群体中生活的，并且要和别人交往相处，因而会出现各种不同的人际关系，如家庭关系、社会关系等。师范专业学生在校要正确处理好与老师、与舍友、与同学的关系，对人坦诚，尊重和关心别人，能够互相帮助，关系和谐，即便有了矛盾也能正确认识，不会为人际关系终日苦恼。

(三) 情绪稳定

心理健康的人在日常生活、学习、交往中，乐于表达，关心、关爱他人，心胸豁达、乐观，活泼开朗，情绪稳定。即使遇到不愉快的事情，也能比较快地调节好自己的情绪。

(四) 适应周围环境

人生活的环境常常发生变化，心理健康的人，能够主动适应变化的环境，找到适合自己的位置，并以积极的态度识别环境中的善恶、美丑。能够借助环境的有利因素，发展自己；对丑恶的东西进行抵制。

(五) 有一定的自我调节能力

师范专业学生正处于发展时期，有了相当的自我调控能力。在遇到困难、学习挫折、身体患病、友情变化等情况时，心理健康的学生能正确地分析认识、对待，避免引起心理上的起伏。

以上几点是互相联系的整体，不能仅从一点看心理健康程度。对于一时的或在某些方面的不足，不能认为是心理不健康，只要积极进行调整，就可以保持和增进心理健康。

三、师范专业学生常见心理挫折及克服挫折的方式

在实际生活中，由于生活、学习、工作环境的改变，生活节奏加快，心理压力过大，可能有的人产生了神经衰弱症、焦虑症、抑郁症等心理疾病。据上海市精神卫生研究所报告："在1300万人口的上海市，已有75万的各类精神、心理障碍症患者。他们大多是工作、学习、生活压力过大，长年超负荷运转的年轻人，其中大学生的发病率高达25%"。世界卫生组织的专家呼吁："从疾病发展史来看，人类已经从'传染病时代''躯体疾病时代'进入'精神疾病时代'"。因此，如何战胜各种心理挫折，维护自己的心理健康，对个体的健康成长以至国家民族的发展都具有非常重要的意义。

(一) 师范专业学生常见的心理挫折

挫折是个体在从事有目的活动过程中，遇到障碍或干扰致使个人动机不能实现，需要得不到满足时的情绪状态。造成师范专业学生心理挫折的原因一般有以下几个方面。

学习方面：学习成绩达不到自己的预期目标；无机会展现自己的才能；所学专业不符合自身愿望，求知欲望得不到满足；受到处分以至留级。

人际关系方面：大学生离开家庭走入住校生活，特别是第一次离家生活的学生不擅长与人交往，受到同学的排斥与讽刺；学习一般，不受教师喜爱，或遭受教师的批评；交不到知心朋友；父母教育方法不当，交流有障碍等。

兴趣与愿望方面：个人的兴趣爱好得不到别人的肯定和支持；受到过多的限制和责备；因生理条件的限制（如过矮、过胖等）而不能达到自己的愿望或受到歧视。

自我尊重方面：得不到教师和同学的信任，常受到轻视或委屈；自我感觉良好，而没有受到表彰或没有被选为班干部；思考速度、灵活性、学习成绩不如其他同学。

师范专业学生走入大学，正处在家庭生活向社会生活的过渡期，身心发展急剧变化，容易产生挫折感。其实挫折本身并不可怕，问题是要正确地对待挫折，学会正确认识自己、分析自己，找出产生挫折的原因和个人的不足，从而学会用积极的方式战胜挫折。

（二）学会用积极的方式战胜挫折

（1）注意保持适当的自我期望水平，不断调整自己的目标和行为。师范专业学生应根据自己的实际情况来确定奋斗目标，保持适当的自我期望水平，既不要过高地估计自己，也不要轻易地否定自己。当一种目标和行为经过一再尝试却得不到成功，就应学会调整目标，通过迂回的方式或另辟蹊径以达到成功。

（2）培养正确认识和分析挫折的能力，以积极的态度从挫折中吸取教训。如自己与教师、同学或父母的关系紧张，应分析原因，特别是要分析造成关系紧张的主观原因，并及时改进，使人际关系得到改善。

（3）不断学习，提高自己的思想和文化水平。学习古今中外有志者从"困境"中奋起的优良品质以及他们对待挫折的态度，激励自己不断进步。

（4）培养坚强的意志品质。坚强的意志和性格不会从天而降，而是通过后天的学习与锻炼，通过个人有意识地在实践中不断磨炼而成的。正如歌德说过的："凡不是就着泪水吃过面包的人是不懂得人生之味的人。"

（5）学会用积极的心理防御机制，提高对挫折的承受力和调节力。这就需要正确的分析和认识自己，找出个性中的优点和不足，不断完善自我的个性特征，是自己逐步成熟起来，提高耐受挫折的能力。

四、体育对促进心理健康的作用

体育健身能增进健康，陶冶情操，锻炼意志，促进人际关系，获得积极向上和活泼愉快的心情，也是积极性休息的好方式，对促进心理健康具有积极作用。主要表现在以下几个方面。

（一）调节情绪，陶冶情操

情绪是人对客观事物的反应，也是人对现实事物的态度和内心的体验。在从事繁重的学习后，参加轻松活泼的体育活动，如练习韵律体操和舞蹈。在优美的音乐旋律中进行活动，欢快的情绪油然而生，使自己在思想情操上得到陶冶，使自己的精神为之振奋。

（二）消除紧张，恢复体力

在紧张的学习之余，全身心地投入体育健身，紧张、烦恼、焦虑的情绪一扫而光，并在体育健身过程中活动筋骨，获得积极的休息，消除疲劳，增进身心健康。

（三）加强友谊，改善人际关系

在体育健身和竞赛活动中，特别是一些集体项目的竞赛，人与人、队与队之间的人际交往频繁，为加强友谊，发展人际关系，提供了良好的机会。

（四）提高自信，完善自我

在体育健身和竞赛中，特别是参加个人擅长的运动项目，能在完成各种复杂动作的过程中，在与对手斗智斗勇的拼搏中，在取得胜利的喜悦中，获得自我满足，提高自信心，并在训练和比赛中不断得到自我完善。

思考题

1. 谈谈你对多元健康观的理解。
2. 如何理解"没有全民健康就没有全面小康"这句话？
3. 简述《大学生体质健康标准》中大学生需要测试的内容与方法。
4. 你尝试过通过体育运动调节心理吗？谈谈你的感受。

第三章 大学生体育健身

 思政目标

倡导学生进行科学的体育健身，让体育健身活动成为生活的一部分；领会全民健身是提高人民群众身体健康水平的重要举措，人民身体健康是全面建成小康社会的重要内涵。

党的二十大报告提出："广泛开展全民健身活动，加强青少年体育工作，促进群众体育和竞技体育全面发展，加快建设体育强国。"全民健身是报告中关于体育表述的一个重要的词语，全民健身体现了"以人民为中心"的思想，与人们对美好生活的向往密切相关，全民健身是提高人民群众身体健康水平的重要举措。全民健身中的"健身"指的就是体育健身。

体育健身是人们根据身体需要进行自我选择，运用各种体育手段，并结合自然力和卫生措施，以发展身体，增强体质，丰富文化生活和支配余暇时间为目的的体育活动，是增进健康、增强体质最有效的方法。体育健身具有组织形式的灵活性、内容方法的多样性、与日常生活紧密的结合性等特点，具有广泛的群众基础。如今，体育健身已成为大学生在校生活的重要组成部分。

第一节　科学安排体育健身

《健康中国行动（2019—2030 年）》旗帜鲜明地指出："生命在于运动，运动需要科学。科学的身体活动可以预防疾病，愉悦身心，促进健康。"那么，我们大学生该如何科学地安排自己的体育健身活动呢？

一、体育健身原则

在当今社会体育健身已经深深融入我们的生活，同学们要想科学地安排体育健身，提高锻炼效果，避免运动损伤，就必须遵循体育健身的基本原则。

1. 循序渐进原则

循序渐进原则是指在体育健身时，必须遵循人体生理功能活动的规律，科学地安排运动负荷，在渐进的基础上有节奏地提高锻炼水平。在体育健身时，安排运动量要由小到大、由易到难、由简到繁，逐步进行。

不少同学在开始进行体育健身时，积极性很高，安排活动量也很大，但坚持不了几天，就腿疼肌肉痛，失去了锻炼热情。产生这种现象的原因主要是：开始安排活动量太大，机体无法很快适应，身体疲劳反应也大，甚至造成运动损伤，同学受不了"苦"而放弃锻炼，这就是没有按照循序渐进的原则去锻炼造成的后果。同学们应了解健身的效果并非一蹴而就，而是呈螺旋上升之态。在安排运动负荷时应注意由小到大逐步提高，其原则是提高—适应—再提高—再适应。刚开始体育健身的同学，或者是中断体育健身要恢复时，运动强度宜小、时间宜短，密度不宜过大。绝对不可以进行大负荷、大强度的体育健身。要注意在人体已经适应的负荷的基础上再不断提高运动量，循序渐进。

2. 持之以恒原则

持之以恒原则是指体育健身必须经常性进行，使之成为日常生活中的重要内容，应坚持进行长期的、不间断的锻炼。众所周知，"生命在于运动"，钟南山院士常说："锻炼就像吃饭一样，是生活的一部分，我们要建立一种观念，就是要一辈子运动，这样才能享有比较好的生活质量，最大的成功就是健康地活着。"全民健身的标准是倡导全民做到每天参加一次以上的体育健身活动，学会两种以上健身方法，每年进行一次体质测定。可见体育健身需要长期性、经常性。经常参加体育健身，锻炼的效果才明显、持久。所以，体育健身贵在坚持。

3. 全面发展原则

全面发展原则是指在体育健身的过程中必须追求身心的全面发展，使身体、形态、机能、身体素质和基本活动技能以及心理素质等都得到协调发展。人体是一个有机的整体，是在大脑皮层调节控制下的统一整体，人体的各个部位、各器官系统的机能、各种身体素质和基本活动技能之间都是互相联系、互相制约的，全面健身才能相互促进，因此必须注重全面的身体锻炼。

在进行体育健身时，应以一些功效大且较有兴趣的运动项目为主，再选一些其他的项目为辅进行全面的健身。要注意选择健身内容要丰富多样，应根据自身的兴趣爱好、专业特点以及客观条件，选择多样健身内容，尽量做到全面发展。在每次体育健身过程中，要

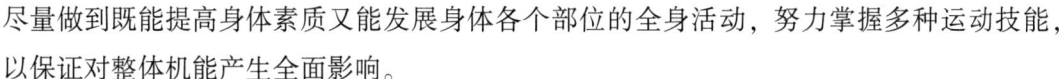

第三章 大学生体育健身

尽量做到既能提高身体素质又能发展身体各个部位的全身活动，努力掌握多种运动技能，以保证对整体机能产生全面影响。

4. 因人而异原则

进行体育健身时，要根据每个锻炼者的年龄、性别、爱好、身体条件、职业特点锻炼基础等不同情况做到因人而异。在体育健身的过程中，运动负荷的大小直接影响着人体功能变化。运动负荷是否适宜，对锻炼效果起很大的作用。即使同一个人，在不同的功能状态下，对负荷的承受能力也不尽相同。因而运动负荷的安排，要充分考虑到自身的年龄、性别、健康状况、体质水平、项目特点和健身目的等诸多因素。同学们要根据自身的实际情况来确定运动负荷的大小，量力而行，才能使体育健身更具有针对性。

5. 安全性原则

安全性原则是指在从事任何形式的体育健身时，都应该注意安全，尽可能避免因健身造成的运动损伤事故。务必将安全放在体育健身的重要位置，合理规划体育健身计划，符合运动规律和人体发展规律，尤其要从个人实际情况出发。同学们在健身前要注意：穿着适宜运动的服装，做好充分的准备活动；健身过程中要全身心地投入；健身初始阶段活动量不易过大，以免身体不适应而造成运动损伤；体育活动内容避免单一，导致身体片面发展，发生伤害事故。

二、体育健身的科学安排

体育健身只有持之以恒，才能取得理想的健身效果。因此，同学们在体育健身前应根据自身的条件和健身目的，制订出一个长期稳定而又切合实际的锻炼计划。在制定长期锻炼计划时，至少应考虑自己的健身目的、年龄和季节等多方面的因素。

1. 根据健身目的科学地安排体育健身

在进行体育健身前，每个人都要有明确的健身目的，这是同学们科学安排体育健身的重要依据。如果是为了增强体质，提高健康水平，那么安排体育健身的内容和时间就比较灵活；如果是为了提高肌肉力量，健美身材，就应以力量练习为主；如果以减肥为主要目的，就应以有氧运动为主，运动时间相应要长。

2. 充分的准备活动

准备活动不仅可以提高锻炼效果，还可以减少损伤。通过准备活动不仅要使身体机能进入最佳状态，而且要使心理活动达到最佳水平，准备活动结束时，应保证全身心地投入体育健身。

3. 根据体能科学地安排运动量和运动强度

体育健身时，科学合理计划运动量和运动强度，达到最佳锻炼效果。不同同学体能不同，身体素质能力不同，体育健身的运动量也不同。运动量过小，锻炼效果不明显；运动量过大，会对机体产生不利的影响。运动强度要由小到大，因为人的各个器官都有一定的惰性，通过准备活动肌肉已经能够进行大强度的活动，但内脏器官的活动并不能立即进入最佳状态，从而造成内脏器官与运动器官的不协调，出现各种不适症状。因此，体育健身运动强度要逐渐增加。

4. 足够的锻炼时间

为了保证锻炼效果，每天的锻炼时间至少要在半小时以上。在运动强度与时间发生矛盾时，应首先考虑运动时间，如果每天锻炼不能保证半小时的话，即使增加强度，健身效果也不明显。锻炼时间可以采取化整为零的办法，尤其是对于那些刚开始健身不能坚持到半小时或学习工作繁忙的同学。当然，健身时间并不是越长越好，身体机能好的人锻炼时间可长一些，但也不要超过 2 小时。

5. 根据季节科学地安排体育健身

不同季节的气候条件对体育健身也有影响，要根据季节气候的变化规律安排体育健身，并注意季节交替时体育健身的内容衔接。

春季锻炼：经过寒冷的冬季，身体各器官的功能包括肌肉的功能都处于较低水平，肌肉、韧带也较为僵硬，所以开春进行体育健身，主要是为了加强体内的新陈代谢为主，逐渐提高各器官的机能水平。体育健身的内容应以有氧代谢为主，运动强度要逐渐增加，运动形式多为长跑、健美操、自行车、跳绳、爬山、球类等。在春季进行体育健身时，要做好准备活动，充分伸展僵硬的韧带，以减少运动损伤。同时，要注意及时穿脱衣服，防止感冒。

夏季锻炼：夏季天气炎热，给体育健身带来很大不便，最好是在清晨或傍晚进行锻炼，锻炼后要注意水分的补充，以防身体脱水和中暑。夏季最理想的运动是游泳，但并不是所有的人都有条件或适合进行游泳运动，可供选择的其他较合适的项目还有慢跑、散步、太极拳、羽毛球等。

秋季锻炼：秋高气爽，秋季是体育健身的大好季节。但是秋季早晚气温较低，要注意增减衣服。另外，秋季天气干燥，锻炼前后要注意补充水，以保持口腔黏膜的正常分泌和呼吸道的湿润。

冬季锻炼：冬季参加体育健身，不仅可以提高身体的健康水平，更重要的是可以提高身体的抗寒能力，预防各种疾病的发生。冬季体育健身的内容非常丰富，可进行长跑、足球、拔河、跳绳、踢毽子、慢跑、太极拳等；北方还可练习滑雪、滑冰。冬季锻炼时身体生理机能惰性较大，肌肉组织容易受伤，所以要做好准备活动。运动最好采用口鼻呼吸方式，吸气时，口不要开得太大，防止冷空气直接刺激口腔黏膜。

6. 身体疲劳与恢复

健身一段时间后，必然会产生疲劳。疲劳是一种生理现象，人体只有通过体育健身产生疲劳,才会出现身体机能的超量恢复。但是,疲劳的不断积累也可能造成身体的疲劳过度,从而对机体产生不利影响。及时判断疲劳的出现是防止过度疲劳、提高健身效果的重要保障。下面介绍几种判断疲劳的方法。

(1) 简易的生理指标测定法:肌力是常用的生理指标之一,体育健身后肌肉力不增加,反而下降,说明机体产生疲劳;心率是判断疲劳的最简单的生理指标,体育健身后心率恢复时间延长或第二天清晨安静心率较以前明显增加,表示机体产生疲劳。

(2) 主观感觉:如果健身后感到头昏、恶心、胸闷、食欲减退,身体明显疲劳,甚至厌恶体育健身,说明身体疲劳程度较重,应及时调整活动量。

第二节　女大学生的体育健身

女子一生分为六个时期:新生儿期、幼女期、青春期、生育期、更年期及老年期,其中尤以青春期保健意义最重大。

大学生时期是女子一生中的青春发育和性成熟期,此阶段卵巢发育明显,生殖器官发育较快,约18岁开始,性腺及性器官发育成熟,卵巢周期性排卵,产生雌性激素,乳房和生殖器官也都有周期性变化,在身体形态结构与生理机能方面各表现出不同特点。

一、生理特点

进入青春发育期后,由于内分泌和生殖系统的迅速发育,女孩身体各方面都出现急剧的变化,男、女孩在身体形态、生理功能和心理特征方面都出现较大差异。

1. 运动器官特点

(1) 骨骼:女子骨骼较轻,抗变能力差,但韧性大。脊柱的椎间软骨较厚,韧性弹性好,因此,做桥和劈叉比男子容易。

(2) 体形:女子脊椎骨较长,四肢骨较短细,尤其是小腿较短,形成上身长、下身短的特点。青春期后,女子肩窄、骨盆宽大,下肢围度增长较快,出现大腿和腰粗等体型特征,造成身体重心低,稳定性高,有利于完成平衡动作,但不利于跳高和跳远,下肢短的特点也会影响跑动中的步幅和速度,同时由于骨骼轻,因而负重能力差。

(3) 肌肉:女子肌肉占体重的32%~35%,仅占男子肌肉重量的80%~89%,因此,女子肌肉重量轻,肌力也相对于男子要弱,且容易疲劳,女子肩带和前臂肌肉力量较差,加上肩部较窄,所以做悬垂、支撑、负重等动作较为困难。

(4) 身体脂肪:女子体脂占体重的28%~30%,大量的脂肪沉积在皮下,其是胸部、腿部,由于脂肪层厚,因而有很好的保温作用,不仅对参加游泳、冰雪运动时保温有利,还有助于保护骨骼肌肉少受损伤，同时体脂也可储备能量，以供人体需要时用。

2. 运动能力的特点

（1）力量：女子的肌肉力量仅为男子的2/3左右。据统计，女子在18～25岁平均握力为23.4 kg，屈臂悬垂为18.8 s，仰卧起坐26.1次，立定跳远160.5 cm，动力性力量18.5 kg，静力性力量16 kg。尽管女子肌力，特别是上肢肌力比男子差，但通过稳定训练，其肌力增长情况与男子相似，女子进行适当负重训练，不仅可以提高成绩，还有利于预防运动损伤。

（2）速度：女子在参加60 m跑的平均用时为11.3 s，为男子的79.65%，女子在参加400m跑的平均用时为114.8 s。

（3）耐力：虽然力量和爆发力较差，但在耐力、利用氧的能力、抗热的应激功能、利用体内储存的脂肪转化为能量的功能，以及身体的可训练性等方面较强。

（4）柔韧性：优势较明显，女子的关节韧带、肌肉弹性好，动作幅度大而稳定，优美性强，适合参与体操、艺术体操、技巧等运动项目。从医学角度来看，男女之间的差异是客观存在的，但又要充分估计女子"可训练性"的潜力。无论采用什么样的训练方法和手段，重要的原则是因人而异、因材施教、个别对待，科学安排运动量。

二、经期体育健身与卫生

在正常情况下，月经期适当参加体育健身是有益无害的，参加体育健身能改善人体的机能状态，改善盆腔的血液循环，改善盆腔内生殖器官的血液供应，减轻盆腔的充血现象，运动时腹肌与骨盆盆底肌肉的收缩与放松活动对子宫有柔和的按摩作用，还有助于经血的排出，丰富多彩的体育活动还可以调节大脑皮层的兴奋与抑制过程，从而减轻全身的不适反应，对身体会产生良好作用。调查表明，从事一些体操运动，对月经失调的女子能起到一定的治疗作用。有人曾对我国业余体校99名女运动员进行调查，调查结果表明有66%的人月经期运动对运动成绩无影响，有22%的人比平时成绩有提高，只有9%的人运动成绩下降。因此，女大学生循序渐进地养成在月经期参加运动的习惯是非常有益的。

大学阶段少女月经周期还未完全稳定，容易受干扰，所以月经来潮时，应适当减少体育健身的时间，合理安排活动内容，不可过于激烈。一般在月经期运动时负荷量不宜过大，负荷强度也不宜过强，要循序渐进，逐渐提高强度。经期不宜安排剧烈活动，如跳跃、速度跑和腹压力加大的练习，因生殖器充血绵软，韧带松弛，易使子宫位置改变和经血过多。调查表明，有的人在月经期运动时的经血量与月经期不运动时的经血量变化不大，多数人经期运动时月经量增多，少数月经量减少，也有个别经期从事训练出现月经失调、经量过多、痛经、闭经、月经周期紊乱等现象。对于月经过多、过少、周期紊乱及痛经的女生，经期前半段可稍加体育健身，在经期后半期可根据不同体质和不同人的特点酌情参加适量的体育健身。

从事专业运动的女子出现痛经、闭经或月经紊乱较多见，痛经常伴有易激动、腰痛、下腹痉挛、头痛、恶心、呕吐等症状。月经期参加比赛或大强度的训练，只有专业运动员和平时月经期训练有素的人才可以，不提倡一般大学生月经期参加比赛和大强度训练，如果有严重的痛经、经血量过多、子宫功能性出血、生殖器官炎症等，则不宜参加体育健身。

月经是女性正常的生理现象，身体健康、月经正常者，一般不出现明显的生理机能变化，在经期可参加适量的体育活动，这不仅可以改善盆腔血液循环，减少盆腔充血，而且由于运动还可以调整大脑皮质的兴奋和抑制过程，有利于人体机能的正常运行。在运动时应注意下述几点：

1. 运动量要适当减少

活动时间不宜过长，一般不参加比赛，因为比赛时运动强度大，精神十分紧张，对体力和神经系统都会带来负担，以致不能适应，易造成经血过多和月经紊乱。

2. 避免做剧烈运动

大强度或震动大的跑跳动作，如疾跑、跨跳、腾跃等，以及推铅球、后倒成桥、收腹、倒立、俯卧撑等动作。

3. 不要游泳

因为出血、子宫内膜脱落后，子宫内形成较大的创面，子宫颈口有所肿大，宫腔与阴道口位置对直，此时，身体对病菌侵袭的抵抗力下降，容易引起炎症。

4. 区别对待

对月经紊乱，经量过多、过少或经期不准以及痛经和患有内生殖器炎症的女生，月经期应暂停体育健身。

5. 注意习惯

对于身体健康、月经正常并且有一定训练水平的学生，可根据个人习惯进行活动。如经期第1～2天可进行轻微的体育活动，如广播操、垫排球等；第3～4天可逐渐加大运动量，如慢跑和进行球类活动；第5～6天即可正常参加锻炼。

三、女大学生体育健身中的注意事项

1. 要循序渐进

根据机体对外界环境刺激的适应规律及运动条件反射的建立和巩固规律，锻炼要由慢到快，掌握运动技术要由易到难，运动量要由小到大。

2. 要有坚持性

体育健身要保持经常性和规律性，合理安排锻炼与学习和休息时间，不要"三天打鱼，两天晒网"，要持之以恒，并有计划安排，如选择晨练还是睡前活动。

3. 要有全面性

体育健身应使身体形态、各器官系统的功能得到良好发展，不要仅仅提高身体对外界环境变化的适应能力、对疾病的抵抗力，而且在身体运动素质方面也要提高，如速度、力量、耐力、灵活性、柔韧等方面，还要培养女生良好的意志力。

4. 要因人而异

每人有各自的特点，要根据自己的具体情况（如健康状况、身体条件、爱好）采取不同的体育健身方式，如游泳、打球等。

5. 考虑青春发育期女子的心理特点

在体育健身开始时要选择一些兴趣大的项目，逐步养成自觉参加体育健身的习惯。

6. 饮食要有合理性

经常参加体育活动，既可保持健美体型，对健康也有极大好处。在营养要求方面，根据女子生理特点，在一些物质要求上有其特殊性。运动量越大，身体需要补给的能量要求越多。研究表明，一般成年女子，每日能量消耗约为9200kJ（2200kcal），目前国内外专家又提出，这一推荐值过高，女子锻炼运动量较大时，每日对蛋白质的需要量平均为94 g，约占总耗能量的35%，对糖的需要量平均为300g，约占总耗能量的49.4%。女性在参加体育健身时，除了要注意能量摄入的合理性之外，还应注意铁、钙、维生素等营养素的补充。女子青春期对铁的要求量比男子多，主要是由于月经期失血造成。经常参加体育健身的女子每日铁的需要量为10～20.8 mg，平均为14.5 mg，含铁质丰富的食物有豆类，包括豌豆、蚕豆、大豆、扁豆等，新鲜的水果、谷类、家畜的血和肝等动物类食品含有的铁，人体较易吸收，吸收率可达25%，同时，它也不受其他食物干扰，而植物性食品中所含铁不易被人吸收利用，吸收率仅为3%，而且还受食物中其他成分的影响，但是如果同时吃富含维生素C的食物，将有助于机体对铁的吸收，如饭后吃一个富含维生素C的水果，铁的吸收率即可提高3～5倍。

经常参加体育健身的女子还应注意钙、镁、维生素B2的补充，镁是细胞中重要的阳离子，它可激活多种酶系，参加体内蛋白质的合成和肌肉的收缩，直接影响运动能力。因此，应多吃些奶制品、虾米、虾皮、钙类水产品、豆类、粗粮、水果等含钙和镁丰富的食品，多吃动物的肝、肾、蛋黄、黄鳝和干豆类等食品。同时，也要注意维生素B复合物、维生素C及维生素E的补充。

7. 要保持运动服装清洁

体育健身时穿的运动服装要适合天气变化，符合运动项目的特点与要求。

思考题

1. 体育健身的基本原则有哪些？
2. 结合你的日常体育健身，谈谈健身中需要注意的问题。

第四章 运动创伤的预防与处理方法

思政目标

教导学生具备运动创伤的预防与处理方法的知识技能,激发学生的安全意识,减少运动伤害事故的发生,学会保护自己和帮助他人,维护身体健康,培养学生的互助、合作精神与终身体育思想。

经常参加体育活动,可以促进身体的生长发育,增进健康,增强体质。但是锻炼时不遵守科学的锻炼方法,不注意安全,就容易发生运动创伤。对待运动创伤问题,我们一方面要重视它,以预防为主,采取有效措施,预防运动创伤的发生;另一方面要正确对待,如果出现运动创伤,及时采取应急处理,将身体伤害降到最低。切不能因为一些运动创伤事故的发生就因噎废食,停止户外体育健身。运动中主动预防创伤,比发生创伤后再去治疗更为重要。那么,如何预防运动创伤呢?

一、运动创伤的预防

1. 思想上重视安全

体育运动中发生运动创伤,常常是思想上麻痹大意,没有采取必要的预防措施造成的。预防运动损伤首先要从思想上重视,从加强安全教育入手。遵守科学的锻炼方法,自觉遵守规定的锻炼纪律,注意安全,加上适当的安全措施,是预防发生运动创伤的重要环节。

2. 场地器材、服装的重视

首先重视场地器材的安全性,清除场地内的砖头、石块、碎玻璃;定时平整场地,清除场地周围的锐角突起;经常检查和维修运动器材。其次,规划运动场地,必要时可画出清晰的分界线,保证场地上打球、投掷、跑步的同学互不干扰,有组织地进行锻炼。第

第四章 运动创伤的预防与处理方法

三、服装要宽松,尽可能穿运动服,穿运动鞋。身上不要佩戴别针、小刀等尖锐物品,以免运动时扎伤自己。

3. 准备活动要充分

运动前做准备活动可以提高中枢神经系统的兴奋性,克服机体机能活动的生理惰性,为正式练习作好准备。准备活动能增加肌肉中毛细血管开放的数量,提高肌肉的力量、弹性和灵活性,同时地可以提高关节韧带的机能,增强韧带的弹性,使关节腔内的滑液增多,防止肌肉和韧带的损伤。在实际工作中,我们发现不少运动创伤是由于准备活动不足造成的。因此,运动前做好准备活动十分必要。在进行准备活动时,既要躯干、肢体的大肌肉群和关节充分活动开,同时也要注意各个小关节的活动。

4. 运动方法要合理

要掌握正确的运动方法和运动技术,科学地选择运动难度和运动量。不要勉强从事力所不及的高难动作,运动量不可过大,以免引起过度疲劳引发运动创伤。对于不同性别、年龄、水平及健康状况的人,在运动量的安排上应因人而异、循序渐进。例如,在儿童体育活动内容上,应把全面身体锻炼和身体基本运动能力练习结合起来,并以全面身体练习为主;在运动量的安排上应考虑到儿童的生理特点,与成年人比较起来运动时间要短些,强度要小些。

二、运动创伤的处理方法

我们同学常常因为缺乏一定的运动训练卫生知识和不了解出现运动损伤后应采取什么措施,在发生运动创伤时好心办坏事,对伤者造成不必要的伤害,严重者甚至导致终身遗憾。下面就一些常见的运动创伤的简易处理方法介绍给大家。

1. 扭伤

扭伤多发生在四肢关节处。扭伤是关节活动范围超过正常限度,使附着在关节周围的韧带、肌腱、肌肉撕裂造成的。扭伤发生的原因通常是由于运动时不遵守科学的锻炼方法或场地、器材存在不安全因素,如准备活动不充分或过度疲劳,粗心大意,动作完成不正确,场地不平或太滑等。

扭伤一般有轻度扭伤和重度扭伤两种情况。轻度扭伤只是小部分关节周围肌腱或韧带受伤,伤处会有轻微疼痛,在关节外表看不出什么,关节活动没有障碍。一般让伤者暂停运动,一两周后即可痊愈。

重度扭伤可以使关节周围的韧带、肌腱和血管断裂。受伤后,伤者感到剧烈疼痛,受伤部位逐渐肿大,关节不能活动。这是由于血管破裂,大量血液流进组织间隙的缘故,并且其后受伤部位逐渐变为青黑色。重度扭伤的紧急处理要点是先止血、止痛。具体方法是对受伤部位冷敷,冷敷方法有两种,一种是用冰袋冷敷。在冰袋里装入半袋或三分之一袋碎冰或冷水，把袋内的空气排出，用夹子把袋口夹紧，放在发生损伤的部位。没有冰袋时，用塑料袋也可。另一种冷敷法是，把毛巾或敷布在冷水或冰水内浸湿，拧干敷在伤处，最好两块布交替使用。冷敷每隔3～4小时一次，每次8～10分钟。这样做可以使受伤部位的血管收缩，减少出血量，减轻受伤部位肿大，并有麻痹神经末梢从而减轻疼痛的作用。冷敷后用绷带包扎，轻加压力，不宜包的过紧，以免影响血液循环。

受伤24～48小时后，为了促进受伤部位血液循环，应使用热敷。热敷能使血管扩张，促进血液循环，加快淤血的吸收消退，有消炎、消肿，帮助受伤组织修复愈合的作用。热敷有两种方法。一种是用热水袋，水温大约是60～80℃，以用手背试温不太烫为度，将热水灌至热水袋的三分之二即可，排出袋内气体，拧紧螺旋盖，装进布套内或用毛巾裹好，放在受伤部位。一般每次热敷20～30分钟，每天3～4次。另一种方法是把毛巾在热水中浸湿，拧干后敷于患病部位。在热毛巾外面可以再盖一层毛巾或棉垫，以保持热度。一般每5分钟更换一次毛巾，最好用两条交替使用。每次热敷时间15～20分钟，每天敷3～4次。

2. 挫伤

挫伤是由于钝力作用于身体的局部组织而引起的损伤，例如经常见到的儿童头上鼓个大包就属于挫伤。受伤部位疼痛、肿胀、皮下出血、皮肤青紫，这是皮肤下面的组织（肌肉、韧带、血管）可能发生与重度扭伤相同的损伤，如内出血等。挫伤的急救方法与扭伤相同。

3. 擦伤

擦伤是因身体跌倒时接触地面，与地面猛烈摩擦而发生的身体损伤。

容易擦伤部位有小臂外侧、手掌、大腿外侧、膝盖、小腿外侧等。擦伤有轻度、重度之分。轻度擦伤时，受伤表面只渗出少许黄色液体（淋巴液）和少量小血点。受伤部位感到轻微疼痛，肢体活动能力不受影响。一般由于血液有自行凝结的能力，所以轻度擦伤时渗出性出血可以在几分钟后自行停止。但如果地面上有胶粒、炭渣、泥土粘在受伤部位中，要先用医用棉球蘸以生理盐水，把创面的污物冲洗除去。然后用消毒纱布吸去伤面上的水分，在创面擦以红汞或紫药水，不需要包扎，创面会很快干燥。

重度擦伤皮肤及皮肤下面的血管及其他组织损伤较重，如出血不止，应先把受伤肢体抬高。同时用手指或带子压住流血部位上方的动脉血管。对受伤部位进行消毒（同上），为了防止大面积较深的伤口感染化脓，可在伤面上撒适量消炎粉，并用无菌敷料覆盖包扎。

4. 抽筋

人们常说的抽筋，又称肌肉痉挛，是由于肌肉失去正常调节功能后不自主的强直性收缩的一种反应。运动中小腿腓肠肌及足底的屈趾肌最容易发生痉挛现象。造成抽筋的原因可能是因跑动过多，身体过于疲劳；或因出汗过多，盐分丧失超量；或因天冷肌肉发僵，受突然动作的强刺激等。出现肌肉抽筋时，伤者多伴有疼痛难忍、抽筋处肌肉坚硬的症状。

尽快解除这一症状的处理办法，是让伤者坐在地上，伸直大小腿，将足前掌上跷，用力牵引抽筋的肌肉，使之伸长和放松，休息几分钟即好。若抽筋比较严重可让伤者平躺在地上，注意保暖，将大小腿尽量伸直，将足背上跷，并帮助扳脚，同时配合点殷门穴（大腿后中部）、承山穴（小腿后中部），静止不动少许时间，一般可缓解。如还不见效，则可再重复伸脚、扳脚、点穴。如因出汗过多者，可加服盐片3~4片。

5. 中暑

夏季在炎热的环境中做剧烈运动，由于散热困难，体温急剧升高，或由于出汗过多，身体缺盐缺水，发生肌肉抽筋；或烈日直射头部，使脑膜和脑髓发生充血和受到刺激也会出现中暑。

轻度中暑会有头晕、头痛、眼花、口渴、恶心等症状；较重的中暑会有体温升高、面色潮红、胸闷、皮肤灼热的症状；严重中暑会出现休克现象。

紧急处理办法是将伤者移到阴凉通风的地方，仰卧，垫高伤者头部或半坐姿势，解开衣扣，扇风，额部冷敷，用淡酒精擦身。重者可服十滴水。

6. 骨折

骨的完整性遭到破坏（骨断或骨裂）称骨折。骨折是运动中较为严重的损伤，但其发生率较低。常见骨折分为两种，一种是皮肤不破，没有伤口，断骨不与外界相通，称为闭合性骨折；另一种是骨头的尖端穿过皮肤，有伤口与外界相通，称为开放性骨折。在体育活动中发生的骨折多为闭合性骨折，其中以前臂发生骨折为多。轻微的骨折只在骨骼上出现一条不明显的裂纹，称为骨裂，这种骨折只有X光仔细检查才能看出。这种骨折在急救时很难观察出来。明显骨折症状是伤处有剧烈痛感并丧失正常活动功能，一般还有畸形、肿胀、压痛和内出血。严重者用眼睛即可做出判断。

发生骨折时，当场的急救对骨折的愈合有很大关系。如急救方法不正确，不但可能加重骨折程度，还可能造成愈合后肢体变形。应采取如下措施：（1）如骨折症状不太明显且伤者主观感觉不太严重，可采用适当处理办法：找木板、塑料板等将肢体骨折部位的上下两个关节固定起来，固定肢体，减轻损伤和剧烈疼痛。如一时找不到外固定的材料，骨折在上肢者，可弯曲肘关节固定于躯干上；骨折在下肢者，可伸直腿足，固定于对侧的肢体上，尽快送医院检查处理。（2）如骨折处在脊柱、大腿、小腿，特别是脊柱部位，应迅速设法请医务人员到场处理，现场注意伤者保暖并不要无端移动伤者或伤处。因颈椎损伤如搬动不当，会发生脊髓压迫而立即导致四肢与躯干的高位瘫痪，甚至影响呼吸造成休克或死亡。（3）如骨折后伴有休克，则先抗休克，后处理骨折。抗休克的措施一般包括伤者安静平卧，注意保暖，如伤者呼吸困难，可施行人工呼吸。人工呼吸方法很多，其中以对口吹气效果为好，而且可同时进行胸外心脏按压。具体做法是：使伤者仰卧，头部后仰，把口打开并垫上一层纱布，急救者一手托起他的下颌，掌根轻压环状软骨，使其压迫食管，防止空气入胃；另一手捏住鼻孔，然后深吸一口气，对准他的嘴吹入，吹完后松开捏鼻孔的手，如此反复进行，每分钟做16～18次左右。还可以施行胸外心脏按压：急救者将两手掌重叠，放于伤者胸骨体下段剑突部，用力下压（将胸壁压下约4厘米），随后将手放松，每分钟以60～80次的频率有节律地进行。下压时用力要均匀、缓慢、松手要快，切忌用力过猛造成肋骨骨折。疼痛剧烈可给止痛剂和镇静剂。（4）如有伤口出血，则应先止血，再包扎伤口。

7. 脱臼

由于外伤作用或用力过猛，韧带或关节拉伤或断裂，使关节面脱离了正常位置称为脱臼，医学称外伤性关节脱位。症状是关节部位感觉剧烈疼痛，关节功能丧失不能活动，外部变形，正常关节隆起处塌陷或凹陷处隆起。

急救方法可先做冷敷，嘱咐伤者保持安静、不要活动，更不可揉搓脱臼部位。用绷带、夹板固定保持脱臼关节不动。如脱臼部位在肩部，可把患者肘部弯成直角，再用三角巾把前臂和肘部托起，挂在颈上，再用一条宽带缠过胸部，在对侧胸前打结。如脱臼部位在髋部，则应立即让伤者躺在软卧上，尽快送往医院治疗。关节脱臼的整复不能随意进行，应由正规骨科医生进行，没有整复技术和经验的人会引起更严重的损伤，影响肢体功能恢复。

8. 脑震荡

头部受到外力打击或碰到坚硬物体上时，使脑神经细胞和神经纤维受到过度震荡时，称为脑震荡。轻度脑震荡受伤后只有短时间的头晕、眼花、眼前发花发黑，没有其他不舒服。中度脑震荡，受伤后可能发生数分钟甚至一小时的昏迷，大部分伤者在清醒后有头痛、头晕现象，有些伤者症状数日不消失。重度脑震荡昏迷时间一小时以上，有的伤者数日不能清醒，清醒后头痛、头昏、恶心等现象很重，记忆力下降。

对轻度者，要立即停止体育活动，卧床安静休息，1～2天后如无其他异常症状（头痛、头晕），可在一星期后参加活动。对中、重度者，要将伤者仰卧在平坦地方，头部冷敷，注意保暖，及时送往医院。在运送途中要避免伤者身体受剧烈震动。

思考题

1. 如何做到运动创伤的预防？
2. 体育运动中同伴突然出现扭伤，该如何处理？

运动技能编

> 体育承载着国家强盛、民族振兴的梦想。体育强则中国强，国运兴则体育兴。要把发展体育工作摆上重要日程，精心谋划，狠抓落实，不断开创我国体育事业发展新局面，加快把我国建设成为体育强国。

第五章 田径运动

思政目标

通过田径项目练习与讲述中国共产党第二十次全国代表大会代表、奥运会田径冠军巩立姣"使命在肩，奋斗有我"的故事，加强思政教育，培养学生使命在肩、顽强拼搏、突破自我、艰苦奋斗的精神。

田径是由走、跑、跳跃、投掷等运动组成的以个人活动为主的运动项目。走、跑统称径赛，用时间计算成绩，决定名次；跳跃、投掷统称田赛，用高度或远度计算成绩，决定名次，以及由田赛和径赛部分项目组成的全能运动。历史悠久的田径运动，展现了人类挑战自身极限的意志之美。倾尽全力的走、跑、跳、投仿佛诉说着人类向着"更快、更高、更强"目标的不懈追求。田径运动是一切运动的基石，是其他运动进行体能训练的重要手段，因而被称为"运动之母"。在田径场上，运动员们勇敢顽强地向人类极限发起挑战，不断创造出令世人瞩目的奇迹。

第一节 田径运动基本知识

一、田径运动的起源与发展

走、跑、跳、投活动是人的基本运动形式，它随着人类的出现而出现，随着人类的发展而发展。在人类早期，它是人们获取生活资料、进行社会交往、满足运动需要、表现情感的重要手段。但是，人类早期的原始自然动作，作为生产物质和在生活中的应用，都不能看作是体育的动作。只有在人类的物质文明发展到一定阶段时，人们把一些原始的、自然的身体活动加以提炼和改造，逐步形成了包括跑、跳、投掷在内的各种运动技能，并经过不断改进，才形成了专门的训练形式和方法。公元 800 多年前，古希腊的雅典、斯巴达城邦把多种形式的跑、跳、投定为对儿童、青少年进行身体训练的内容，我国春秋战国时也用武装赛跑、跳高、跳远来训练士兵。据考察，公元前 776 年左右，举行的第一届古奥林匹克奥运会就把跑步列为比赛项目。经历着几千年的发展、演变，走、跑、跳、投运动已经形成多种运动项目，田径运动是其中最重要的、水平最高的一种，它拥有比较完善的科学理论和技术体系以及科研、教学、训练和比赛体系，它也是世界上拥有最多参加者的运动项目。

到了现代，1896 年举行了第一届现代奥林匹克运动会，至今已举办了 32 届。每一届奥运会田径运动都是影响最大、参加人数最多的比赛项目。

二、田径运动的功能

（1）田径运动能够促进青少年的正常生长发育，发展身体潜能，改善和提高人体内脏器官的机能。系统地从事田径运动能有效促进人体发展，提高人体潜能。

（2）发展心理素质，培养坚强的意志，以及不怕困难、坚持到底和团结合作的精神。在田径教学中同学们经常要观察、分析教师的动作示范和同学的动作，并对其作出评价，因此能有效地提高自己对快速复杂运动的观察能力和思维的敏捷性。田径竞赛和集体练习能培养勇于竞争、乐于竞争、顽强拼搏，胜不骄、败不馁等良好的心理素质。

（3）掌握和提高奔跑、跳跃和投掷的基本技术和基本活动能力，发展运动技能，提高田径运动能力，发展体能。

（4）掌握田径运动的理论知识，提高体育文化素养。通过学习田径运动的知识、技能和方法，可以培养公平、友好的竞争精神，服从裁判，严守规则等良好的道德行为以及勇于创新、善于学习的学风，还可以培养自己的交往能力，从而提高体育文化素质。

三、田径运动的分类

田径运动包括竞走、跑、跳跃、投掷以及跑、跳跃、投掷的部分项目组成的全能运动，共计四十多项。以时间计算成绩的项目叫径赛；以高度或远度计算成绩的项目叫田赛；全能运动项目，则是以各单项成绩按《田径运动评分表》换算分数计算成绩的。

正式国际田径比赛的项目如下：

（1）竞走：场地赛——5 公里、10 公里；公路赛——20 公里、50 公里。

（2）跑：见表 5-1。

表 5-1　跑的比赛项目

	男子组	女子组
短距离跑	100 米　200 米　400 米	100 米　200 米　400 米
中距离跑	800 米　1500 米　3000 米	800 米　1500 米　3000 米
长距离跑	5000 米　10000 米	5000 米　10000 米
跨栏跑	110 米栏　400 米栏	100 米栏　400 米栏
障碍跑	3000 米	
马拉松	42.195 公里	42.195 公里
接力跑	4×100 米　4×400 米	4×100 米　4×400 米

（3）跳跃：男、女同为跳高、撑竿跳高、跳远、三级跳远。

（4）投掷：铅球——男 7.26kg；女 4kg。　　标枪——男 800g；女 600g。

　　　　　　链球——男 7.26kg；女 4kg。　　铁饼——男 2kg；女 1.5kg。

（5）全能：男子十项全能——100 米、跳远、铅球、跳高、400 米、110 米栏、铁饼、撑竿跳高、标枪、1500 米。

　　　　　女子七项全能——100 米栏、铅球、跳高、200 米、跳远、标枪、800 米。

知识窗

体育运动的基石——田径运动

　　一个人的体能只有发展到一定水平，才会促成各项运动技能的形成与提高。田径运动能有效和全面地发展各种体能，因此，很多运动都把田径运动作为体能训练的重要手段。那么田径运动在其他运动中扮演什么样的角色呢？田径运动中跑的项目可以有效提高足球、篮球、手球等项目所需的速度和耐力，使你在快速攻防转换中抢占先机，并能坚持到底。田径运动中的跳跃项目可以大大提高排球、足球、篮球、体操等项目所需的弹跳力，使你获得更多的空中优势，使得大力扣杀、头槌建功、飞身灌篮、跳转腾跃更加得心应手。田径运动中的投掷项目可以迅速提高排球、乒乓球、羽毛球、曲棍球、网球等项目所需的肌肉力量，使你的每次击打更具杀伤力。

使命在肩，奋斗有我——巩立姣

巩立姣，中国共产党第二十次全国代表大会代表。2021年8月1日，在东京奥运会的田径赛场上，巩立姣投出了20米58的成绩勇夺冠军。巩立姣夺冠时振臂高呼的那一幕，至今让人激动不已，热血沸腾。"人一定要有梦想，万一实现了呢？"巩立姣的这句赛后感言激励了许多人。

没有人能够随随便便成功，巩立姣也不例外。2020年东京奥运会的延期打乱了巩立姣的备战计划。对于30多岁的老将来说，产生的影响不仅是心态上也是身体上的。奥运会延期后，巩立姣自己又加大了训练量，导致她的膝盖旧伤复发。经过检查，医院的专家说，巩立姣是三十岁的人，六十岁的腿，不能再这样练了，要好好治疗，否则后果不堪设想。即使这样巩立姣在治伤期间也没有落下一天的训练，不能站着练，她就坐着练。"因为肌肉是有记忆的，我怕技术的感觉会消失，就咬牙坐着投，一天也不敢松懈。"巩立姣回忆说。4公斤的铅球，上万次的重复，所有的进步都是坚持和汗水的见证。每天投球200次，举铁800公斤几乎是巩立姣的标配。这样的训练标准为她带来了全身上下数不清的伤病。但是巩立姣表示："作为一名运动员，在赛场上我要发扬"使命在肩、奋斗有我"的精神，顽强拼搏、突破自我、为国争光。"

作者自编

第二节　跑

跑是单脚支撑与腾空相交替、蹬与摆相结合的周期性运动。步频和步长是决定跑速的重要因素。步长：跑步中两脚着地间的距离。步频：跑的过程中两腿在单位时间内交替运动的次数。

一、跑的基础知识

跑是人体基本活动能力之一，是一项健身价值高、简便易行的体育活动。跑的教学包括快速跑、耐久跑、接力跑、障碍跑等多种方式的跑。学习跑的任务是：以掌握快速跑和耐久跑技术为主，学习和改进蹲踞式起跑和途中跑的技术（如图5-1所示），学会接力跑和障碍跑的基本技术，发展跑的能力，培养跑的正确姿势，提高速度、耐力、灵敏等身体素质，掌握跑的学习特点，培养跑的教学能力。

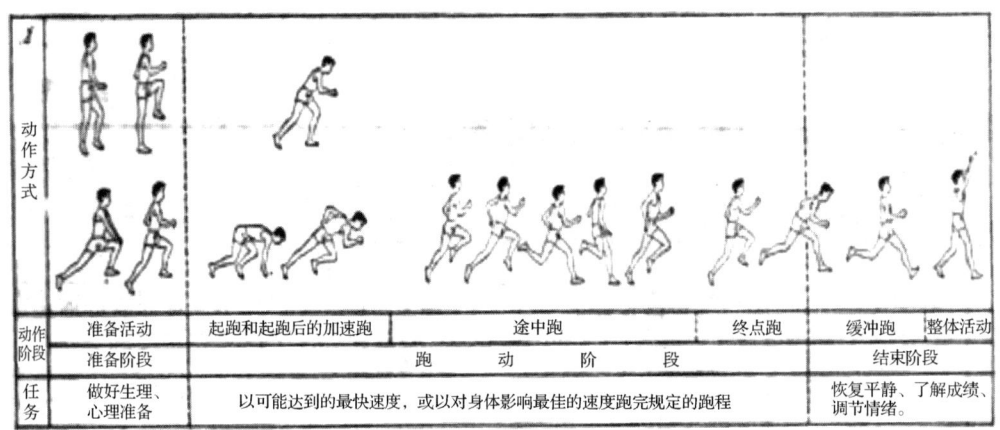

图 5-1 跑的结构图

跑步锻炼中易发生的运动损伤及防治

胫腓骨疲劳性骨膜炎：胫腓骨疲劳性骨膜炎主要是由于下肢局部负担过重而逐渐造成的。运动量安排不当、技术动作不正确、场地过硬、减震性不好均会引发此症。轻者应该减少运动量，在草地上进行适量的放松慢跑。重者需要进行按摩、针灸及局部封闭治疗。

跟腱腱周炎：跟腱腱周炎是由于小腿三头肌突然或反复急剧收缩，拉伤跟腱及腱周组织而造成的。患者应注意休息，尽早治疗，避免跟腱过多过猛地被牵拉，也可采用药物治疗以及红外线或超声波治疗。

踝关节扭伤：由于踝关节较其他关节在承受自身体重、地面反作用力以及维持身体平衡方面的负担过重，身体失去平衡时，超过踝关节的活动范围，就会造成踝关节扭伤。伤后首先要防治伤处血肿，在扭伤即刻，用冰块外敷或冷水冲洗，然后用绷带加压包扎，抬高伤肢。24小时后可采用伤药以及热敷、理疗、按摩等。

腰肌劳损：腰肌劳损是由于腰部动作过多造成的。若患此症，要及时进行积极治疗，避免过度劳累。治疗方法很多，可理疗、按摩、针灸、局部封闭注射，并配合加强腰肌力量的练习。

二、跑的技术知识和要领

1. 跑前的准备活动

生理准备：身体各器官对即将进行的活动做好准备。不同的跑，准备的内容和生理动员的程度应有所不同。如以心率为标准的健身跑一般应使心率事先达到 110 次/分左右；耐久跑则应在 120～130 次/分为宜；快速跑则应看跑的性质而定。准备活动内容一般包括一般性和专门性准备活动两部分，如图 5-2、5-3 所示。

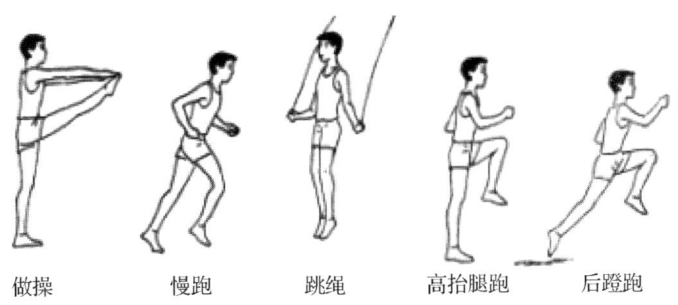

做操　　慢跑　　跳绳　　高抬腿跑　　后蹬跑

图 5-2　一般性准备活动

小步跑　　　　起跑　　　　　加速跑

图 5-3　专门性准备活动

 知识窗

准备活动的好处

1. 可以逐渐提高神经系统的兴奋性，克服机体的生理惰性。

2. 作为剧烈运动前的预热，可以增强机体的新陈代谢，保证体能的正常发挥。

3. 有助于改变血流方向，在正式运动时使更多血液流向肌肉，为肌肉输送更多的养料和氧气。

4. 可以提高肌肉和关节韧带的弹性、降低黏滞性，使关节腔内滑液增多，预防肌肉和韧带拉伤。

2. 站立式起跑的要领

听到"各就位"口令后，先做1～2次深呼吸，然后走到起跑线后，两脚前后站立，有力脚在前，脚尖紧靠起跑线，后脚跟提起，重心落于前脚。前脚弯曲度要根据跑速和个人腿部力量而定。上体前倾，眼看前下方，注意集中在听枪声或口令。

听枪声或"跑"口令后，两腿迅速用力蹬地跑出。起跑后加速跑应根据运动项目来确定动作和加速跑的距离。

3. 蹲踞式起跑的动作要领

见图5-4，听到"各就位"口令后，做1～2次深呼吸，轻快地走向起跑器，有力脚先蹬紧前起跑器，两手撑地，另一只脚再蹬紧后起跑器，后膝跪地，两手拇指相对，其余四指并拢，虎口向前，两手约同肩宽，支撑于起跑线后，两眼看前下方约50厘米处，集中注意听信号。双手和脚的位置见图5-5。

图5-4 蹲踞式起跑

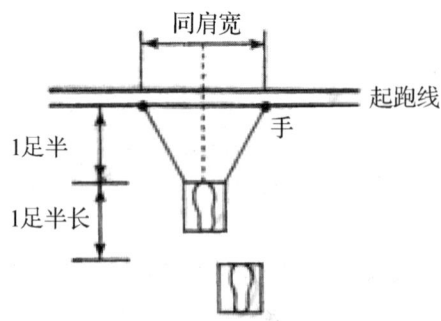

图5-5 起跑器的安放

听到"预备"口令后，平稳提臀，稍高于肩，重心稍前移，重心主要落于两手和前脚上，注意集中听信号。"预备"时身体姿势如图5-6所示。

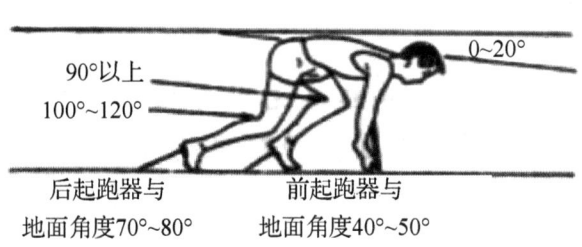

图 5-6 "预备"时身体姿势

通过田径运动中的短跑起跑练习发展反应时

反应快速是许多优秀运动员的共同特征。特别是短跑运动员,在短跑的起跑阶段,反应时的作用更为突出。优秀短跑运动员的反应时一般都在 0.12 至 0.16 秒之间。经常进行短跑的起跑练习,将会大大提高你的快速反应能力。

短跑的起跑练习方法一般采用对各种声源信号做出快速反应的趣味性游戏,如身体呈各姿势(站立、下蹲、坐姿、俯卧),听口令或击掌声后迅速跑出,听信号迅速追逃;或背对跑进方向,听信号后,迅速后转跑出等等。

如果经常进行这些练习,相信你的反应速度和动作速度会得到明显的提高。

4. 起跑和起跑后的加速跑

听到鸣枪或"跑"口令后,两手迅速推离地面,两臂屈肘前后用力摆动,两腿用力蹬离起跑器,后腿快速前摆,使身体向前冲出。

起跑两腿充分用力后蹬,两臂用力快速摆动,上体前倾较大,并随步幅逐步增大而逐渐抬起。

如何安排速度练习

一般来说,速度练习的持续时间不宜过长,如百米练习等。提高动作速度时,每次练习的间歇时间不宜过长,也不宜太短。

1. 如果你进行持续 5 秒钟大强度练习,间歇时间以 30~90 秒比较适宜。
2. 如果你进行 30~80 秒的大强度练习,间歇时间应为 1~2 分钟。
3. 如果你进行 1~5 分钟的大强度练习,间歇时间要适当拉长。

5. 途中跑

途中跑可分为落地缓冲、后蹬和腾空阶段，见图5-7。

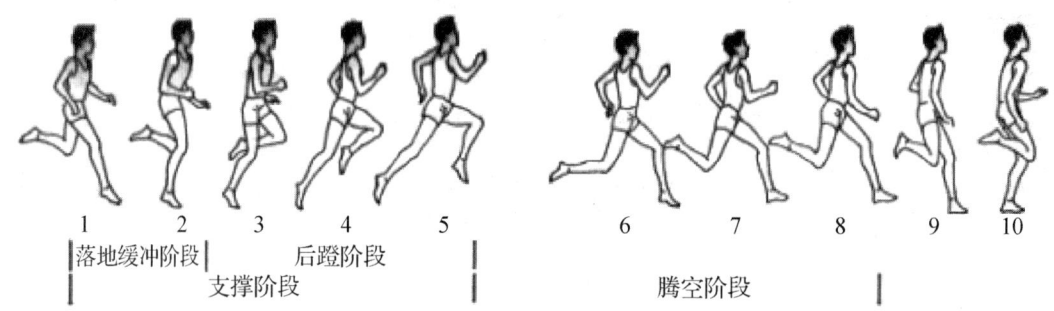

图5-7　快速跑的途中跑技术

其动作要点是：后蹬时要快速有力、充分（膝角约160～170°），方向正、角度适宜，前摆幅度大、速度快、方向正、膝放松、髋前送。躯干正直稍前倾（快速跑稍大于耐久跑），腾空时身体放松，落地时前脚掌先着地（或全脚掌着地），尽量做向下向后方扒地动作，动作要柔和。耐久跑如用脚后跟先着地应迅速向前滚动至全脚掌着地，后摆腿膝放松，大小腿自然折叠，上体稍前倾，两臂屈肘以肩为轴前后自然摆动，见图5-8。快速跑自然呼吸，勿闭气；耐久跑呼吸应有节奏，如2～3步一吸，2～3步一呼，用鼻或口鼻混合呼吸。

图5-8　耐久跑的途中跑技术

耐久跑途中出现"极点"是一种正常的生理现象，一方面要做深呼吸，特别要加深呼气并适当调整跑速；另一方面要发扬拼搏精神，克服困难，坚持跑下去。耐久跑全程跑应合理调节跑速，有计划地分配体力以充分发挥身体潜能。跑步时注意力要集中，注意重点应根据跑步性质、个人技术和体力而定。

知识窗

通过田径运动的健身跑发展心肺耐力

田径运动中的健身跑是既便捷又极富锻炼价值的健身良方，是增强心肺耐力的良丹妙药。如何进行健身跑才能收益最大呢？

刚开始进行健身跑时，应尝试走跑结合。例如，走2分钟再跑1分钟，而后逐渐减少走的时间，直到你能保持中等强度（心率为120～140次/分）跑20分钟。

不必每天都进行健身跑，隔天锻炼或交替进行自行车、游泳等一些有助于心肺耐力的锻炼都是十分有益的。因为这样不仅可以减少关节损伤的发生，还不会令你感到枯燥乏味。

一周内跑步历程最多增加10%，如本周是5千米，下周跑程5.5千米，要注意练习过度可能会造成不必要的损伤。

6. 冲刺跑

技术要点：离终点15米左右时要以顽强的意志克服疲劳，尽量保持上体前倾角度，加快摆臂，加强腿的蹬摆力量，以保持合理技术与跑速，如图5-9所示。

图 5-9　冲刺跑

7. 缓冲跑

缓冲跑一是要减少蹬地和摆腿力量；二是上体直起或稍后仰，增加落地点与身体重心投影点的距离，并可用脚跟先着地，以增加落地时的阻力，如图5-10，图5-11所示。

图 5-10　缓冲跑

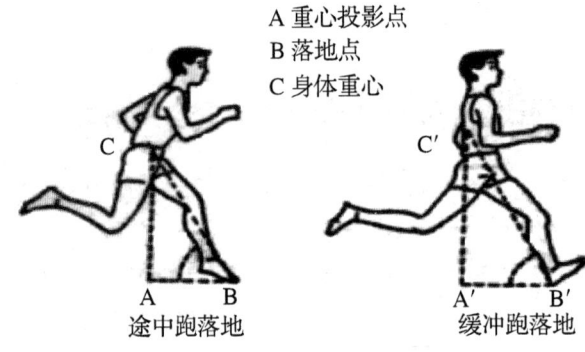

图 5-11 途中跑与缓冲跑身体姿势对比

三、弯道跑

弯道跑时，整个身体向跑道内侧倾斜，跑速越快，弯道半径越小，倾斜度越大。外侧脚的前脚掌内侧着地，内侧脚的前脚掌外侧着地后蹬。外侧腿前摆时稍向内，内侧腿则稍向外。外侧臂摆动幅度和力量稍大于内侧壁。上述动作的变化主要是为了增加向心力，克服离心力，见图 5-12。

1. 弯道跑的技术原理

弯道跑是圆周运动。弯道跑时，人体不断改变运动方向，沿弯道跑进时身体产生的向心力主要是：身体向内侧倾斜所产生的向心力和两臂摆动，两腿蹬地与摆动在方向、力量、幅度上变化所产生的向心力。在正规的跑道上跑步时，跑道的内外道有一定的倾斜角，它能产生一定的向心力。根据向心力公式，跑速越大，跑道半径越小

图 5-12 弯道跑

所需向心力越大。跑步时应根据此规律来调节自己的身体倾斜度和两臂、两腿的动作。如图 5-13（a）。

2. 弯道起跑要点

弯道跑时，为了使起跑后加速跑能直向跑进，便于加速，起跑器应安装在跑道外侧，正对弯道切点。"预备"时，左手应稍向后撤，使两手连线与跑的方向垂直，身体正在对弯道切点。

弯道起跑后，为了尽快地进入弯道跑，加速跑的距离要较直道稍短，身体也应该早抬起。进入弯道跑前 2～3 步身体就应该逐渐向内倾斜，并加大右腿蹬地和右臂摆动幅度。其他要点同直道起跑，如图 5-13（b）。

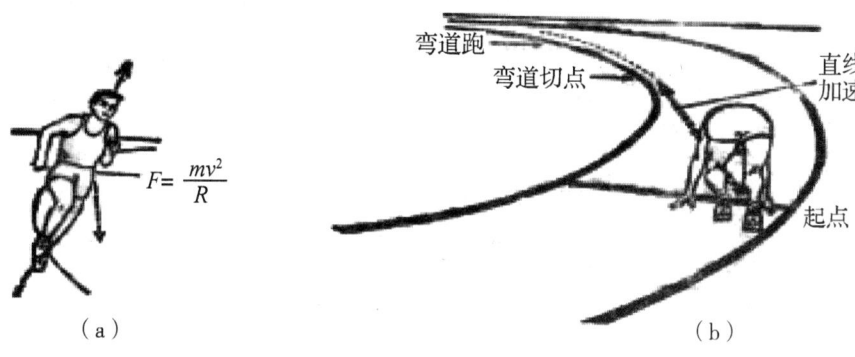

（a） （b）

图 5-13 弯道跑起跑技术

四、接力跑

1. 起跑

采用蹲踞式起跑，第一棒传棒人应以右手持棒。可用图 5-14 所示三种方式中的任一种方式持棒。棒不应触起跑线前的地面。其他要点同快速跑的蹲踞式起跑。

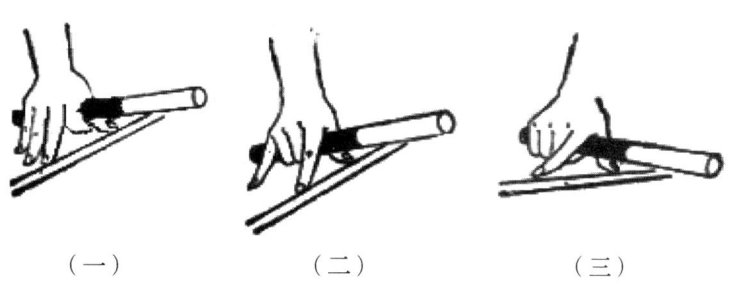

（一） （二） （三）

图 5-14 起跑时持棒方式

2. 交接棒

可分为上挑式、下压式、立棒式，见图 5-15。

上挑式：接棒人的手臂自然向后伸出，掌心向后，拇指与其四指自然分开，虎口向下，传棒人将棒由下向前上方送入接棒人手中。

下压式：接棒人的手臂向后伸出，掌心向上，虎口张开，传棒人将棒的前部由上向下传到接棒人手中，待接棒人握住棒后再松手。

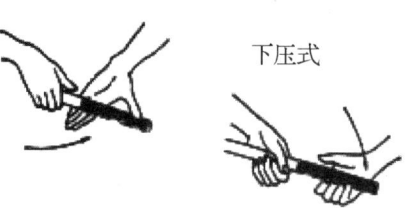

图 5-15 传接棒方式

立棒式：此为迎面接力跑使用的传接棒方法，接棒人右臂伸出，虎口张开，掌心向前，传棒人右手直握接力棒一端，使棒竖立，把棒另一端传到接棒人手中。传棒人目光注视接棒人接棒手和两人之间的距离；接棒人应注意接棒动作和传来的接力棒。

接力棒交接区域与交接方法见图5-16、图5-17。

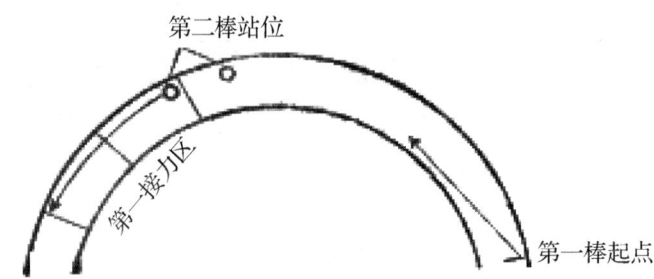

图5-16　交接接力棒区域

图5-17　接力棒交接方法

五、幼儿跑步的基本动作

1. 基本动作

上体自然放松，头颈及上体保持正直；双臂弯屈，双手握空心拳，两臂前后有力摆动；腿前摆幅度大，脚后蹬有力，重心高，落地轻，脚尖方向向前。跑动中有合理而稳定的节奏。

2. 起跑动作

幼儿主要采用站立式起跑。双脚前后开立一步距离，身体前倾，重心落于前脚，后脚前脚掌着地，两膝稍屈，站于起跑线上。

3. 摆臂练习

目的：发展幼儿上肢力量、节奏感及协调能力。

两脚前后站立，上体稍前倾，两臂屈，手握空心拳，在教师口令下，进行有节奏的前后摆臂动作练习，摆动要求有力并较大幅度。

4. 原地小步跑

上体正直，两臂屈于腰间，小幅度摆动，原地模仿跑的基本动作，两脚交替落地，前脚掌着地,两膝稍屈,进行原地小跑。

【规则简介】

径赛类:径赛项目以决赛成绩判定该项目最终排名,而不以预、次、复赛的成绩判定最终名次。名次的判定以运动员躯干(不包括头、颈和四肢)的任何部分抵达终点线后沿垂直的先后顺序为主。

400米以下各项,运动员应采用蹲踞式起跑(正式比赛必须使用起跑器),运动员做好预备姿势后到鸣枪之前若开始做起跑动作,应判起跑犯规并给予警告。对第二次犯规的任一名运动员应取消比赛资格。

接力跑时,运动员应手持接力棒跑完全程,如发生掉棒,需由掉棒人拾起,若在拾起过程中缩短比赛距离或侵犯其他运动员则取消比赛资格。所有交接棒的过程均必须在接力区内完成。

第三节 跳 跃

跳跃是儿童、青少年喜爱的活动之一,它的内容丰富多彩,形式多种多样,是一项具有较高锻炼价值的体育活动内容。跳跃的四个阶段:助跑、起跳、腾空、落地。如图5-18所示:

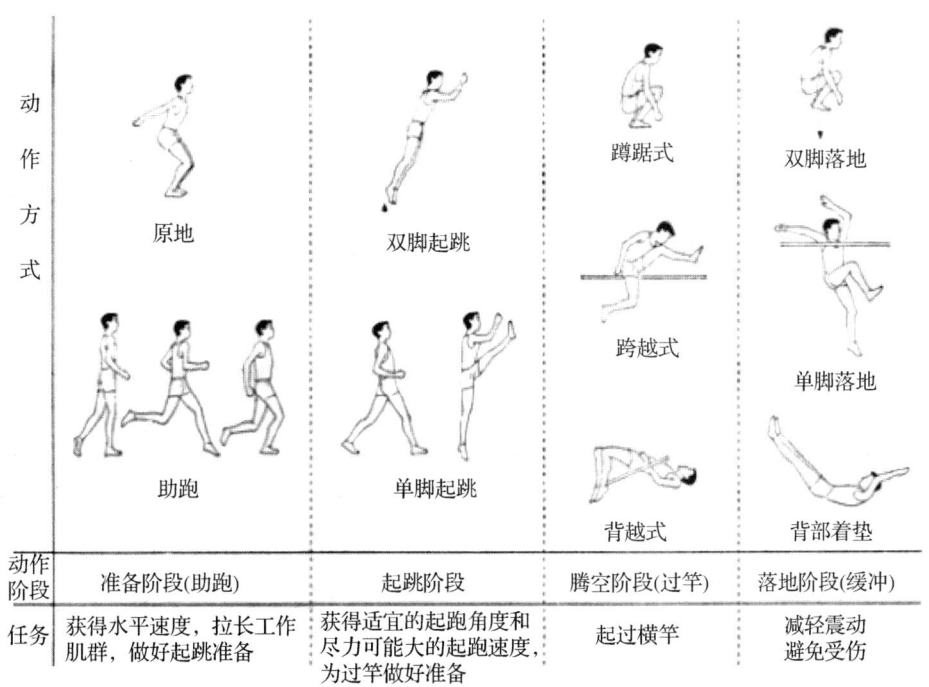

图5-18 跳跃的四个阶段

一、跳远

一般分为四个阶段：助跑、起跳、腾空、落地，如图5-19所示。

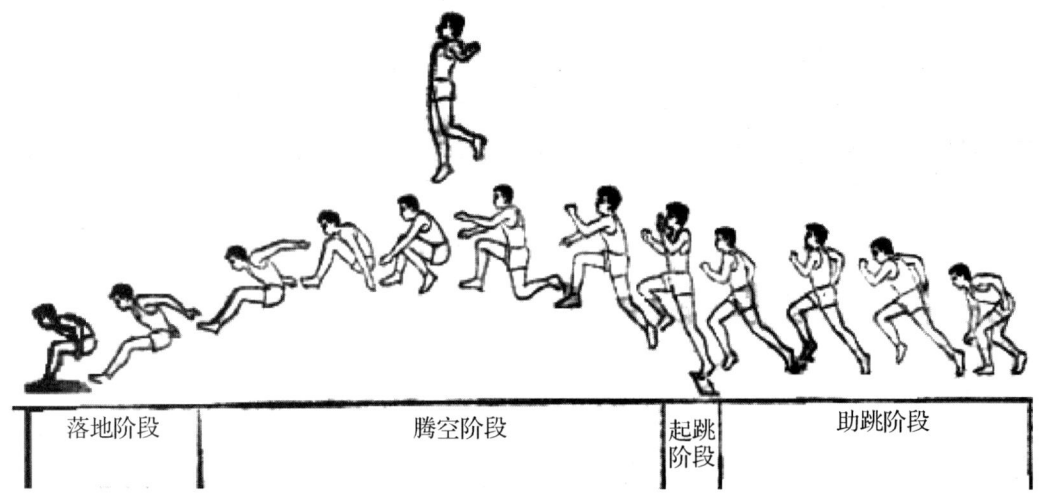

图5-19 跳远技术阶段

1. 立定跳远

预备姿势：两腿稍分开，两脚平行站在踏跳板上，两膝微屈，身体前倾；预摆：两臂自然前后预摆2～3次，两腿随摆臂动作屈伸；起跳：当两臂从后向前做有力摆动时，两脚用前脚掌迅猛蹬踏跳板（或地面），膝关节充分蹬直，同时展髋向前上方跳起；腾空：起跳后身体尽量前送，在空中成一弧线；落地：两小腿前伸，脚跟先着地，屈膝缓冲。

2. 跳远的技术要领

助跑：一般用站立式起跑，逐渐加速跑动。跑步后蹬有力，富有弹性，节奏性好，步子稳定，自然放松。最后几步躯干接近垂直。最后一步要稍小。跑速发挥应以能做好起跳动作为前提。助跑距离一般女生为16～20米，男生18～22米。跑道可设标记以帮助自己检查、调节助跑。

起跳：起跳腿上板时大腿抬起较低，快速积极下落，摆动腿积极前摆。脚跟柔和着地后迅速转为全脚掌支撑。当身体前移至起跳脚上方时，快速、有力、充分地蹬伸起跳腿，同时摆动腿快速向前上摆起，摆动腿同侧臂向侧上摆，异侧臂向前上摆出，上体向前上伸展，眼看前方，两臂摆至约与肩平时要突停。

腾空：腾空后，起跳腿应自然留在身后，摆动腿前摆，上体保持正直。此动作一般称为腾空步。

蹲踞式：身体重心接近最高点时，起跳腿屈膝向摆动腿靠拢，上体稍前倾，成空中蹲踞姿势，如图 5-20 所示。

图 5-21 蹲踞式跳远

蹲踞式跳远学练提示：蹲踞式跳远的技术是由快速而有节奏的助跑、积极有力的起跳、平稳的空中姿势和合理落地方法四个紧密联系的部分组成。其中快速而有节奏的助跑与板前不减速的起跳相结合的技术是学习的关键。

挺身式：腾空步时间稍短，然后展髋放下摆动腿，并向后摆起跳腿，两臂同时下落、外展、上举、挺胸、送髋，使躯干成反弓形，如图 5-21 所示。

图 5-21 挺身式跳远

落地：蹲踞式前摆小腿，双臂后摆；挺身式收腹举腿，前摆小腿，两臂经前向后摆动，准备落地。脚着沙面后，脚掌快速下压、屈膝、屈髋、两臂前摆，使身体重心迅速移过支撑点。

知识窗

跳远比赛中打破"神话"的人

1968年的墨西哥奥运会，美国运动员比蒙以8.90米的成绩刷新了世界跳远纪录，震惊世界田坛，创造了一个跳远"神话"。人们纷纷猜测，这将是人类在20世纪无法超越的距离。然而，23年后，同样来自美国的运动员麦克·鲍威尔以8.95米这令人瞠目的一跳，打破了比蒙创造的"神话般的世界纪录"。鲍威尔1963年出生于美国费拉德尔菲亚，从小喜爱体育运动，高中时曾是校篮球队队员，后来又在田径方面显露出超凡的才能。他的100米成绩为10″45，200米成绩为20″9，跳高为2.18米，三级跳远为16米。他之所以能够打破比蒙的跳远"神话"，正是因为他的助跑速度和腾起的高度都超越了比蒙。

【规则简介】

运动员跳远落地后，应向前走出落地区，否则判为失败；运动员起跳时不能触及起跳线，否则判犯规；运动员成绩记录，以六次试跳中最好一次决定成绩，并依次排列名次，如第一名成绩并列，以次好成绩决定名次。

二、跳高

(1) 跨越式跳高的动作要领，如图5-22所示。

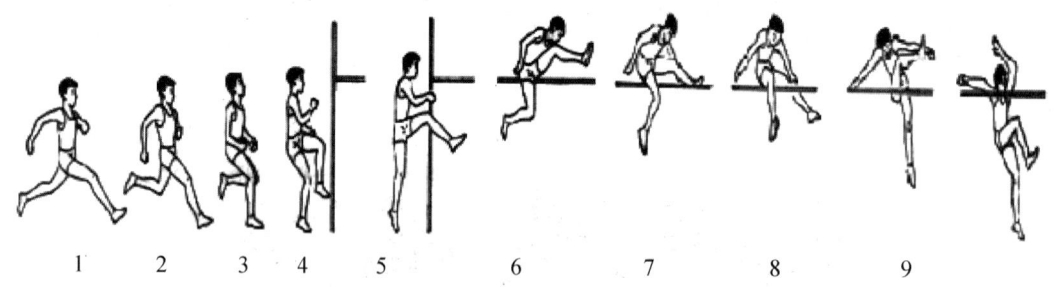

图 5-22 跨越式跳高

助跑：跨越式跳高是采用直线助跑，助跑的距离一般为自己的6～8步。助跑的方向与横杆垂直所形成的角度（如图5-23所示）为30～60°；左脚起跳者，从横杆右侧助跑，右脚起跳者，其方向相反。

助跑开始时，上体稍前倾，步幅要小，随着助跑速度的增加，上体逐渐抬起并加大步幅，但助跑动作始终是轻松自然、节奏清楚、富有弹性。跳高的助跑是以前脚掌着地，但最后两步先用脚跟着地迅速滚动到前脚掌。助跑的倒数第二步，步幅要大，最后一步速度要快。

起跳：助跑最后一步是以摆动腿支撑地面，两臂后摆；摆动腿以大腿带动小腿沿地面向前迈伸，当摆动腿以脚跟着地并向前脚掌滚动时，随着重心的前移，摆动腿迅速向前上方摆起，同时起跳腿用力蹬伸，当摆动腿摆到最高点时，起跳腿充分蹬直，使髋、膝、踝三关节成一直线。同时，两臂配合腿部的起跳动作积极上摆，最后以脚尖离地腾起，完成起跳动作。

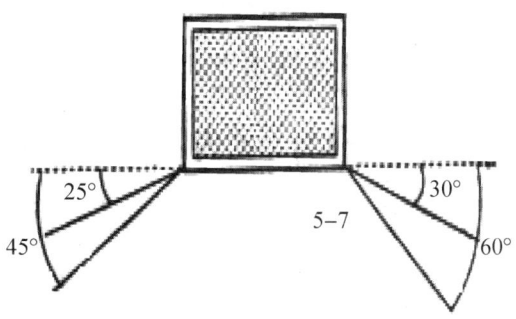

图 5-23 跨越式跳高助跑角度

过杆：起跳腾空后，身体仍保持向上腾起姿势。当摆动腿摆越横杆时，上体前倾，脚尖内旋下压；起跳腿积极向上高抬，使大腿靠近胸部，小腿上摆。接着上体抬起，摆动腿同侧肩随着摆动腿的内旋下压，向起跳腿方向扭转，两臂上摆，使臀部和起跳腿迅速移过横杆。过杆后，摆动腿着地，缓冲支撑，起跳腿相继落地。

（2）背跃式跳高动作要领，如图 5-24 所示。

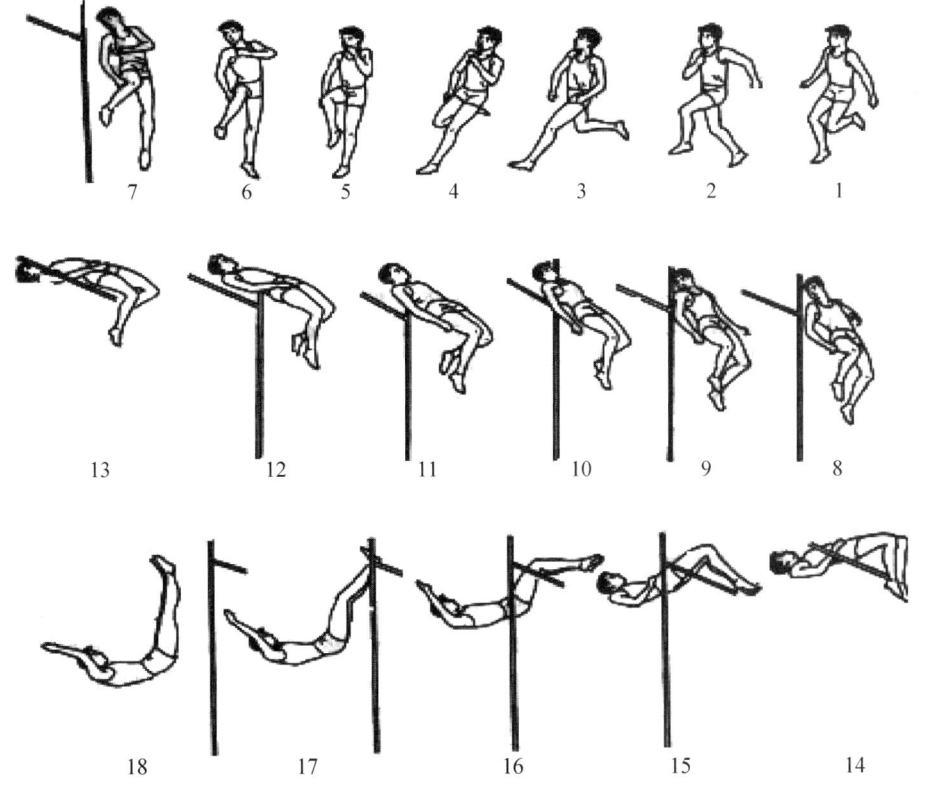

图 5-24 背跃式跳高

助跑：助跑距离一般6～8步，前4～5步跑直线，后3～4步跑弧线。跑弧线时身体向圆心方向倾斜，脚掌沿弧线落地，后蹬角度比一般弯道跑小，向前迈步，要以膝带髋迅速前摆，落地动作积极，节奏感强。

起跳：起跳脚沿弧线的切线方向踏上起跳点，脚跟外侧先着地并迅速滚到全脚掌着地。摆动腿屈膝快速上摆，同侧髋前送，大腿摆至水平时，开始向内转，两臂摆动要快速有力，同时提肩、提腰，与摆动腿同时，起跳腿快速有力蹬伸。

过杆：身体在空中转成背对横杆时，摆动腿膝关节放松，同侧肩、臀向后上方伸展，使头肩先过杆，过杆时要挺胸、展腹、挺髋，使身体成背弓形，身体各部依次过杆。

落地：过杆后，两小腿积极上甩，成屈髋姿势，以肩背先落海绵包上。

知识窗

田径运动中的跳跃练习有利于发展爆发力

世界田坛无数巨星曾熠熠生辉，随着时间的推移，他们的名字渐渐地被人们淡忘。但是，像欧文斯、比蒙、索托马约尔、爱德华兹、布勃卡、鲍威尔等这些曾在挑战水平距离和垂直距离高度极限中谱写不朽篇章的超凡高手，无论时光怎样流逝，人们总能记起他们的名字。每一次新纪录的诞生，都有赖于他们超乎寻常的爆发力。

田径运动中的跳跃练习有助于发展你的爆发力。在课余体育健身中，你可以在草地、沙坑及体操垫上进行快速纵跳（可轻负重）、立定跳远、立定三级跳远、多级跳、连续的快速屈膝纵跳或跳跃一定高度的栏架以及跳台阶等练习。

【规则简介】

跳跃类：跳高比赛中，运动员必须用单脚起跳，试跳中将横杆碰掉则判试跳失败。在越过横杆前，身体任何部分触及立柱前沿垂直面以外的地面或落地区也判为失败。任何高度只要连续3次试跳失败，即失去比赛资格。

跳远、三级跳远比赛时，运动员超过8人时允许每人试跳3次，成绩较优的前8名运动员再试跳3次，试跳顺序与前3次试跳的排名相反。其名次有全部试跳中最好的一次试跳成绩来判定。运动员起跳时身体任何部分触及起跳线前的地面，落地时触及沙坑外的地面或向后走出沙坑均应判试跳失败。

第四节 投 掷

投掷是儿童、青少年喜爱的活动。它能发展投掷技能，增强上肢速度、力量和身体协调性、动作准确性，它还能发展人的距离知觉、速度知觉、注意能力，培养遵守纪律、爱护公物的良好品德。

一、铅球

推铅球的完整技术一般包括：握球和持球、预备姿势、预摆和滑步、最后用力和维持身体平衡等几个部分，如图5-25所示。

图5-25 推铅球技术

1. 握球和持球（以右手为例）

握球的方法：五指自然分开，把球放在食指、中指和无名指的指根上，大拇指和小拇指扶在球体两侧。持球的方法：将球握好后，放在锁骨窝处，头部稍向右靠，用颈部和下颌贴紧铅球，右手抵球，肘部稍外展，完成持球动作。

2. 侧向滑步推铅球动作要领（如图5-26所示）

预备姿势：握、持好球后，高姿站立，左侧对准投掷方向，右脚靠近投掷圈的后沿、脚尖稍向里合，左腿自然弯曲，左脚掌内侧着地，重心落于右腿；上体稍右倾，左臂微屈在体侧上方自然上举，眼睛平视前方或前下方。

预摆和滑步：在开始滑步前，通常做1～2次的预摆。预摆时左腿微屈以大腿带动小腿向投掷方向摆起，上体稍右倾，接着右腿屈膝下蹲，左腿屈膝回摆靠近右腿，上体右倾，收腹含胸，预摆过程中一定要控制好身体的平衡；身体重心向左移动，左腿向左侧摆出，同时右腿用力侧蹬，"摆""蹬"同时进行；右腿充分蹬伸后，迅速收拉小腿，使前脚掌沿地面滑至投掷圈圆心附近，脚尖稍内扣，使脚约与投掷方向成直角，同时左脚积极下压，以前脚掌内侧着地，形成最后用力前的良好姿势。

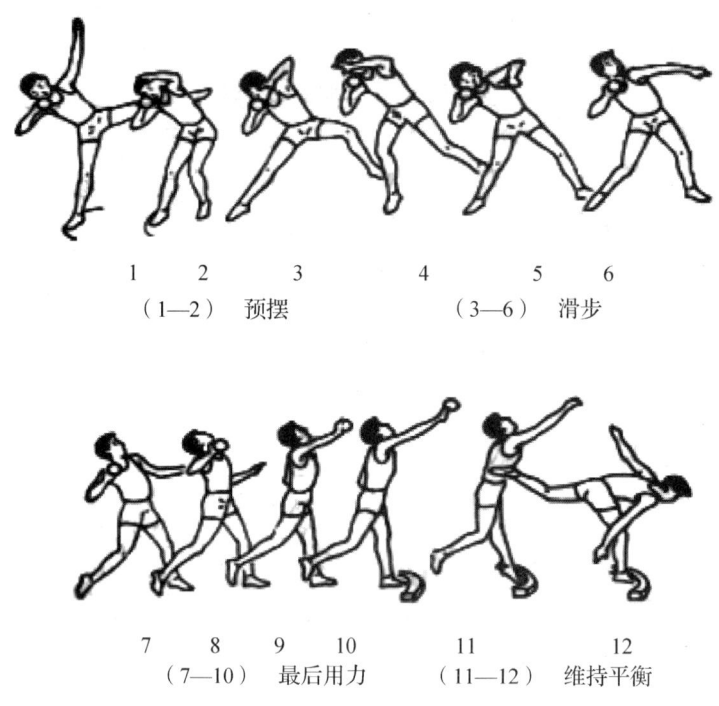

1　2　　3　　　　4　　5　　6
（1—2）预摆　　　　（3—6）滑步

7　8　9　10　　　11　　　12
（7—10）最后用力　（11—12）维持平衡

图 5-26　侧向滑步推铅球

最后用力和维持身体平衡：最后用力和滑步动作是紧密连接的，当左脚一着地，即开始最后用力。首先以髋部大肌肉群发力，右腿用力蹬转，髋部前移并左转，同时左臂稍内旋经体前带领左肩边移、边抬、边转至投掷方向；紧接着右腿开始转蹬，两腿进行爆发式蹬伸，左肩制动，右肩充分向前，抬肘、伸右臂、用手指拨球，将铅球从肩上向前上方推出；当铅球出手后，及时换步、降低身体重心，维持身体平衡。

通过田径运动中的投掷练习提高肌肉力量和肌肉耐力

经常参加田径运动中的投掷练习可以促进你骨骼和肌肉的发育，塑造健美的体型，发展上肢、躯干和腿部的肌肉力量和肌肉耐力，尤其对促进爆发力和全身肌肉协调用力的能力有着积极的作用。这一切在古希腊艺术家米隆的《掷铁饼者》雕塑中都得到了充分的体现，投掷者那强健的肌肉、雄壮的体魄，刚毅的神情无不淋漓尽致地向人们展现着力量之美。

有助于提高你的肌肉力量和肌肉耐力的具体投掷练习手段可分为肩上投掷和肩下投掷两大类：

肩上投掷：站立（或跪姿）前抛，前推实心球、投垒球等。

肩下投掷：实心球胯下前抛、坐姿（站姿）实心球抛甩、扔飞碟、打保龄球或抛地滚球等。

【规则简介】

投掷类：在铅球、铁饼、标枪比赛中，运动员若超过8人，允许每人试掷3次，有效成绩最好的前8名运动员可再试掷3次，试掷顺序与前3次试掷后的排名顺序相反。

铅球、铁饼项目运动员必须从静止姿势开始试掷，试掷后，身体任何部位触及圈外地面或铁圈上沿，以及掷出的铅球、铁饼没有完全落在落地区角度线内沿以内均判失败。器械落地后，运动员方可离开投掷圈。离开时，首先触及的铁圈上沿或圈外地面需在通过投掷圈圆心的圈外白线后面。

掷标枪时，不得抛甩，只有标枪枪尖先于标枪的其他部位触地，且标枪必须完全落在落地区角度线内沿以内方有效。开始试掷后，如果身体的任何部位触及投掷弧、助跑道标志线及其以外地面，均判为试掷失败。

投掷成绩的丈量方法：丈量铅球、铁饼、标枪、链球等的方法是从器械落地的最近点取直线丈量至投掷圈内沿，测量线应通过投掷圈圆心。

思考题

通过中国共产党第二十次全国代表大会代表、奥运会田径冠军巩立姣"使命在肩，奋斗有我"的故事，谈谈自己该如何在学习生活中使命在肩、顽强拼搏、突破自我。

第六章 球类运动

 思政目标

通过球类项目练习与女排姑娘赛场上顽强战斗、勇敢拼搏精神的宣讲，引导学生学习女排姑娘"祖国至上、团结协作、顽强拼搏、永不言败"的精神，激励学生为中华民族的腾飞勤奋学习、顽强拼搏。

第一节 篮 球

篮球运动是普通高等学校体育课必修课程之一，也是各级各类学校对学生进行全面素质教育的基本内容。

篮球运动是一项集体性、综合性、围绕高空展开立体型攻守对抗的活动性游戏。由于篮球游戏简易而有趣，可以变换方式组成各种丰富多彩的活动，方便与吸引人们参与，从而达到愉悦身心、健身强体，提高社会文明，充实人们业余文化生活的目的。

而现代篮球运动，已完善发展成为一项融科技、文教和教艺为一体的国际性大众竞技体育运动。在统一的国际性组织（国际篮球业余联合会）指导下，以严格的比赛规则和特定的竞赛方式，追求更高、更快、更强的奥林匹克精神，展开强者间的对抗、竞争与拼搏，其竞赛活动过程充分显示出人类生命的活力、民族自强的决心和时代发展的进步。

现代篮球运动竞赛和各种形式的篮球活动性游戏，其基本活动方式都是围绕高3.05m，直径0.45m的篮筐和周长0.75～0.78m，重量600～650g的球，展开的空间与时间、控制球与夺取球、投篮与制约投篮的攻守对抗。其活动方法与手段多种多样，如跑、跳、停、转、接、投、运、打、断以及个人、多人之间和全队整体的各种攻守配合。篮球运动以其特有的魅力，深受世界各国人民群众的喜爱，使国际篮球业余联合会成为世界上单项体育人口最多的国际单项运动协会。四年一度的奥林匹克运动会男、女篮球比赛，世界男、女篮球锦标赛，美国的NBA职业联赛，这三大赛事代表着世界篮球运动的最高水平，汇集着世界最强的篮球队伍和篮球明星展风采。篮球运动的发展历程折射出人类从个体到集体、从民族到国家的一种自强精神。篮球运动在各级学校的体育教学与课余校园文化生活中，已成为增进学生健康的身体教育手段和贯彻德、智、体、美、劳全面素质教育的手段之一。

一、篮球运动的起源

1891年12月初，在美国马萨诸塞州斯普林菲尔德市基督教青年会国际训练学校（后为春田学院），该校体育教师詹姆斯·奈史密斯博士将两只桃篮别钉在健身房内看台的栏杆上，桃篮上沿距离地面十英尺，用足球作比赛工具，向篮投掷。投球入篮得1分，按得分多少决定胜负。每次投球进篮后，要爬梯子将球取出再重新开始比赛。以后逐步将竹篮改为活底的铁篮，再改为铁圈下面挂网。到1893年，形成近似现代的篮板、篮圈和篮网。

最初的篮球比赛，对上场人数、场地大小、比赛时间均无严格限制。只需双方参加比赛的人数必须相等。比赛开始，双方队员分别站在两端线外，裁判员鸣哨并将球掷向球场中间，双方跑向场内抢球，开始比赛。持球者可以抱着球跑向篮下投篮，首先达到预定分数者为胜。1892年，奈史密斯制定了13条比赛规则，主要规定是不准持球跑，不准有粗野动作，不准用拳击球，否则即判犯规，连续3次犯规判负1分；比赛时间规定为上、下半时，各15分钟；对场地大小也做了规定。上场比赛人数逐步缩减为每队10人、9人、7人，1893年定为每队上场5人。

奈史密斯博士于1939年去世，终年78岁。他未曾料到，由他创建的篮球项目竟然在200多个国家流传推广，至今美国篮球誉满全球。为了纪念奈史密斯博士发明的篮球的功绩，在春田学院校园内修建了美国篮球名人馆——詹姆斯·奈史密斯纪念馆。

二、现代篮球运动的发展

现代篮球运动首先表现为多层次性：职业竞技、群众业余、商业赞助等全方位发展，特别是群众业余篮球活动的迅猛开展，爱好者越来越多，3人篮球赛的吸引力越来越大就是一个例证。篮球运动的健身娱乐价值迅速提升。其次是现代篮球运动的商业和社会价值被逐渐关注和开发，由于参与人数多，观赏性强等特点，引起了政府、社会和企业等的关注。来自政府及社会较大的投入极大地改善了篮球运动的环境。

现代职业竞技篮球运动将继续向"高""快""全""准""变"和女子篮球"男子化"、明星更加突出、技战术运用向"精练化""技艺化""智谋化"的方向发展，而

"高、快、全、准、变"等的含义又有了新的变化。随着现代篮球运动的继续发展,将会使人感觉到球场越来越小、比赛时间越来越短、篮架越来越低、篮筐越来越大、场上变化越来越快、队员身体接触越来越频繁剧烈、核心球员的特殊功能越来越突出、女子篮球越来越接近男子。

"高":主要包括身高、弹跳、高空技战术和空间对抗能力等,要成为世界强队必须具备一定的"高度"。目前世界强队中男队的平均身高为200~205厘米(中锋身高约215厘米,前锋身高200~210厘米,后卫身高190~200厘米);女队的平均身高为183~185厘米(中锋身高195~200厘米,前锋身高185~190厘米,后卫身高175~180厘米)。除了身高之外,优秀运动员也都具备了出色的弹跳,许多男子运动员的净跳高度超过了100厘米,比赛中争抢篮板球的高度可达到330~350厘米及以上,例如NBA的飞人乔丹,他的助跑摸高超过380厘米。被称为"滑翔机"的德雷克斯勒(职业生涯1983—1998年)面对着355厘米高的篮圈照样能扣篮。而早在20世纪60年代有"盖帽祖师爷"之称的拉塞尔(身高206厘米),可以轻松地摸到篮板上沿(395厘米)。现世界著名的美国女子篮球运动员莱斯莉(洛杉矶火花队,身高196厘米,2002年世界女子篮球锦标赛及多次W74BA联赛等重大赛事的最有价值球员获得者),在2002年赛季的WNBA联赛中成功扣篮,成为第一个在职业联赛中扣篮的女子篮球运动员。我国也涌现出了一大批有"高度"的球员,例如前国家队队长孙风武(身高186厘米)可以轻松地双手正、反扣篮;王非(前国家队队员,曾任国家队主教练,身高192厘米)在比赛中可将队友投篮未中的球直接按进篮筐。来自山东的宋涛(身高208厘米),是第一位被NBA球队(亚特兰大鹰队)选中的中国球员。近年来又涌现出了胡卫东(身高198厘米)、王治郅(身高214厘米)、姚明(身高226厘米)等一批能完成"空中接力扣篮"的优秀选手。当然,优异的身高及弹跳只是成为优秀选手的基本条件之一,在此基础上还必须具备高超的空间技、战术和空间对抗能力。

"快":快速是篮球运动的核心和灵魂。现代高水平竞技篮球由于进攻时间的限制使得攻防转换的速度越来越快,各队不断强化"快"的意识和"快"的训练,使得比赛中各个环节的衔接越来越快,运动员完成技、战术的动作速率及转换越来越快,各种有针对性的制约与反制约的变化也越来越快。但是,并不是在任何情况下都一味求快,因此,节奏的控制与把握的好坏更能显示出比赛水平的高低。

"准":具体反映在投篮和传球的准确性上,其中首先以远投和强对抗下的投篮命中率为代表,其次还表现为攻守技术运用的准确性的提高,以及在时间、空间、节奏等方面实现技、战术配合的准确把握。

"全":要求运动员的身体机能、身体素质、心理、智力、思维、技战术水平、协同配合等攻守能力全面均衡。同时,要求队伍具备全面的风格,兼容各种打法,不能偏废。

"变": 技、战术的发展和规则的变化及对手的具体特点等迫使运动员不断提高自身能力并适当调整技、战术的运用。现代篮球运动既是实力的对抗,又是智谋的决战,在各队实力日趋接近的比赛中,如何面对赛场的千变万化已成为取胜的关键。

"星": 现代篮球比赛中,明星球员的作用日趋重要。他们的共同特点是作风顽强、技术全面、特点突出、心理稳定、得分能力强、攻守兼备、智勇双全,在全队最困难和最需要的时候,往往是他们挺身而出,率领全队渡过难关。因此每个队都应有自己的明星球员,都应该下大力气培养自己的明星球员。

"技": 现代篮球比赛已将技、战术与艺术融合为一体。有时,篮球比赛场已成为高水平运动员展示其高超技巧、体能和智慧的艺术舞台,给人以美的享受和健康向上的启迪。

"阵": 在排兵布阵中苦思冥想,细致演练。依据自己现实的条件,运动员们结合对手的具体情况,追求最大限度地发挥本队个人和全队的特长,扬长避短,尽可能有效地抑制对手的特长,争取比赛的主动。

三、篮球运动的特点

1. 篮球运动的竞技特点

从控制论角度说,篮球运动是向悬挂于高空的篮圈内投球的运动,篮球比赛双方将空间、地面与时间有机结合所展开的不同战术阵形与技术手段的攻守是现代篮球的独特魅力。篮球比赛过程较其他球类复杂,技术动作繁多,战术形式多样,而围绕空间瞬时变化展开的争夺,反映出个体单兵作战与协同集体配合相结合,空间攻守与地面相结合,空间、地面与时间、速度相结合,对抗性与计谋性、技艺性相结合,并由此显示出的立体型的、各种类别的、多变性的攻守形式和方法。随着篮球运动职业化程度逐步广泛化,篮球运动的竞赛必将走向商业化的轨道。运动员和运动队技能水平和运动成绩越来越高,篮球比赛越来越具艺术性和欣赏价值,带动篮球运动的发展。

2. 篮球运动的健身性、增智性特点

篮球运动技术、战术的实践操作与实战动用过程,是通过在变化着的时间、场地、距离、设施条件要求下,运用跑、跳、投等手段相互对抗完成。这从生理学的某种角度而言,适量参加篮球运动,势必对促进人的生理机能、心理修养,特别是对提高内脏器官的功能、中枢神经系统的支配能力、提高身体的生命基础水平、增进健康以及发展灵敏性速度、力量、弹跳等身体素质、锻炼意志品质、培养集体主义精神起着积极的作用。加上篮球比赛已进入科学化、技艺化、谋略化的新时期,技高与智深的渗透结合,促使运动员从篮球竞赛活动中汲取文化营养,鞭策他们具有更好、更高的文化知识。所以从事篮球活动,我们能充实广博的文化知识、陶冶高尚的情操。科学地、适量地参加篮球运动,能全方位地起到健身、增知、养心的作用,这是篮球运动的特殊价值。

3. 篮球运动教育性特点

从社会教育学而言，篮球运动应是当代体育学与社会教育学的有机结合。在篮球竞赛的各种活动过程中，包含着丰富的教育内容。因此，它对提高人的社会素质、活跃社会生活内容、促进社会交往、增强国家与民族自尊和自信心都有独特的社会价值。篮球运动以球队的形式进行集体训练和比赛，而篮球运动获得胜利的重要保证之一在于队员之间的协调配合、统一行动。这种协调配合、统一行动必须以积极的、健康的道德情感为基础，视共同的责任感、荣誉感为精神支柱；忽视集体力量而过分重视"表现自己"，从而给集体造成损害的人，无疑将受到公众的批评和指责。参与者在这种以团队为基础的教学、训练中，有益于培养集体主义精神，增进良好的道德情感，从而促进正确道德意识的形成。

四、篮球基本技术

篮球基本技术就是篮球运动的基本功，要想练就扎实的基本功，必须首先掌握各个基本技术动作，并进行反复的、千百次的练习。学习基本技术的目的在于掌握正确的技术动作方法，这是提高技术水平的基础。基本功越扎实，就越有利于提高篮球运动的技术水平。

根据篮球比赛中攻守对抗的规律，可将篮球技术分为进攻技术和防守技术。进攻技术有传接球、投篮、运球、持球突破；防守技术有防守对手、抢、打、断球等，进攻技术和防守技术都有移动、抢篮板球。

（一）移动

移动是篮球运动中队员为了改变位置、方向、速度和争取高度、空间所采用的各种脚步动作方法的总称。

移动是篮球进攻技术动作的基础，又是完成战术的前提。如果学习和掌握得不扎实，就很难在技术、战术上达到高水平。因此，在篮球技术教学与训练中，首先应从移动学起。学习和运用移动的目的是为了摆脱对手，抢占有利的位置和争夺时机，以便能够合理地、顺利地完成技术和战术。在学习中必须强调掌握快速、扎实、稳健、灵巧、善变的脚步动作。这样才能促进学习、掌握、提高篮球技术，在激烈的攻守对抗中争得主动和优势。

移动动作方法主要是由下肢以踝、膝、髋关节的轴的多个运动动作所组成，上肢加以配合动作。特别是脚、腿、腰、胯的协调用力对控制和转移身体重心，保持身体平衡，起着主要支配作用。移动动作都是通过前脚掌的蹬地、碾地和脚跟先着地的制动抵地动作，并在腰、胯和上肢的协调用力配合下作用于地面，地面给予人体的反作用力克服人体重力、惯性力等来控制身体平衡，从而使人体获得起动、旋转、起跳、制动等姿势的变化，移动技术主要分为准备姿势、起动、跑、跳、急停、转身、步法等。具体如下：

1. 准备姿势

基本站立姿势是队员在启动前的基本准备姿势。队员为了迅速往不同方向起动和起跳，及时准确地完成动作，必须保证正确基本站立姿势。

动作方法：两脚前后或左右开立，距离约与肩同宽，两腿微屈，身体重心落在两脚之间，略收腹含胸，屈肘，两手放于体侧前方。防守时站立姿势稍有不同，两脚开立略比肩宽，屈膝降低重心，含胸，两臂张开。

动作要点：屈膝、降低重心，抬头，目光注视全场。

2. 起动

起动是队员在球场上由静止状态变为运动状态的一种动作，是获得位移速度的方法。进攻时，突然快速的起动，是摆脱防守的有效手段之一。防守时，突然快速的起动，可以抢占有利位置，看住对手。

动作方法：从基本站立姿势开始，向前起动时以后脚、向侧起动时以异侧脚的前脚掌短促有力地蹬地，同时上体迅速前倾或侧转向跑的方向移动重心，手臂协调地摆动，充分利用蹬地的反作用力，迅速向跑的方向迈出。起动后的前两三步，两脚的前脚掌要短促用力蹬地，并配合以快速的摆臂动作，使之在最短的时间内充分发挥速度。

动作要点：移重心，猛蹬地，快跨步，快频率。

3. 跑

跑是为了完成攻守任务而争取时间的脚步动作。比赛中经常运用的跑有变速跑、变向跑、侧身跑。

4. 急停

急停是指队员在快速移动中突然制动速度的一种方法，是各种脚步动作衔接和变化的过渡动作，比赛中急停多与其他技术结合在一起运用。急停分跨步（见图6-1）和跳步急停（见图6-2）两种。

图6-1 跨步急停　　　　　　　　图6-2 跳步急停

5. 转身

转身是指队员以一脚做中枢脚进行旋转，另一脚蹬地向前后跨出，改变原来身体方向的一种动作方法（见图6-3、图6-4）。它可与急停、跨步、持球突破结合运用，有效地摆脱防守创造传球、投篮机会。转身分为前转身和后转身。

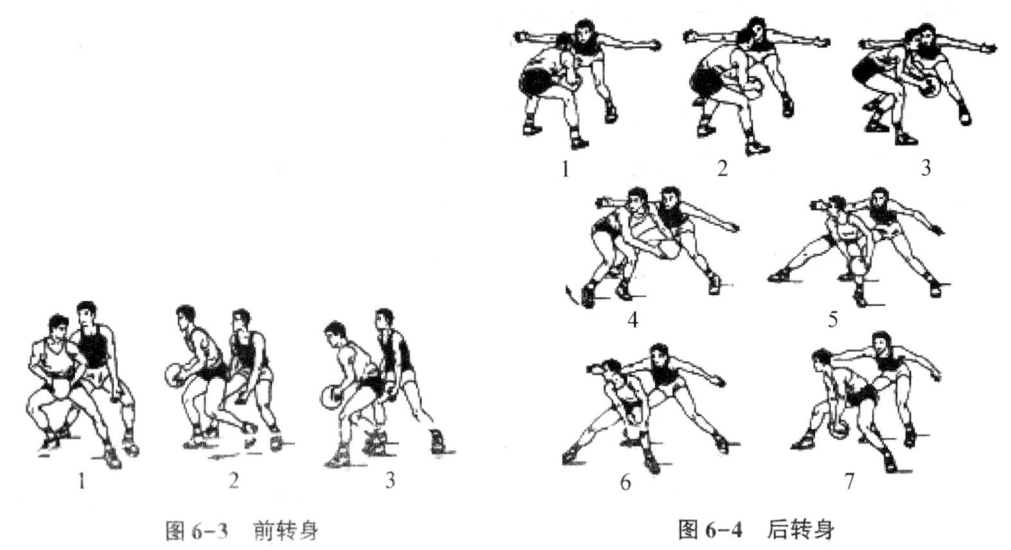

图6-3 前转身　　　　　　图6-4 后转身

6. 滑步

滑步是防守移动的一种主要方法、它易于保持身体平衡，可向任何方向移动（见图6-5）。移动可分为侧滑步、前滑步、后滑步三种。

图6-5 滑步

7. 跳

跳是指队员在场上争取高度及远度的一种动作方法。篮球比赛中很多技术需要队员在空中完成。队员必须能单脚、双脚起跳，会在原地、跑动中和对抗条件下向不同方向跳、连续跳等，要求队员起跳快、起跳高，滞空时间长，更好地在空中完成各种攻守动作。跳有双脚起跳和单脚起跳两种方法。

（二）传、接球

传、接球是在篮球比赛中进攻队员之间有目的地支配球、转移球的方法、它是进攻队员在场上相互联系和组织进攻战术的重要保障，也是实现战术配合的具体手段。队员巧妙地利用球的转移调动防守，可打乱对方的防守布置，创造良好的进攻机会。

传球的持球方法是指手持握球的方法，分双手持球和单手持球。

双手持球方法：两手手指自然分开，拇指相对成"八"字形，用指根以上部位握球的两侧后下方，掌心空出，两臂屈肘，自然下垂，置球于胸腹之间。

单手持球方法：手指自然分开，用手掌外沿和指根以上部位托球，掌心空出。

接球的持球方法分双手接球和单手接球。按照来球的路线和落点不同，可分为接高位球、中位球和低部位球等动作方法。各种接球动作都是由准备接球、接球、接球后动作三个环节组成。无论采用哪一种接球动作方法，准备接球时应注意判断来球的方向、力量、速度和落点，以便及时选择接球的方式及位置。接球时，眼睛要注视来球，肩、臂放松，手臂伸出迎球，手指自然分开，当手接触球时应迅速将球抓住。屈肘屈臂，后引缓冲来球的力量，同时双手握球，调整身体平衡，以便顺利地衔接下一个进攻动作。

1. 传球动作方法

（1）双手胸前传球。

双手胸前传球是一种最基本、最常用的传球方法，具有传球快速有力、准确性高、容易控制，便于与其他动作相结合的优点。

动作方法：双手持球于胸腹之间，两肘自然弯曲于体侧，身体成基本站立姿势，眼平视传球目标。传球时后脚蹬地发力，身体重心前移，两臂前伸（见图6-6），两手腕随之旋内，拇指用力下压，食、中指用力拨球并将传球传出，球出手后，两手向下略向外翻（见图6-7）。

动作要点：持球动作正确，用力协调连贯，食中指拨球。

图6-6　双手胸前传球　　　　　　　图6-7　传球手型

（2）单手肩上传球。

单手肩上传球是一种常用于中远距离的传球方法。传球时用力大，球飞行速度快，利于在发动长传快攻时运用。

动作方法：双手持球于胸前，两脚平行开立，右手传球时，左脚向传球方向跨出半步，右手靠左手指拨送球的力量将球引至右肩侧上方，右肩关节引展，大小臂自然弯曲，手腕稍后屈，手持球的后下方，左肩对着传球方向，重心落至右脚上。传球时，右脚蹬地发力同时转体带动上臂，以肘领先前臂，手腕前屈，食、中、无名指用力拨球将球传出（见图6-8）。

动作要点：自上而下发力，蹬地、扭转肩、挥臂扣腕动作连贯。

图 6-8　单手肩上传球

2. 接球动作方法

（1）双手接中部位的球。

动作方法：两眼注视来球，两臂迎球伸出，双手手指自然张开，两拇指成八字形，其他手指向前上方伸出，两手成一个半圆形。当手指触球时，双手将球握住，两臂顺势屈肘后引缓冲来球的力量，两手持球于胸腹之间，成基本站立姿势（见图6-9）。

动作要点：伸臂迎球，在手接触球时手臂后引缓冲，握球于胸腹之间，动作连贯一致。

图 6-9　接球

（三）运球

运球是篮球运动重要的进攻技术，是个人摆脱防守，创造传球、突破、投篮得分机会的重要进攻手段，也是进攻队员发动快攻、组织全队进攻配合的纽带，瓦解防守阵型的重要手段。随着现代篮球技术的不断发展，运球的技巧有了很大的提高。其特点是低重心、侧身护球隐蔽性大，手臂控制范围大，手腕手指翻转时球停留手中的时间稍长，运球方式变化多，使运球技术更具有保护性、突然性和攻击性。

运球的方法很多，为了便于教学，将运球技术分类为：高运球、低运球、体侧运球、体前换手变向运球、体前不换手变向运球、运球急停急起、背后运球、运球转身、胯下运球变向。

（1）高低运球。

动作方法：高运球用于无防守快速运球，反弹的高度在腰腹之间，按拍球的后上部，球的落点在身体侧前方（见图6-10）。低运球用于防守者逼近时慢速运球，降重心，抬头前看，用上体和腿保护球，球反弹的高度在膝髋之间（见图6-11）。

动作要点：手脚协调配合，控制好反弹高度，注意球的落点。

图6-10　高运球　　　　　　　　图6-11　低运球

（2）体前换手运球。

动作方法：（以右手为例）运球向右侧前进，遇到对手堵截前进路线时，右手拍球右上方使球从体前弹向左侧，同时右脚向前方跨，上体向左转用肩挡住对手，然后换左手拍按球的后上方，左脚跨出，从对手的右侧继续运球前进（见图6-12）。

动作要点：换手运球时，手脚配合要合理，变向要及时。

（3）运球转身。

动作方法：变向时，左脚在前为轴，做后转身的同时，右手将球拉至身体的左侧前方，然后换手运球，加速前进（见图6-13）。

图6-12　体前换手运球　　　　　　图6-13　运球转身

动作要点：运球转身时要降重心，拉球动作和转身动作连贯，手臂紧贴躯干，蹬地、转身、拉引球、拍按球；动作协调。

(四) 投篮

投篮动作的种类和方法很多,依据投篮手法可分为单手投篮和双手投篮两种,运用这两种手法可在原地和移动中完成。投篮是一项复杂的技术动作,它主要由持球方法、瞄准点、出手动作、球的旋转、抛物线等环节组成。

1. 持球方法

持球是投篮能否牢固地控制球和完成投篮动作的前提。正确的持球方法可以更好地发挥手指指端对球的感应和控制。持球有两种方法。

(1) 单手持球方法。

以原地单手肩上投篮为例,投篮手五指自然分开,用指根以上部位托球的后下方,手心空出,手腕略向后仰,球的重心落在食指和中指掌指关节处,肘关节自然下垂,置球于同侧方的前上方。

(2) 双手持球方法。

以原地双手胸前投篮为例,两手手指自然分开,拇指相对成八字形,用指根以上部位握球的两侧后下方,手心空出,两臂自然屈肘,肘关节下垂,置球于胸和颚之间。

2. 投篮动作方法

(1) 原地单手肩上投篮。

原地单手肩上投篮是各种投篮方法的基础,具有出手点高,便于结合其他技术动作和不易被防守的特点,是应用较广泛的投篮方法。

动作方法:以右手投篮为例,右手五指自然分开,手心空出,用指根以上的部位持球,大拇指和小拇指控制球体,左手扶在球的左侧,右臂屈肘,肘关节自然下垂,置球于右肩前上方,目视球篮。两脚左右或前后开立,两膝微屈,重心落在两脚掌上。投篮时,下肢蹬地发力,右臂向前上方抬肘伸臂,手腕前屈,食中指用力拨球,通过指端将球柔和地投出,球出手的瞬间,身体随投篮动作向上伸展,脚跟微提起(见图6-14)。

图6-14 原地单手肩上投篮

动作要点:上下肢协调用力,抬肘伸臂充分,用手腕前屈和手指柔和地拨球将球投出，中食指控制方向。

（2）原地双手胸前投篮。

动作方法：双手持球于胸前，肘关节自然下垂（不要外展），上体稍前倾，两膝微屈，身体重心放在两脚之间，目视投篮目标。投篮时，两脚蹬地，腰腹伸展，两臂上伸，拇指向前压送，两手腕同时外翻，指端拨球，用拇指、食指、中指投出，腿、腰、臂然伸直（见图6-15）。

动作要点：自然屈肘下垂，投篮时两臂用力均衡，前臂内旋，手指拨球，用力与下肢动作要协调一致。

图6-15 双手胸前投篮

（3）行进间单手肩上低手投篮。

行进间单手肩上低手投篮是在快速跑动中超越对手后在篮下时最常用的一种快速投篮方法。它具有伸展距离远，动作速度快，出手平稳的优点，多在快攻中或强行突破时应用。

动作方法：以右手篮为例，在跑动的过程中右脚向前跨出一大步，双手迎前接球，左脚接着上一步，脚跟先着地迅速过渡到前脚掌起跳，同时双手持球上举，右脚屈膝向上抬配合左脚起跳。当身体腾空到最高点时，左手离球，右手五指分开，手心向上，托球下部，手臂继续向球篮上方伸展，并以手腕为轴，手指向上挑球，使球从食指、中指滚出（见图6-16）。

动作要点：助跑、接球、起跳举球动作连贯协调；以手腕为轴，手指向上挑球，使球从食指、中指滚出。

图6-16 行进间单手肩上投篮

五、篮球游戏

（一）游戏名称：传球比多

器材：1 个篮球。

方法：将学生分成若干队，每队 5~7 人，每次两个队在篮球场上比赛，先由两队队长在中圈跳球，得球一方进行传球，每传一次记 1 分，对方则设法断球，抢球后也是每传一次记 1 分。3 分钟后吹哨停止，得分少的队下场，换一个队再做。

规则：（1）在传球中，可以运球，但运球不记分。

（2）不能带球走，带球走一次扣 1 分。

（3）人靠近传递球不算分。

教学建议：如人少可分为两个队比赛，在规定时间内得分多的队为胜。

（二）游戏名称：运球追拍

器材：每人一个篮球。

方法：可选用以下方法中的一种。

方法一：学生每人一个球，分散在篮球场内，选一人做领头人，领头人运球追拍其他人，其他人运球逃避。领头人追拍上一人后，被拍人与领头人交换。

方法二：学生每 2 人一组，分散在篮球场内。游戏前，2 人猜拳决定谁追谁逃，教师发令后，2 人边运球边追逃，追拍上后，2 人交换。

方法三：全体学生每人一球成一路纵队沿边线和端线运球，后面人追拍前面人，教师吹哨时全体向后转再运球追拍前面人。

规则：可以多次运球，但不能带球跑。

（三）游戏名称：运球抢球

器材：每人一个篮球。

方法：学生每人一个球，2 人一组分散在篮球场内。教师发令后，2 人一边运球，一边伺机用手抢走对方的球或者用手打掉对方的球，每成功一次得 1 分。

规则：（1）不许带球跑。

（2）只能用手打或抢球，不能用脚踢对方的球。

（四）十分投篮赛

器材：2 个篮球。

方法：将学生分成人数相等的两个队，成横队站在发球圈后，排头拿一个篮球。游戏开始，各队队员依次在罚球线后投篮，每人只投一次，投中记 1 分，先满 10 分的队为胜。

规则：（1）踩线投中无效。

(2) 各队队员要依次投篮，不能只叫一些投得准的队员投。

(3) 如双方投完一轮都未满10分，可再从排头开始投，直到一个队满10分为止。

教学建议：各队可先由排尾捡球，排头投完之后，换由排头捡球；也可由见习生捡球。

（五）端线篮球

器材：一个篮球。

方法：在篮球场两条端线内 2 m 处，各画一条与端线平行的线，平行线与端线之间为接球区。将学生分成人数相等的两个队（每队6~10人），各队派一人站在对方接球区内，作为接球员，其余队员分散在球场内。游戏开始时先在中圈跳球，然后双方队员组织进攻或防守。进攻队通过传球与运球，力求将球传给在对方接球区内的接球员，接球员接到一个球，该队就得1分，一队得分后，由另一个队在端线外掷界外球继续比赛。防守队如截得球则转守为攻。在规定时间内，以得分多者为胜。

规则：(1) 球出界，由对方队员在出界处掷界外球，界外球不能直接传给接球员。

(2) 在端线发球时，对方接球员不得干扰或抢球。

(3) 其他规则同篮球规则。

六、篮球运动竞赛规则

（一）违例及其罚则

违例是违反规则的行为。罚则是发生违例的队失去控球权，由对方在靠近发生违例的地点掷界外球（直接位于篮板后面的地方除外）。如果发生投篮或罚球中篮无效时，要在罚球线延长部分的界外掷界外球。

1. 跳球违例

跳球队员违反下列规定即为违例。

(1) 两名跳球队员的脚要站在靠近本队球篮一边的半圈内，一只脚靠近两人之间的线的中心，不准上步助跳。

(2) 在球到达最高点之前，不准拍击球。

(3) 不能直接抓住球或触及球超过两次。

(4) 拍球两次后，在球未触及非跳球队员、篮板和球篮、地面之前，不得再触球。

(5) 在球被合法地拍击前，任一跳球队员都不得离开自己的位置。

(6) 跳球队员拍球前，非跳球队员不得进入跳球圈。

2. 运球违例

队员控制球后将球掷、拍或滚，在球触及另一队员之前再触及球为运球违例。每次运球必须使球与地面接触。运球后,队员用双手同时触及球或使球在一手或两手中停留的瞬间运球即完毕。队员第一次运球结束后不得再次运球,除非又重新控制球才可以运球。

下列情况需要注意:

(1) 连续投篮不是运球。

(2) 运球前漏接,球拿稳后可以运球;运球后漏接,可以拿住球,不能再运球。

(3) 与附近的其他队员抢球中用挑、拍,试图控制球,获得球后可运球。

(4) 打落或拦截对手的球并获得该球,可以运球。

(5) 只要不出现持球移动违例,允许球在触及地面前在手中抛接或停留。

在运球过程中,运球手翻腕使手掌心超过垂直面为"携带球"违例。

3. 持球移动违例

队员持球移动超出规则的限制即造成持球移动违例(走步)。

1) 中枢脚的确定

(1) 队员双脚着地接到球,可用任何一脚作为中枢脚;

(2) 队员在移动或运球中接到球后,双脚分先后着地,则先着地的脚为中枢脚;

(3) 队员在移动中或运球结束时,接球一脚着地,队员可以跳这只脚并双脚同时落地,则两脚都不是中枢脚。

2) 持球移动

(1) 运球开始时,在球离手前中枢脚不能抬起。

(2) 队员可以抬起中枢脚进行投篮或传球,但在球离手前中枢脚不能落回地面。

(3) 当两只脚都不是中枢脚时,一脚或双脚都可以抬起进行投篮或传球,但在球离手前脚不可落回地面;运球开始时,在球离手前哪只脚都不可以抬起。当中枢脚出现不合法移动即为持球移动违例(带球走)。

4. 球回后场违例

某队在前场控制活球,该队的队员不得使球回后场。如果控制球队的队员在前场接触了球而使球进入后场,该队的队员在后场又首先接触了球,即为球回后场违例。

1) 判断球回后场的三个条件

(1) 某队在前场控制活球;

(2) 控制球队在前场最后触球后球从前场进入后场;

(3) 控制球队的队员在后场首先触球。

造成球回后场违例,这三个条件缺一不可。

2) 球回后场违例的几种情况

(1) 队员骑跨中线跳起接后场同队队员的传球,落地后仍骑跨中线或双脚落在后场时;

（2）队员从后场跳起接前场同队队员的传球时；

（3）队员骑跨中线运球时；

（4）队员骑跨中线相互传球时；

（5）队员骑跨中线，静立或跳起接前场同队队员传球时；

（6）队员骑跨中线或有一脚踩在中线上静立接后场同队队员传来的球后，抬起在前场的脚为后场违例。

3）不算球回后场违例的情况

（1）运球队员在中线附近由后场向前场做后转身运球，转身时即使有部分身体接触了前场地面，球却运在后场地面上，然后继续向前运球；

（2）控制球队在前场进攻投篮出手后，球碰篮圈或篮板弹回后场，该队员在后场又获得球。

5. 干扰球违例

投篮的球在飞行中下落并完全在篮圈水平面之上时，攻守双方队员不可以触及球；投篮中当球碰击篮板后完全在篮圈水平面之上时，也不可以触及球。但在球触及篮圈或明显不会触及篮圈时除外。

当球接触篮圈时，攻守队员不得触及球或球篮。不管是在投篮后、跳球拍击球后或是在传球后，进攻或防守队员不得从下方伸手穿过球篮并触及在篮圈水平面之上或篮圈上的球。

违反以上规定即为干扰球违例。进攻队员违例，球即使投中也无效；防守队员违例，球即使没投中也要判给攻方 2 分或 3 分。

6. 球出界与掷界外球违例

1）球出界违例的情况

当球触及界线，界外线的地面、人员、物体、篮板的支柱或背面及天花板为球出界违例。在球出界前最后触及球或被球触及到的队员是使球出界的队员。

2）掷界外球违例的情况

（1）球离手的时间超过 5 s；

（2）球离手前或离手时脚踏场地；

（3）掷球时，从裁判员指定的地点沿界线移动超过正常的一步；

（4）在球触及了另一队员前在场内触及球；

（5）在球触及场内队员前又出界；

（6）掷球越过篮板传给场上另一队员；

（7）掷球离手后球停留在篮圈支架上或进入球篮。

7. 踢球与拳击球违例

篮球运动是用手来打球。凡是用拳击球或故意地用膝、膝下的任何部位去击球或拦阻球为违例。脚或腿偶然地接触球不是违例。

8. 时间规则的违例

1）3 秒违例

某队在场上控制球并且比赛计时钟正在走动时，该队队员不得在对方的限制区内持续停留超过 3 秒。限制区的各线都属于限制区的一部分，队员脚踩限制区任何一线都算位于限制区内。

队员在限制区内停留 3 秒时，可允许他向篮下运球投篮或同队队员正在做投篮动作并且球正离手或恰已离手。当投篮的球一离手或抢篮板球、补篮时不受 3 秒规则的限制。

2）5 秒违例

下列情况应判 5 秒违例：

（1）场上队员持球被严密防守（在正常的一步之内），在 5 秒内没有传、投或运。

（2）掷界外球超过 5 秒，时间从掷界外球队员可处理球时算起到球离手为止。

（3）罚球超过 5 秒，时间从裁判员将球置于罚球队员可处理球时起到球出手为止。

3）8 秒违例

当一名队员在后场获得控制活球时，该队必须在 8 秒内使球进入前场，即使球触及前场的地面或位于前场的队员手中，超过 8 秒为违例。

4）24 秒违例

当队员在场上控制活球时，该队必须在 24 秒内完成投篮。如球出界或由于控制球队一方的原因中断比赛，24 秒应连续计算；如因对方拳击球、脚踢球违例或犯规，或因对方原因中断比赛，24 秒应重新计算。

9. 罚球违例

罚球队员要在罚球线后半圆内就位，可用任何方式投篮。违反下列规定为违例：

（1）使球投中篮或触及篮圈。

（2）每次罚球不得超过 5 秒。

（3）球触及篮圈时，不得踩罚球线或限制区地面。

（4）不得做假动作罚球。

罚球队员违例中篮无效，除非还要执行后续的罚球，否则判给对方队员在罚球线的延长线外掷界外球。罚球队员违例时，其他队员在同时或紧接着造成的其他违例不究。

位于限制区两侧的位置区的 5 名队员应按规定站位并遵守下列规定：

（1）不得扰乱罚球队员。

（2）罚球队员球离手后可进入限制区。

(3) 要等球触及篮圈后才能抢球。

罚球队员的同队队员违反（1）（2）条款，中篮有效，违例不究；不中由对方掷界外球继续比赛。罚球队员的对方违反（1）（2）条款，中篮有效，违例不究；不中重罚。双方违例，中篮有效，违例不究；不中双方跳球继续比赛。

如罚球队员的同队队员违反（3）条款，中篮无效，由对方掷界球；对方队员违反（3）条款，无论中篮与否，均判给罚球队员得1分。

站在罚球线延长线后的三分线外的其他队员，要等球触及篮圈才能进限制区。

第二节　排　球

一、排球运动的特点和锻炼价值

（一）排球运动的特点

1. 广泛的群众性

排球场地设备简单，比赛规则容易掌握。既可在球场上比赛和训练，亦可以在一般空地上活动，运动量可大可小，适合于不同年龄、不同性别、不同体质、不同训练程度的人。

2. 技术的全面性

规则规定，每个队员都要进行位置轮转，既要到前排扣球与拦网，又要轮到后排防守与接应。每个队员都必须全面地掌握各项技术，能在各个位置上比赛。

3. 高度的技巧性

规则规定，比赛中球不能落地，不得持球、连击。击球时间的短暂，击球空间的多变，决定了排球具有高度的技巧性。

4. 激烈的对抗性

排球比赛中，双方的攻防转换始终是在激烈的对抗中进行。高水平比赛中，对抗的焦点在网上的扣拦上。在一场比赛中，夺取一分往往需要经过六七个回合的交锋。水平越高的比赛，对抗争夺也越激烈。

5. 攻防技术的两重性

排球是多种技术都可以得分也可能失分的项目，这种情况在决胜局比赛中更加突出，所以说每项技术都具有攻防的两重性。因此，排球技术既要有攻击性，又要有准确性。

6. 严密的集体性

排球比赛是集体比赛项目，除发球外，都是在集体配合中进行的。没有严密的集体配合,再好的个人技术也难以发挥,更无法发挥战术的作用。水平越高的球队,集体配合就越严密。

(二)排球运动的锻炼价值

根据排球运动的特点,参加排球运动不仅能提高人们的力量、速度、灵活、耐力、弹跳、反应等身体素质和运动能力,并改善身体各器官、系统的机能状况,而且还能培养机智、果断、沉着、冷静等心理素质,也是建设精神文明的一种良好手段。我们通过排球比赛和训练,可以培养团结战斗的集体主义精神;可以磨砺胜不骄、败不馁,克服困难,勇敢顽强等良好品质。

二、中国排球发展简史

1. 中国排球运动的兴起

19世纪末至20世纪初,西方文化不断地向中国渗透,体育作为一种文化现象也不例外。西方不少的竞技运动项目逐步在中国开展起来,排球运动就是这些竞技运动项目中的一种。据一些体育史学家考证,排球运动是在1905年传入中国的。排球运动刚传入我国时,它的最初名字叫"队球"。我国首先开展这项活动是在华南、华东和华北地区。

华南地区:1905年,排球运动首先在广州南武中学和香港皇仁书院开展。1913年远东运动会参赛选手许民辉(广东籍)积极推广排球。将这项活动向郊县城乡推广。一年后,排球运动已成了广东广大青年农民、职工都喜爱的活动,该省几十个县广泛开展、组织竞赛,发展速度惊人。在这个基础上涌现出了不少著名排球运动员和著名排球队,并组织起了体育协会——广东排球联合会。

华东地区:上海是开展排球运动比较早的城市之一。1908年,北美基督教青年会派遣爱克斯纳(M·J·Exner)医生来华担任上海基督教青年会体育部主任,他在青年会体育训练班上讲授和介绍了包括排球在内的多种体育运动项目。从1912年至1924年,基督教青年会通过举办体育干事训练班来推广排球运动,12年间,先后培养了9批体育教师和干部,其中一部分人后来成为了各地推广排球运动的骨干。

排球运动开展较好的地区,除上海外,还有地处祖国东南沿海的福建省。福州市基督教青年会干事潘竹孙是上海基督教青年会体育干事训练班学员。他将所学到的排球知识、技术和练习方法带回了福建,为福建排球运动的开展打下了基础。

华北地区:早在1910年前就有少数教会学校开展排球活动,但尚未成为竞赛项目。直到1914年第二届华北运动会在北京天坛举行时,才正式设立排球竞赛的项目。

华北运动会自第二届首设排球竞赛后,一度在比赛中取消排球项目达十年之久,直到1924年第十一届时才恢复排球比赛。华北排球运动发展之迟缓,由此可见一斑。但是,在

20年代末至30年代初，华北排球运动的开展已经不局限于几个大城市了。排球运动传到了山东半岛的烟台、青岛等地，这些地区组织了许多比赛，为排球运动的推广普及作出了贡献。

2. 六人制排球的实行

1900年至1910年，排球运动先后传入亚洲的印度、中国、日本、菲律宾等国。由于当时亚洲各国室内运动场馆远不如美国，来亚洲的基督教青年会的体育干事们根据亚洲的具体情况，介绍、传授了在室外开展的十六人制排球。亚洲前三届远东运动会排球比赛都是采用的十六人制比赛。1919年第三届远东运动会后，比赛规则有了较大的修改，将十六人制改为十二人制，场地由90×45英尺缩小为80×40英尺。1927年又将十二人制改为九人制。九人制排球一直延续到1949年。在相当长的时间里，九人制排球一直流行于包括中国在内的亚洲各国。

在20世纪50年代，世界最高水平的排球赛都是采用六人制比赛。例如：在捷克斯洛伐克首都布拉格举行的第一届男子排球世界锦标赛，世界青年联欢节和世界大学生运动会全都是采用六人制比赛。为了适应国际比赛的需要，中国开始学习六人制排球技术和比赛规则。1950年7月，中华全国体育总会在清华大学举办了全国体育工作者暑假学习会。在学习会上，北京大学林启武教授向全国体育工作者介绍了六人制排球比赛的规则与办法。这些学习会中的学员都成了开展六人制排球的"火种"。同年8月，虞积刚、阎维仁在《新体育》杂志上撰文，详细介绍了六人制排球的比赛规则及简单的攻、防战术。1951年5月，林启武教授又撰文叙述了六人制排球的特点及打法。排球界很快进入了边学习、边实践六人制排球的阶段。

3. 加盟国际排联

新中国排球队参加了世界大学生运动会和世界青年联欢节等排球比赛活动之后，中国排球队朝气蓬勃的精神和独特的技术引起了国际排坛的注意。

1953年中国排球协会成立，张之槐任主席。1953年11月张之槐、马启伟以中国排球协会的名义参加了在罗马尼亚首都布加勒斯特举行的国际排球联合会的行政会议。1954年1月11日，国际排球联合会正式承认并接纳中国排球协会为正式会员。1956年8月，由国际排联主办的男子第三届和女子第二届世界排球锦标赛在法国巴黎举行。国际排联正式向中国男、女排球队发出了邀请。

中国排协很重视这次学习、锻炼的机会，于1956年2月通过选拔，组成了国家男、女排球代表队。代表队在上海、北京进行了集训，而且还在7月14日至8月9日访问了苏联、保加利亚和民主德国。在此期间男、女排球队各进行了11场比赛。中国男、女排球队还参加了在保加利亚举行的四国排球联赛。参加的国家有中国、保加利亚、罗马尼亚和南斯拉夫。这些比赛是中国队准备参加巴黎锦标赛所进行的赛前锻炼。

8月30日至9月12日，17个国家的女子排球队和24个国家的男子排球队云集巴黎，参加了本届盛会。此届参赛队数之多，是世界排球锦标赛历届之首。

三、排球技术的基本理论

1. 排球技术的概念

排球技术是指运动员在比赛规则允许的条件下采用的各种合理的击球动作和配合动作的总称。它是排球运动的基础和重要组成部分。

排球技术有两种：一种是有球技术，包括传球、垫球、扣球、发球和拦网；另一种是无球技术，包括准备姿势、移动、起跳及各种掩护动作等。排球技术主要由步法和手法组成，同时与视野活动、躯干活动和意识活动相配合，融合为一体。

2. 排球技术的特点

第一，完成各种技术动作的时间短促。

第二，各种技术动作都是球在空中飞行时完成。

第三，大多技术具有攻防两重性，如拦网，传球，垫球。

第四，身体各部位都能触球。

3. 排球技术的分类

每项排球技术都是由击球前动作、击球动作和击球后动作组成。从广义上讲，除了身体某一部位击球时的动作外，都称为配合动作；但从狭义上讲，只把准备姿势、移动等称作配合动作，而把击球动作前后较连续的动作也称之为有球技术，如扣球技术中的助跑、起跳等。

四、排球基本技术

（一）准备姿势

准备姿势与移动是排球基本技术之一，属于无球技术，是完成发球、垫球、传球、扣球和拦网等各项有球技术的前提和基础，并对各项有球技术的运用起串联和纽带作用。准备姿势和移动是相辅相成的，准备姿势主要是为了移动，而要快速移动，又必须做好准备姿势。

为了便于完成各种技术动作而采取合理的身体姿势称为准备姿势。合理的准备姿势是指要使身体重心处于相对稳定的状态，又要便于移动和完成各种击球动作，为迅速起动、快速移动及击球创造最好的条件。为完成某项有球技术之前的准备姿势，称为专项技术准备姿势，例如拦网、发球、传球等都采用不同的准备姿势。

按照身体重心的高低，准备姿势可分为半蹲准备姿势、稍蹲准备姿势和低蹲准备姿势三种（见图6-17）。

1. 半蹲准备姿势

两脚左右开立稍比肩宽，一脚稍前，两脚尖稍内收，脚跟稍提起。膝关节保持一定的弯曲，膝关节的投影在脚尖前面，上体前倾，重心靠前。两臂放松自然弯曲，双手置于腹前。全身肌肉放松，两眼注视来球，两腿始终保持微动。

半蹲准备姿势　　稍蹲准备姿势　　低蹲准备姿势

图 6-17　准备姿势

2. 稍蹲准备姿势

稍蹲准备姿势比半蹲准备姿势重心稍高，动作方法相同，一般用于扣球助跑前或对方正在组织进攻时，需快速起动的场合。

3. 低蹲准备姿势

低蹲准备姿势比半蹲准备姿势的身体重心更低，更靠前，两脚左右、前后的距离更宽一些，膝部弯曲程度更大一些；肩部投影过膝，膝部投影过脚尖，手置于胸腹之间。低蹲姿势主要用于防守和接拦回球等。

（二）移动

从起动到制动的过程称为移动。移动的目的主要是及时接近球，保持好人与球的位置关系，以便击球。迅速的移动可占据场上的有利位置，争取时间和空间。队员能否及时移动到位，直接影响着技、战术的质量。移动是由起动、移动步法和制动三个环节所组成。

1. 起动

起动是移动发力的开始，它的快慢是移动的关键，起动的速度取决于正确的准备姿势，反应能力和腰腿部的速度力量。在排球比赛中，应根据场上的情况，采取不同的准备姿势，以利于随时改变移动方向和迅速移动。

2. 移动的基本步法

1) 并步与滑步

当来球距身体一步左右时可采用并步移动，如向前移动时，后腿蹬地，前脚向来球方向跨出一步，后腿迅速跟上做好击球准备。当球在体侧稍远时，并步不能直接近球时，可快速连续并步，连续的并步即滑步。

2) 跑步

球离身体较远时需用跑步，采用跑步移动时，两臂要配合摆动，根据来球的方向，边跑边转身，并逐渐降低重心，保持好击球准备。

3）交叉步

以向右交叉步为例。上体稍向右转，左脚从右脚前面向右交叉迈出一步，然后右脚再向右跨出一大步，同时身体转向来球方向，保持击球前的姿势（见图6-18）。

4）跨步和跨跳步

跨步比交叉步移动距离近，便于接 1～2 米低球。移动时步幅较大，身体重心较低，如向前移动，则后脚用力蹬地，前脚向前跨出一大步，膝部弯曲，上体前倾，身体重心移至前腿上（见图6-19）。可以向前、向斜前或向侧方。

跨步过程中有跳跃腾空即为跨跳步。

图 6-18　交叉步　　　　　　　　图 6-19　跨步移动

5）综合步

以上各种步法的综合运用。

（三）发球

发球是比赛的开始，也是进攻的开始。准确而有攻击性的发球，不仅可以得分，而且还可以破坏对方的战术组合。因此，发球既要有准确性又要有攻击性。发球可分为正面上手发球、正面下手发球、侧面下手发球、高吊球、勾手发球、勾手大力发球等。

1. 正面上手发球（见图6-20）

准备姿势：面对球网，两肢自然开立，左脚在前，左手托球于体前。

抛球：左手用掌平稳而准确地将球抛在体前右肩前上方，高度约50厘米。同时，右臂抬起，屈肘后引，肘略高于肩，上体稍向后仰。五指并拢，指尖朝上，手腕稍后仰保持一定的紧张，眼睛注视球体。

击球：右脚蹬地重心前移，以收腹、屈体迅速带动手臂的挥动。挥臂成直线，在右肩前上方，用手掌坚硬部位击中球的后下部。击球后，便可迅速入场。

图 6-20　正面上手发球

2. 下手发球

下手发球动作技术简单，是学习发球技术的入门。

准备姿势：面对球网，左脚在前，两膝微屈，左手持球于胸前，右手自然下垂。眼视前方。

抛球：左手将球在体右侧抛起，高约 20cm，抛球时，身体重心后移，同时右手后摆。

击球：右脚蹬地，身体重心前移，右臂伸直，以肩为轴向前摆至腹前，用掌根击球的后下部。击球后，随着击球动作身体重心前移，迅速入场。

3. 侧身下手发球（见图 6-21）

准备姿势：左肩对网，两脚开立。

抛球：左手抛球于胸前一臂之远，离手高约 30 厘米，抛球同时，右臂摆至右侧后下方。

击球：在抛球的同时，右臂摆至右侧后下方，接着右脚蹬地向左转体，带动右臂向前上方摆动，在腹前以全手掌击球的右下方。随着击球动作，迅速进入场地。

图 6-21　侧身下手发球

4. 勾手发球

勾手发球所发出的球不旋转而在空中飘晃不定，具有很强的攻击性。发球队员由于采用侧面站立，可充分利用腰部扭转带动手臂加速挥动。这种发球比较省力，对肩关节负担比较小，因而适用于远距离发飘球。

技术要点（见图6-22）：

准备姿势：侧面球网开立，左手持球于胸前。

抛球：左手用托送方法，抛球于左前上方约一臂之高，右手向后下摆动。

击球：击球时，右脚蹬地，上体向左转动发力，带动右臂加速挥动。挥动时，右手臂伸直，在右肩的左上方，用掌根或半握拳击球中下部。击球时，有突停动作。

5. 掌握发球技术的练习方法

1）初学阶段

（1）徒手做抛球的练习。要求平稳地向上抛球，使抛出的球不旋转，最好使抛出球的高度固定。

图6-22 勾手发球

（2）徒手模仿发球动作练习。

（3）击固定球。两人一组，一人持球举至击球点高度，另一人挥臂击固定球，体会击球点和挥臂动作。

（4）对墙或对网近距离发球，体会抛球和挥臂击球动作的配合。

（5）距网4～5米的发球练习，逐渐加长发球距离。

（6）对墙定点发球。在墙上画一圆圈，将球发到圆圈内。

（7）在发球区发球。

2）巩固提高技术练习

（1）在发球区的不同位置发直线、斜线球。

（2）向网前和后场发球。

（3）向后场两角发球。

（4）向对方六个位置发球。

（5）结合接发球进行发球练习，统计发球的效果。

3）在比赛的条件下提高发球技术

（1）三人一组，轮流在3号位、2号位扣球后，迅速跑到发球区发球。

（2）在前排拦网后迅速跑到发球区发球。

（3）发球后迅速进场防守。

（4）发球比赛。将队员分成人数相等的两组，进行发球比赛，从统计结果看练习效果。

（5）在分组比赛或对外比赛中进行统计，检查发球效果。

6. 发球技术常犯的错误及纠正方法

1）抛球时有屈腕动作，使抛出的球不平稳，影响发球效果

纠正方法：

（1）平抛护膝或扁平物体，并使之不旋转。

（2）反复做平托上送抛球动作。

2）抛球的高度不准确

纠正方法：设置固定的目标，对准目标反复做抛球练习。

3）正面上手发球时，做不出推压带腕动作

纠正方法：

（1）徒手练习挥臂。

（2）对墙或对挡网距离 5～6 米，用掌根轻击球，体会击球手法。

4）勾手发飘球时，弧线挥臂击不准球

纠正方法：

（1）学习击球前手臂运行轨迹，多练习击固定球。

（2）徒手练习挥臂。

5）勾手大力发球时，挥臂动作不协调，没有用上转体的力量

纠正方法：

（1）徒手做挥臂击球练习。

（2）击固定球练习。

（3）用掷实心球做勾手大力发球动作练习。

7. 学习发球技术注意事项

（1）从正面上手发球技术结构一般可分为准备姿势、抛球、击球、用力等环节。从完成发球技术动作结构和发球效果看，抛球和击球是正面上手发球的重点和难点。所以，要掌握正确的抛球方法，使每次抛球的高度、位置固定。

（2）要掌握正确的击球手法。

（3）要掌握不同的发球方法，能发出不同性能、路线的球。

（4）在发球准确的基础上，加强发球的攻击性。

（5）发球练习应与接发球练习结合。

（四）垫球

垫球是排球基本技术之一，是接发球和防守的最常用的技术，起着组织全队相互配合

的重要桥梁作用。垫球在排球比赛中占有重要的地位，主要用于接发球、接扣球和接拦回球，是组织进攻的基础。接发球好，有利于打好接发球进攻，有利于打防守反击的组织。否则，就会陷入被动或失分。因此，垫球是比赛中多得分、少失分，由被动转主动的重要技术，是稳定队员情绪、鼓舞队员士气的重要手段。垫球还可在无法运用传球技术进行二传时用来组织进攻或处理球。

垫球按动作方法可分为：正面双手垫球、体侧垫球、背垫、挡球、跨步垫球、跪球、滚翻垫球、前扑垫球、单手垫球、侧卧垫球、鱼跃垫球、铲球、脚垫球等；按用途可分为接发球、接扣球、接拦回球垫球和接其他球垫球。

1. 正面双手垫球

正面双手垫球是双手在腹前垫击来球的一种垫球方法，是各种垫球技术的基础，是最基本的垫球方法，适合于接各种发球、扣球和拦回球，在困难时也可以用来组织进攻。正面双手垫球的基本手型有抱拳式、叠掌式和互靠式（见图 6-23），但无论采用哪种手型都应该注意手腕下压，两臂外翻。

准备姿势：两脚开立，稍比肩宽。在左半场及中场位置接球最好左脚在前，在右半场位置最好右脚在前。在中场也可采用内八字脚站位。两脚适当提踵，双膝弯屈，上体自然前倾，全身放松，随时准备移动，如图 6-24 所示。

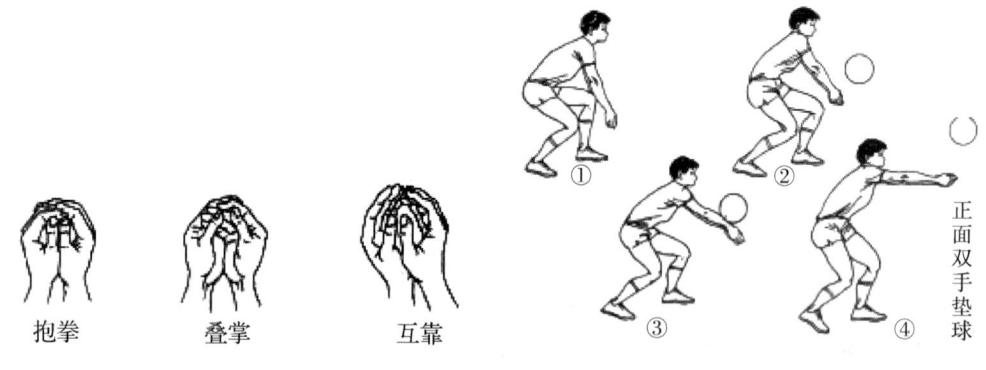

图 6-23 垫球基本手型   图 6-24 正面双手垫球

2. 体侧垫球

体侧垫球简称侧垫，是在身体侧面垫球的一种垫球方法。其特点是控制面宽，但较难把握垫击的方向、弧度和落点。以左侧垫球为例。右脚前脚掌内侧蹬地，左脚向左跨出一步，身体重心随即移至左脚，并保持左膝弯曲，两臂夹紧向侧伸出，左臂高于右臂，右肩向下倾斜，再用向右转腰和收腹的力量，配合两臂在体侧截击球的后下部，切忌随球摆臂，如图 6-25 所示。

3. 背垫

背对出球方向的垫球方法叫背垫。大多用于接应同伴垫飞的球或将球处理过网。其特点是垫击点较高。由于背对垫球方向，不便于观察目标和控制击球的方向和落点。背垫时，首先判断来球的落点、方向和离网的距离，迅速移动到球的落点处，背对出球方向，两臂夹紧伸直、插到球下。击球时，蹬地、抬头挺胸、展腹，直臂向后上方摆动击球（见图 6-26）。在垫低球时，也可利用屈肘、翘腕动作，以虎口处将球向后上方垫起。

图 6-25　体侧垫球　　　　　　图 6-26　背垫

4. 挡球

来球较高，不便于用手臂点击时，用双手或单手在胸部以上挡击来球的击球动作，称之为挡球。双手挡球时，多用于挡击胸部以上力量大速度快的来球；单手挡球多用于来球较高力量较轻，在头部上方或侧上方的来球。运用挡球能够扩大控制范围，善于挡球的队员，防守时可前压，提高前区的防守效果。挡球可分为双手挡球和单手挡球两种（见图 6-27）。

双手挡球：手型有两种，一种是抱拳式，两肘弯曲，一手半握拳，另一手外包；另一种是并掌式，两肘弯曲，两虎口交叉，两臂外侧朝前，合并成勺形。挡球时手臂屈肘上举，肘部向前，手腕后仰，用双手手掌外侧和掌根所组成的平面挡击球的后下部。击球瞬间手腕要紧张，用力适度。

图 6-27　挡球

单手挡球：挡球时，手臂屈肘上举，肘部向前，手腕后仰，用掌根或掌心平面击球的后下部，击球瞬间手腕腰紧张。如球较高，还可跳起挡球。

5. 跨步垫球

队员向前或向后侧跨出一步的垫球方法称为跨步垫球。适合于来球距身体1米左右，来球较低或速度较快来不及移动对正来球时采用。判断来球的落点，及时向前或向侧跨出一大步，屈膝制动，重心落在跨出腿上，上体前倾，臀部下降，两臂插入球下垫击球的后下部（见图6-28）。

6. 跪垫

跪垫适用于来球低而远时采用。在低蹲准备姿势的基础上，向来球方向跨出一步，跨出腿膝关节外展，后腿内侧和膝关节内侧着地，取得稳定的支撑，犹如半跪，上体尽量前倾，塌腰塌背，屈肘，使两臂贴近地面插入球下，用翘腕动作以及双手虎口部位将球垫起（见图6-29）。

图6-28 跨步垫球

图6-29 跪垫

学习垫球技术注意事项：

（1）形成正确的手臂击球动作；

（2）注意垫球时的全身协调用力；

（3）多做移动垫球；

（4）多结合场地练习垫不同方向的来球；

（5）结合发球、扣球练习接发球、接扣球；

（6）垫轻球时，两臂夹紧前伸，插到球下，向前上方蹬地提肩压腕抬臂，迎击来球，在腹前利用前臂垫球的后下部；

（7）垫重球时，利用含胸收腹，使手臂随球屈肘后撤缓冲来球力量，同时利用微小的手臂和手腕动作，控制垫球的方向和角度。

（五）传球

传球是排球基本技术之一，是利用手指手腕的弹击动作将球传至一定目标的击球动作。

传球动作是由手指手腕来完成的，由于手指手腕灵活，感觉灵敏，双手控球面积较大，因而传球的准确性较高。由于传球的击球点较高，在传球瞬间可用手指手腕的动作来改变传球的方向、路线和落点，变化比较灵活。传球技术主要用于二传，为进攻创造条件，在比赛中起着组织进攻的作用；传球技术也经常用来接发球，接对方的处理球、吊球和被拦回的高球，从这一角度看，传球也是一项防守技术；传球还可用来吊球和处理球，起着进攻的作用。

按照传球的方向基本上把传球动作分为正面传球、背传球和侧传球，上述三种传球技术是指在原地完成。跳起在空中完成传球动作的，成为跳传。

1. 正面传球

面对出球方向的传球动作，称为正面传球。正面传球是最基本的传球方法，是其他一切传球技术的基础。

动作方法：采用稍蹲准备姿势，抬头看球，双手自然抬起，放松置于脸前。当来球接近额头时，开始蹬地、伸膝、伸臂，两手微张经脸前向前上方迎球。击球点在额头前上方约一球距离处。当手触球时，两手自然张开成半球形，手腕稍后仰，两拇指相对成"一"字或"八"字形，两手间有一定距离，用拇指内侧、食指全部、中指的二三节触球的后下部，无名指和小指在球两侧辅助控制传球方向。两肘适当分开，两前臂之间约成90°角，传球时主要靠蹬地伸臂和手指手腕力量，以及球的反弹力将球传出。

技术分析：（1）由于传球的击球点较高，采用稍蹲准备姿势，有利于快速移动；（2）击球点在额前上方一球距离处，便于观察来球和传球目标，有利于控制传球的准确性，同时有利于伸臂击球；（3）拇指相对成"一"字形或"八"字形传球，使手型与球体较吻合，触球面积比较大，容易控制球，增加传球的准确性；同时，由于触球面积大，有利于缓冲来球力量；（4）传球所需要的力量是由多种力量合成，如：伸腿蹬地的力量，伸臂的力量，手指、手腕的力量以及球的反弹力。要根据来球的具体情况及传球的要求，采用不同的动作方法，运用不同的力量击球。

技术要点：手型，击球点，协调用力。

2. 背传

背对传球目标的传球动作叫背传。

动作方法：传球前身体背面要对正传球目标，上体保持正直或稍向后仰，身体重心在两脚之间，双手自然抬起，放松置于脸前。迎球时，抬上臂、挺胸、上体后仰。击球点保持在额头上方，比正传稍高、稍后。触球时，手腕后仰并适当放松，掌心向上，击球的下部，手型与正面传球相同。背传用力要靠蹬地、展腹、伸肘和手指手腕的弹力，把球向后上方传出。

技术分析：（1）传球前上体保持正直或稍向后仰，有利于蹬地、抬臂等动作向后用力，使球向后传出；（2）击球点保持额上方，比正传稍高、稍后，有利于向后用力。

技术要点：准备姿势，击球点，用力。

3. 侧传

身体侧对传球目标，并将球向体侧方向传出的传球动作叫侧传。

动作方法：准备姿势、迎球动作、手型与正面传球相同，击球点应偏向传球目标一侧，上体和手臂应向传球方向伸展，传球方向异侧手臂的动作幅度、用力距离和动作速度要大于同侧手臂。

技术分析：（1）击球点偏向传球方向一侧，有利于达到向侧向传球的目的；（2）上体和手臂向传球方向伸展，异侧手臂的动作幅度、用力距离和动作速度要大于同侧手臂，有利于向侧向发力，并保持良好的手型向侧向传球。

技术要点：击球点，用力方向。

4. 跳传

跳起在空中进行单、双手传球叫跳传。

动作方法：跳传的起跳动作，无论是原地起跳，还是助跑起跳，最好向上垂直起跳，保持好身体的平衡，当身体上升到最高点时，靠迅速伸臂以及大指腕弹力将球传出。跳传可以正传、背传和侧传，其传球手型、击球点分别与正传、背传、侧传的手型和击球点基本相同。

技术分析：（1）跳传的起跳应垂直向上跳，以减少对传球准确性的影响；（2）在身体上升到最高点触球，才能有充分的时间来完成迎球、击球、伴送球的动作，否则将会导致击球乏力或动作失调；（3）跳传应加大伸臂动作的幅度和速度，因为跳传时，身体没有支撑点，无法借助蹬地的力量。

技术要点：最高点触球，击球点，加大指腕弹力。

（六）扣球

扣球是排球重要的基本技术之一。由于扣球时能充分利用全身力量，扣出的球又快又猛，所以它是排球比赛中最积极、最有效的进攻手段之一。扣球居高临下，进攻点离对方场地最近，可以运用个人战术、集体战术来突破对方的拦防阵线，使对方难以防守和组织反击。在激烈的网上扣与拦的对抗中，扣球是矛盾的主要方面，是决定胜负的关键。

扣球是身体在空中完成的击球动作，每一次扣球需要经过助跑、起跳、空中击球和落地四个相互衔接的过程，要求扣球者必须具有弹跳高度、腰腹力量、手臂挥击速度、手腕控球能力、人球正确关系以及在空中的时空感和滞空力。此外，扣球的效果很大程度上又依赖于二传的密切配合以及扣球者的个人技巧和战术运用水平。

在六人制排球比赛中，如果全体队员都能进攻，这是最理想的。因此，不管身高是高是矮，都应学习扣球。一名优秀的扣球手应该做到：不管二传手球传成什么样都能扣；扣球点要高；具有很强的杀伤力；能够针对对手情况，随机运用扣球力量、路线、速度的变化。

要想将球扣好首先应从无球的助跑、踏跳和挥臂动作开始练习，然后再过渡到用球的助跑踏跳和挥臂扣球练习阶段。

1. 助跑前的准备和取位

以扣一般高球为例，扣球助跑前采用稍蹲准备姿势，两臂自然下垂，站在离球网 3 米左右，观察判断，并针对一传起球情况快速移动，向后撤位或外绕取位做好扣球的准备姿势。所以，扣球成功的第一步就是对起球的判断和及时移动拉开取位，这是扣球准备姿势的关键。

2. 助跑和踏跳

助跑的目的是为了接近球，选择适宜的起跳地点，同时也起到增加弹跳高度的作用。助跑的方向、速度和步数根据二传来球的方向、速度和弧度决定。助跑步伐力求灵活、适应性强，根据二传球情况和个人特点确定采用一步、两步、三步或多步助跑。

一步法适合于扣球队员距离较近时采用，以右手扣球为例，助跑前，两脚前后开立，左脚在前；助跑时，右脚向前跨出一步，左脚迅速并上，立即起跳。

两步助跑时，先左脚步放松而自然地向起跳方向迈出第一步，紧接跨出右脚，支撑点落在身体重心之前，并以脚跟先着地，两臂由体前经体侧摆至体后下方，上体前倾，重心前移，着地的右脚迅速由脚跟过渡到脚掌，同时左脚随即在右脚的前方着地，身体重心下降，两膝弯曲，上体稍向右转，准备起跳。

三步助跑则在两步助跑之前，右脚迈出一步，步幅要比第二步小些。多步助跑的最后一步通常应再大些，以便于接近来球，同时使身体后仰，便于制动。助跑总的要求是连贯、轻松、自然，由慢到快，由小到大，只要脚一动就要有相应的手臂协同动作。助跑过程的身体重心应平稳下降，减少起伏，以提高助跑的速度和减少能量的损耗。

起跳时，双脚的前脚掌要用力扒地，膝和踝关节快速蹬伸，两臂从后向前上方迅速摆动，使身体垂直腾空。如果起跳时前冲则击球点会靠后，即使近网，球也不能扣还容易触网犯规，因此，最后一步的跨跳制动技术和起跳动作非常关键。

3. 挥臂

挥臂动作要求肘关节充分伸直，尽可能在最高点击球，否则即使跳得再高，只要曲着肘扣球，击球点仍是很低，球的速度和力量不可能发出来。击球时要尽量用手包满球。

1）手臂动作

用双手或单手向上抛球后，扣球手臂随之上摆，使肘关节与耳朵平齐并稍向后拉开，肘部微屈，手掌摆到头后上方，胸部有拉开的感觉。肘关节过低或靠前都是错误的。击球后手臂随惯性自然下垂。

2）击球的位置和高度

击球的位置和高度，应在击球臂同侧的稍前上方，肘关节充分伸直的位置上，如果击球的位置在肩后方，则加大肩的负担，击球的速度也会减慢。

3）击球的方法

击球时，肘关节充分向上伸展，手指位取自然张开，使手掌成勺状，用全掌抖腕击球，再触球瞬间要包满球，手腕用力甩动。

4）提前决定扣球方向

扣球时不能盲目乱打，应根据对方拦网及防守情况选择突破点，有目的地扣球。

4. 击球的时机

球技术很重要的一环就是跳起后在最高点击球，并且要保持身体的平衡与稳定。为此，必须使二传球的高度、落点、远度、方向、速度等和扣球的起跳位置、时机、回臂动作保持一致，这就要求助跑、踏跳、挥臂等动作必须协调、熟练。击球的时机是扣球的重要环节，必须用脚长时间去练习。

5. 扣球的种类

1）近网扣球

对距网50～100厘米以内的二传球进行扣击为近网扣球，近网扣球时，由于靠近球网，扣球人要注意垂直起跳，起跳后，挺胸抬臂，主要是利用含胸动作发力，以肩为轴向前挥动手臂，加强屈肘甩腕动作，以全掌击中球后中上部，击球点不宜靠后。击球时，手掌包满球，手腕快速抖动，击球后手臂顺势收回，以防止手触网。

2）远网扣球

对距网150厘米以外的二传球进行的扣击为远网扣球，远网扣球时，由于远离球网，扣球者可以充分利用收腹，加大手臂挥击动作，增加扣球力量。击球瞬间，手腕推压动作要明显。

3）调整扣球

是指二传球以后传到网边进攻位置的情况下，扣球者进行扣击的一种进攻方法。调整扣球技术与正面扣球技术动作相同，但由于球从后场传来，因而扣调整球助跑前要撤到边线以外，以便观察来球情况，选择准确的助跑、起动时机和起跳位置。扣球时，根据球与网的距离，灵活地运用近网扣球或远网扣球的不同手法。

4）扣快球

是指扣球队员在二传队员传球前或传球的同时起跳，把球扣入对方场区的一种扣球方法。这种扣球速度快，时间短，突然性强，牵制性大，能在时间上和空间上争取主动。

6. 练习方法

1）投球练习

练习者单手持球，向上伸直手臂，在最高点用甩腕动作把球投在自己的脚下。要求手臂不要下落，保持在耳侧位置，肘关节不要弯曲，只用甩腕的动作投球。

2）原地扣球练习

练习者将球准确地抛在扣球手臂的前上方，用挥臂动作全力甩腕，把球击到自己的脚下。要求在最高点击球。

3）起跳扣球练习

练习者将球抛在扣球手臂前上方高处，然后起跳挥臂在空中把球击出。

五、排球游戏

（一）计分传球

器材：每个队一个排球。

方法：将学生分成多个队，每队约 10 人，面向内站成圆形，间隔 1 m，其中一名学生拿一个排球。教师发令后，从各队持球队员开始相互传球，传球时，可用正传、侧传、背传及垫球的方法，不让排球落地，每传一次计 1 分，直至球落地为止。得分多的队为胜方。

规则：（1）用手接住球、用脚踢球以及头顶球都算落地，停止计分；（2）不许相邻的 2 人连续相互传球。

（二）圆圈排球

器材：每个队一个排球。

方法：将学生分成多个队，每个队 8～10 人，面向内围成圆圈，其中一名学生拿一个排球。游戏开始，圆圈上的学生运用排球运动的各种传、垫、扣、吊等基本技术动作，进行互相间的攻守练习，不让球落地。由于技术失误而致使排球落地者蹲在圆圈中间，等下一个学生失误时，再将其替换出来。

规则：（1）扣球只许向对面方向扣，不许向左右邻近同学扣；（2）因扣球与传球的方向与距离偏差太大而导致失误时，罚扣球与传球的学生，不罚接球的学生；（3）持球、连击属于接球失误。

（三）发球记分

器材：5～10 个排球。

方法：将排球场的两个半场各划分成 9 个区，在各区内写上分数。将学生分成人数相等的两个队，每队 8～10 人，成横队站在端线后。游戏开始，各队学生依次每人发一次球，并按发球的落点记分，失误者记 0 分，累计得分多的队为胜。

规则：(1) 要用正确的方法发球，用手将球抛过网算失误；(2) 球压边线或端线算成功；球压分区线记高分区的分；球落在分区线的交叉点上，记 4 个分区中的最高分区的分。

教学建议：教师可根据教学需要，规定学生用某种方法发球。

(四) 传球接力

器材：一个排球。

方法：在排球场的两个半场内，离中线 1 m 处，各画一个直径 4 m 的圆圈。将学生分成人数相等的两个队，成横队分别站在两个半场的圆圈后面。游戏开始，各队派一人到圈内隔网传球，传球时，可用排球技术中的传、垫、吊、扣等方法。每人传一次后，立即跑出圈，站到本队的排尾，下一个人立即进圈接对方回传的球，直至传球失误为止。甲队失误，乙队得 1 分，10 分为 1 局，三局两胜。

规则：(1) 球必须传入圈内，如估计对方传过来的球会出圈，可以不接，如果落在圈外，算接球一方得分；如估计错误，球落入圈内，则为对方得分；(2) 持球、用手抛球、连击等均算失误；(3) 出圈外传球不算失误。

(五) 五传排球

器材：排球一个。

方法：此游戏是将规则改得较为简单与容易的排球比赛。变动规则主要考虑以下几个方面：

(1) 每队人数 6～10 人；

(2) 场上站位不分前排与后排，也不分几号位；

(3) 可传球 5 次过网；

(4) 球网降低至 1.8～2.2 m；

(5) 每场打 10 分，三局两胜。

六、排球规则

裁判员是排球比赛的组织者，是执行规则的"法官"。裁判员必须正确认识到，执行规则的目的是使双方在同等条件下进行比赛，将直接影响参赛队运动员技战术水平的发挥，影响排球技战术的发展和排球本身具有的观赏性。因此，裁判员应具有高尚的职业道德，以严肃、认真、公正、准确八字方针为准则进行工作。并要求做到：

第一，工作中、不为利、不为名、不计较个人得失，不徇私情，不突出个人在比赛中的作用，树立始终为比赛和运动员服务的思想。

第二，认真学习钻研规则，正确理解规则精神，准确地执法，只有做到"准确"，才能主客观一致，真正做到公正。

第三，经常参加排球运动，观摩排球比赛，了解排球技战术发展趋势，把握排球规则修改的大方向，适应排球运动发展的需要，促进排球比赛更加精彩。

第四，执行任务时要严肃认真，精神饱满，精力集中，服装整洁，仪表大方。

（一）场地、器材、设备

1. 比赛场地

排球比赛场地包括比赛场区和无障碍区，其形状为对称的长方形。

1）比赛场地地面的规定

比赛场地的地面必须平坦、水平、划一。不得有任何可能伤害队员的隐患。不得在粗糙湿或滑的场地上进行比赛。

正式国际排联世界性比赛场地的地面只能是木质或合成物质的；场地界线为白色。比赛场区和无障碍区分别为不同颜色。

2）比赛场地上的区和区域

关于比赛场地的几点说明如下：

比赛场区：比赛场区为18米×9米的长方形。中线把它分为中等的两个场区。两条长线是边线。两条短线为短线。所有界线的宽为5厘米，线的宽度均包括在场地内。

发球区：宽为9米，两条边线后各画一条长15厘米，垂直并离端线20厘米的短线，两条短线之间的区域为发球区，其短线宽度包括在发球区内，发球区的深度延至无障碍区终端。

前场区、后场区：中线与进攻线构成前场区。中线中心线与进攻线距3米。前场区向边线外的无障碍区无限延长。进攻线与端线构成场区。国际排联世界性比赛时，在每条进攻线边线两侧各画5个长15厘米、宽5厘米并间隔20厘米的虚线，虚线总长1.75米。

无障碍区：比赛区的四周至少有3米宽的无障碍区，从地面量起至少有7米的无障碍空间。国际排联世界性比赛场地边线外的无障碍区至少宽5米，短线外至少宽8米，比赛场地上空的无障碍空间至少12.50米高。

换人区：两条进攻线的延长线与记录台一侧边线外的范围为换人区。

准备活动区：无障碍区外球队席的远端，有3米×3米的区域为准备活动区。

判罚席：队员席后面一米见方的区域，内设两把椅子为判罚席。被判罚出场的成员坐在判罚席上。

3）场地的画法

先在场地中央画一条 9 米长的中线 MN。然后取 MN 中点 O 为圆心，以 10.06 米为半径，向 4 个场角画弧；再分别以 M、N 为圆心，以 9 米为半径，向同侧的两个场地画弧与前弧相交，4 个交点为 A、B、C、D。连接 4 点便形成了场地的边线和端线。（见图 6-30）

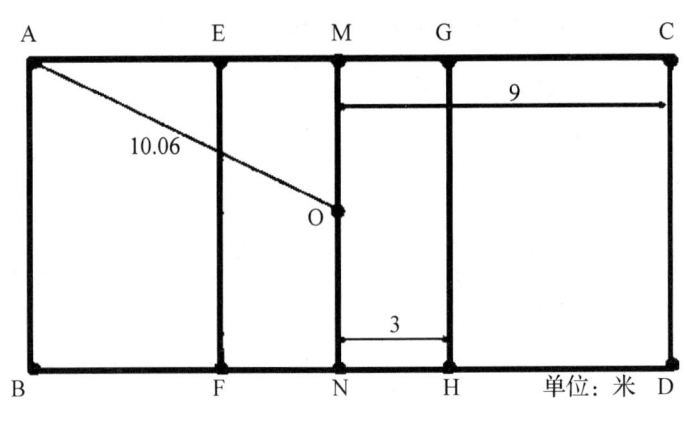

图 6-30 场地的画法

再分别以 MN 为圆心，以 3 米为半径，在各边线上截取 E、F、G、H 点，连接 EG、FH，形成进攻线。

最后画出发球区短线。杂两条端线后边延线上，各画一条长 15 厘米，垂直并距离端线 20 厘米的短线，两条短线之间的区域为发球区。

根据比赛的要求，在每条进攻线两侧画 5 个长 15 厘米，宽 5 厘米，并间隔 20 厘米的虚线，虚线总长 1.75 米。

排球场地所有线宽为 5 厘米，其宽度包括在各自的场区之内。

4）排球场地的检查方法

检查场地是否符合规定标准，可将钢尺的一端固定在球场的一角，然后向各点进行丈量。

5）温度与照明

温度：最低温度不得低于 10 摄氏度。国际排联世界性比赛的室内温度，最高不得高于 25 摄氏度，最低不得低于 16 摄氏度。

照明：国际排练世界性比赛室内照明在距地面 1 米高度进行测量，应为 1000～1500 勒克斯。

2. 球网和网柱

（1）网球：网球为黑色，长9.05米、宽1米架设在中线的中心线的垂直面上。网球上沿缝有5厘米宽的双层白帆布带。用一根柔韧的钢丝从中穿过，将网球固定在网柱上。

球网的高度男子为2.43米，女子为2.24米。少年比赛网高男子一般为2.35米，女子为2.15米。一般基层比赛或儿童比赛的网高可根据情况自行确定。

（2）网柱：网柱应为两根高2.25米的光滑圆柱。最好是能够调节高度，网柱固定在边线外0.5～1米处。禁止使用拉链固定网柱。一切危险设施或障碍物都必须排除。

（3）标志带：标志带是两条宽5厘米、长1米的白色带子，分别系在球网两端，垂直于边线。标志带被认为是网球的一部分。

（4）标志杆：标志杆是两根有韧性的杆子，长1.80米，直径10毫米，由玻璃纤维或类似质料制成，分别设在标志带外沿球网的不同两侧。标志杆高出球网80厘米，高出部分每10厘米应涂有明显对比的颜色，最好为红白相间。

标致杆被认为是网球的一部分，并视为网区的边界。

3. 球

比赛用球的颜色可是一色的浅色或国际排联批准的多色球，圆周为65～67厘米，重量为260～280克，气压为0.30～0.325公斤/平方厘米。

国际排联世界性比赛，各大洲和各国锦标赛、联赛所使用的求必须是国际排联批准的用球。

为缩短非比赛时间，正式比赛均采用三球制。为此在一次比赛中所用的球，其特性包括圆周、重量、气压、牌号及颜色等都必须是统一的。

4. 裁判台

裁判台是一个可站立、可坐的升降台。裁判台的前面应制成弧形，下部要包海绵类的护套，防止运动员受伤。

裁判员执行任务时应根据自己的身高调节裁判台的高度，一般使裁判员的水平线高出球网上沿50厘米左右为宜。

（二）比赛方法

（1）胜一分：比赛采用每球得分制，胜一球即胜一分。

（2）胜一局：比赛的前四局以先得25分，并同时超出对方2分的队为胜一局。当比分为24∶24时，比赛继续进行至某队领先2分为胜一局（如26∶24或27∶25）。决胜局以先得15分，并同时超出对方2分的队获胜。

（3）胜一场：正式比赛采用五局三胜制，最多比赛5局，先胜3局的队为胜一场。

告诉你

"祖国至上、团结协作、顽强拼搏、永不言败"
——女排精神

从1981年袁伟民率领中国女排在世界杯上首夺世界冠军,开启5连冠辉煌;到2019年,中国女排先后10次在世界女排三大赛上夺得冠军。每一次的夺冠历程不尽相同,有5连冠时代的水到渠成,有雅典奥运会上的惊天逆转,女排姑娘们凭着顽强战斗、勇敢拼搏的精神,为国争光,为人民建功。她们的这种精神,给予全国人民巨大的鼓舞。国务院以及国家体育运动委员会、共青团中央、中华全国青年联合会、中华全国学生联合会和中华全国妇女联合会号召全国人民向女排学习。从此,女排精神广为传颂,家喻户晓,各行各业的人们在女排精神的激励下,为中华民族的腾飞顽强拼搏。

作者自编

第三节 足 球

一、足球运动的特点

足球运动是以脚为主控制和支配球,两队按一定规则在同一块长方形场地上互相进行攻守对抗的体育运动项目。在众多球类项目中,足球运动具有对抗性强、技术多样、战术丰富多变、场地大、参加人数多、比赛时间长、便于开展等特点,一向被称为"勇敢者的运动""世界第一运动"。具体体现如下:

(一)普及最广

国际足球联合会历来有"小联合国"之称,是国际上最大的单项体育组织,目前已拥有191个会员。据不完全统计,国际足联注册登记的运动员已达到40多万人(所谓注册登记的运动员,是指参加一个国家的某个足球组织,并接受其训练、参加比赛的运动员。当然,世界各国参加踢球的人数比这个数字还要大得多)。

(二)影响最大

世界各国无论男女老少都特别钟爱这项运动,因此观看足球比赛的人数之多也是其他体育比赛无法比拟的。历届世界杯赛观众人数以数亿、数十亿计,电视观众则更多,由此可见其热烈的场面。有些球迷甚至为了他们所热爱的球队,可以包专机,行程几万里去助威呐喊，几乎达到了与主队同喜同悲的程度。在足球史上，甚至还出现过两国球迷为球赛而发生冲突继而扩大至两国间引起战争，也出现过两国因足球赛而暂定战争的事例，由此可见足球影响之大。

（三）竞争最激烈

足球比赛竞争激烈，是由该项运动本身的特点决定的。有人将足球运动的特点概括为"三大"，即球场大、运动量大和难度大。因此，在现代足球比赛中，为了夺取胜利，足球队需竭尽全力，奋力拼搏。

目前，足球比赛的激烈竞争还体现在以下几个方面：第一，职业化程度日益提高。以往职业球员主要在欧洲及南美，而今亚洲、非洲职业俱乐部也纷纷成立。韩国、日本近几年职业联赛的成功经验，极大地推动了东亚地区足球运动的发展。我国职业足球居于刚刚起步阶段。第二，商业化趋势日益突出。职业足球需要以球养人，因此，各俱乐部只有争取好的成绩，才能生存。职业球员可以买卖，并且以质论价，各俱乐部也不惜投入巨资，从而获得更大收益。例如，世界顶级球队意大利的 AC 米兰队的豪华阵容中的明星队员身价可达上千万美元。球员的竞争流动是职业球队保持高水平的途径，球队只有始终处于这种流动状态，才能吸引观众，才会充满活力。

（四）富有艺术性

有人总结足球比赛有五大要素，即体质、技术、战术、作风和意识，比赛的结果是这些因素综合抗衡、较量和发挥的结果。因此，足球比赛常常变幻莫测，胜负难以预料，有时起伏跌宕、精彩纷呈，有时山穷水尽，却又绝处逢生。足球比赛中常出现戏剧性变化，这就是足球"耐看"、魅力独具之所在。

在足球场上既有勇敢的拼抢，又有顽强的抵抗；有强攻进球，也有巧妙破网；有时火药味十足，有时人情绵绵，既有汗水、泥水，也有幽默、滑稽……足球运动就是这样富有艺术性。

因此，发展足球运动既可以增强体质，又能培养人勇于进取、坚韧不拔的思想作风，有助于人类精神文明建设，同时也是振奋民族精神，扩大国际交往的有效手段。

二、足球的起源与发展

足球是以脚为主支配球的，并把球射入对手球门的集体性、对抗性、技能性较强的一项球类运动。它是世界上开展最广泛、国际交往最频繁、影响力最大的竞技运动项目。

（一）足球的起源

古代足球起源于中国，被称为"蹴鞠"。中国古代的蹴鞠（踢鞠）运动最早见于文字记载的文献典籍当属《战国策》。据《战国策·齐策》载：苏秦做了赵相，为赵合纵，联齐抗秦，他出使齐国对齐宣王说："临淄甚富而实，其民无不吹竽、鼓瑟、击筑、弹琴、斗鸡、走犬、六博、蹴鞠者……"由此可知，距今二千三百年前，战国时期齐宣王（公元前319年—公元前301年）时，在齐国都城——临淄，广泛开展蹴鞠。蹴鞠在当时已经有了相当成熟的赛制、规模和群众基础，已初步形成一种运动项目。由此可知，古代足球运动起源于临淄。之后，这种被称为"蹴鞠"的足球游戏历经数千年不衰，至唐宋元明时代，除开展对抗性的足球竞赛，还盛行各种形式的个人足球表演。中国古代足球的活动方式，在当时已与现代足球大致相似。

现代足球起源于英国，由12世纪英国古代足球发展而来。1863年10月26日，英国首先出现了足球运动协会，并制定了第一部较为统一的比赛规则。1872年欧洲举行了足球运动的第一次正式比赛，这是英格兰与苏格兰之间的一次泛英足球比赛。在其后的30年间，足球运动逐渐成为英国和欧、美各国广泛开展的运动项目。至此，人们对足球的热爱已远超其他所有的运动项目。因为有了如此广泛的群众基础，这项极富魅力的运动，很快在全世界传播。

（二）足球的发展

1. 技战术发展

第二次世界大战结束之后，随着足球运动的普及，技术水平也在迅速提高，其发展大致经历了三次重大变革过程。

第一次是在1953年，由于现代足球起源地英国，为保持"足球王国"的霸主地位，向刚刚获得第15届奥运会冠军的匈牙利队发出挑战，邀其到伦敦决一雌雄。匈队为迎接这场"世纪大战"，毅然对已统治国际足坛达20余年之久的"WM"阵型进行了革新，在保留M式防式的基础上，大胆首创"四前锋"制，以娴熟的技术结合锐利的进攻，两次以悬殊比分取胜九十年在本土未遭败绩的英国队，一时引起世界足坛的轰动。

第二次是在1958年，由于巴西队在瑞典举行的第六届世界足球杯赛中，首先排出4—2—4阵型而一举夺得世界杯，再次推动了世界足球的发展进程，被誉为世界足球的第二次革命。4—2—4阵型既保留了"四前锋"制的攻势足球风格，又加强了后卫防守力量，为足球向全攻全守方向发展奠定了基础。

第三次是在1971年，荷兰队按"总体型"设计思想，首先采用"全攻全守"阵型，使他们连续三届夺得欧洲杯冠军。这种可根据赛场具体变化而决定攻防"机动性"的打法，不仅突破了按固定阵式布置战术的限制，也提高了队员随机应变的能力，使足球比赛变得更引人入胜，从而把现代足球又推向了一个新的里程碑。

2. 组织发展

足球运动的组织是国际足球联合会，简称国际足联，英文缩写为 FIFA。它成立于 1904 年 5 月 21 日，总部设在瑞士的苏黎士。世界杯足球赛是由国际足联主办的最重要的国际性足球比赛。首届世界杯足球赛于 1930 年在乌拉圭举行，规定业余与职业运动员均可参加，每四年举办一届，由各会员协会派出一支最强队参加，奖杯为冠军获得者的流动杯。至 1994 年已举办了 15 届世界杯赛（1942 年和 1946 年停办两届）。随着足球运动的日趋普及，国际足联组织也在不断发展，在芝加哥召开的第 49 届国际足联代表大会上，又有 14 个足协被接纳为新成员，国际足联现已拥有六个大洲的足联组织及 211 个成员。若以 1904 年算起，至今国际足联已选举过九位主席，现任主席是瑞士的詹尼·因凡蒂诺。

三、足球基本技术

足球技术是指运动员在比赛中，运用身体的合理部位所做的各种动作方法的总称。足球技术是组织与实现战术的前提，是战术的基础。现代足球运动正朝着全攻全守总体型打法方向发展，战术的不断变革与创新，必将使技术的内容更加丰实，难度也相应提高。

要提高足球技术水平，运动员就必须全面学习，熟练掌握各种技术动作，扎扎实实地训练基本功，这样才能为技术运用打下坚实的基础。技术运用必须紧密结合实践。运动员必须在训练和比赛的反复实践中掌握技术，这样才能适应日趋紧张激烈的现代足球比赛。

（一）踢球技术

足球踢球技术是指运动员有目的地运用脚的不同部位将球击向预定的目标。踢球技术主要运用于传球和射门。足球技术动作方法很多但其动作过程都是由助跑、支撑、摆腿、击球和随前动作五个部分组成，其中还有踢球力量。

1. 助跑

助跑是指运动员在踢球前的几步跑动。它的作用是使身体获得一定的前移速度并能调整人与球的位置、关系，有利于支持脚处于正确的位置和增加击球力量。助跑最后一步，步幅应适当加大。这样可以为增大踢球的摆幅、制动身体前冲和提高踢球的准确性创造有利条件。助跑分直线和斜线两种，助跑方向和出球方向相同的称直线助跑；助跑方向和出球方向成交叉的称斜线助跑。

2. 支撑

支撑是指在踢球过程中支持脚的力量、踏地方法、足尖方向和维持身体平衡的动作。它的作用主要是移动身体重心，维持身体平衡，使踢球腿得以协调发力。

3. 摆腿

摆腿是指踢球腿的动作而言。击球力量的大小是由多方向因素所决定，但主要是取决于踢球腿的摆动。踢球腿的摆动方法有两种：一种是在跨步支撑的同时，大腿后引，小腿以髋关节作轴后屈前摆时，大腿带动小腿的摆动击球；一种是在跨步支撑时积极送髋，大腿前顶，小腿后屈，以膝关节作轴快速前摆小腿击球。

4. 击球

击球是踢球动作的核心。助跑、支撑和摆腿等动作的完成都是为了保证准确的击球。它包括击球时间、击球点和在击球刹那的动作表现。

5. 随前动作

踢球的随前动作，是要求脚与球接触时踢球腿仍以触球时的同样摆动速度继续前摆和送髋。因为球是弹性体，用脚踢球时脚与球并不是触到即离开，而是经过一个时间，尽管其时间极短。

6. 踢球准确性

对踢球准确性的分析：足球是一个圆形的弹性体。当击球的作用力通过球心时，球只产生平动并沿着作用力的方向直线运行。由于空气的阻力和球的重量，运行速度逐渐减弱。出球准确与否，主要取决于击球点（击球的部位），作用力的方向（摆腿的方向），击球作用力的大小（摆腿的幅度和速度）。击球点在球的后中部，作用力通过球心，作用力方向是朝着正前方，踢出的球则向前平直运行。

击球点在球的后下部，作用力通过球心，作用力方向朝着斜上方，踢出的球则偏高。

击球点在球的右上方，作用力通过球心，作用力方向是由右后上方向左前方，踢出的球则向左前方运行。

击球点在球的后上方，作用力通过球心，作用力方向是由后上方向前下方，球则会"卡壳"或出球无力。

踢球的方法很多，主要有脚内侧踢球、脚背内侧踢球、正脚背踢球、脚背外侧踢球。踢球方法的选择取决于你和队友之间有无畅通的传送通道，以及你需要传球的距离。最准确的传球方式是将球沿地面直接传到最易得到球的队友的脚下。然后，当防守队员在途中阻挡时，只能用切割、弧线及高空的传球方法使球曲线运行绕过或越过防守队员。

1. 脚内侧踢球

它是脚内侧部位踢球的一种方法。特点是脚与球接触面积大，出球准确平稳，且易于掌握。但由于踢球时要求大腿前摆到一定程度时需要外展且屈膝，故大腿与小腿的摆腿都受到限制，因此出球力量相对较小。

（1）脚内侧踢定位球：直线助跑，支撑前的最后一步稍大些，支撑脚站在球的侧面约15厘米处，支撑腿膝关节微屈。在支撑脚着地时，踢球腿大腿带动小腿由后向前摆动，在前摆的过程中大腿外展，当膝关节的摆动接近球的正上方时小腿做爆发式摆动，在触球前将脚跟送出使得脚内侧部位所形成的平面与出球方向垂直，踢球脚鞋底与地面平行，脚尖微微翘起，踝关节功能性地紧张使脚型固定，触球后身体跟随移动，髋关节向前送。

（2）脚内侧踢空中球：根据来球速度和运行轨迹及时移动到位，踢球腿大腿抬起并外展，小腿屈并绕额状轴后摆，利用小腿绕额状轴由后向前摆动，当摆至额状面时与球接触，击球的中部。

（3）脚内侧踢各种方向来的地滚球时应考虑：

①脚触球瞬间，支撑脚与球的相对位置能否保证与踢定位球时基本相同。

②出球方向应考虑球与脚接触时的入射角及球运行的速度。

③由于来球方向不同，踢球腿摆动多数依靠小腿爆发式的摆动。

（4）脚内侧踢反弹球：根据来球落点及时移动到位，支撑脚的站位与球的落点应保持踢定位球时的相对位置。踢球腿摆动与踢定位球时相同。在球着地刚弹离地面的瞬间用脚内侧击球的中部。

2. 脚背内侧踢球

是用大脚趾及第二脚趾以上的脚背内侧部位击球。踢球时脚背绷直，脚背内侧踢球。若踢地滚球，踢球的后中部，踢球腿向前摆；若踢过顶球，踢球的后下部，踢球腿向前上方摆动；如罚任意球，则踢球的后侧部（即用脚内侧"削球"），踢球腿向侧前摆。

3. 正脚背踢球

踢定位球时，直线助跑，支撑脚踏在球的侧方约半脚处，脚尖正对出球方向，踢球脚脚背绷直，保持头部和膝部在球的上方，用脚的鞋带部位击球的后中部。

4. 脚背外侧踢球

踢定位球时，助跑、支撑脚的位置和踢球腿的摆动与正脚背踢球的动作一样，只是在踢球腿前摆时，膝关节向内转动，脚趾内扣，脚外侧基本与地面垂直，用脚外侧部位击球的后中部。

（二）接球

球的本身是有弹性的。如果我们对着棉被踢球，球碰到棉被后，棉被会随球的前冲力后移，因而使球的前冲力得到缓冲；如果我们对着墙踢球，球触墙后会根据墙的不同角度反弹到不同的地点。人体不像棉被那样柔软，也不像墙壁那样坚硬，我们可以通过接球部位的后撤以缓解来球的冲力。

接球的方法很多，一般常见的接球方法有：脚内侧接球、大腿接球和胸部接球。接球又分为接地滚球、接空中球和接反弹球。

1. 脚内侧接球

脚内侧接地滚球时，正对来球，转动脚使脚内侧对准来球。当脚与球接触的刹那开始后撤，将球停在下一个动作需要的地方。

脚内侧接反弹球时，正对来球，支撑脚踏在球的落点的侧前方，当球刚落地反弹时，用脚内侧将球压住。

脚内侧接空中球时，根据球的飞行路线，将接球腿屈膝抬起，用脚内侧对准来球，当球接触脚时开始后撤，带球向下移动。

2. 大腿接球

大腿的表面比较平，面积较大，而且肌肉也比较柔软，即使基本功不太好的学生掌握起来也难度不大，这有利于他们建立踢球的信心。

大腿能踢高球以及大腿高度的低平球。

动作要领：大腿接球的关键动作是面对来球提前抬腿，在大腿与球接触的刹那，大腿迅速回撤，这样就可以轻松地将球接在脚下。

3. 胸部接球

胸部面积大，有弹性，位置高，能接高球与齐胸高的平球。

动作要领：面对来球，两脚开立，两臂自然张开，下巴内收，接球时，蹬地挺胸，上体后仰，将球向上弹起并落于体前。如果来球比较低平，则收腹含胸，将球向下挡压。

（三）运球

运球是足球运动的基础，是运动员在跑动中，用脚的推拨动作有目的地使球保持在自己控制范围内而做的连触球动作，是运动员运用合理的运球方法越过对手的动作。

运球时，由于运球脚完成推拨球动作，破坏了连续跑动的结构和习惯性平衡，必然会影响人体位移速度。所以，当比赛中需要快速动球推进，前方又没有对手阻挡时，就不必要每一周期运球脚都推拨一次球。可以触球一次，快跑几步，再触球一次，这时推触球的力量就可以变大一些。

运球时，采用脚背内侧和脚内侧推拨球，不如采用脚背正面或脚背外侧推拨球，这样能同时与跑的动作协调起来。因为脚背正面和外侧前摆触球后，运球脚很自然地过渡地踏地支撑后蹬。所以，当比赛中需要快速推进时，可以采用脚背正面或外侧触球，或者脚尖捅球的方法。

运球过人时，运球脚很难再起到蹬地起动的作用。因此，运球脚的主要任务是完成拨、拉、扣、挑等动作。支撑脚爆蹬地的方向和时间，同运球脚触球的方向和时间相适应。

脚内侧和脚背正面接触球的面积，相对比其他部位大，因此推拨球时，容易掌握球运行的方向。

运球脚触球的部位和作用力的方向不同，其球运行的方向也不同。采用脚内侧触球的侧部，球向侧运行；采用脚背正面触球的后部，球向前运行；采用脚背内侧触球的侧后方，球向侧前方运行；采用脚背外侧触球的后方或侧后方，球向前或向侧前方运行。一般直线运球采用脚背正面或外侧，曲线运球采用脚背内侧或外侧。

运球脚触球的作用力不通过球心时，球体产生旋转。当球刚离脚产生旋转时，速度很快。但由于流体力学的原理，球上沿空气流速快，球下沿空气压力大，且需克服地面摩擦力，球速很快减慢。运球时，往往为了不使球触离太远常采用回旋触球的方法。当球产生侧旋时，不仅球速有所减慢，而且球由直线运行变成弧线运行。运球时，往往为了改变球的运行方向常采用侧旋触球的方法。

在运球过人过程中，拨、拉、扣、挑的动力因素，都可突然改变运行的方向，即改变球的位置，使对手虽有可能触到球，但又不能先于运球人触到球。

运球技术动作很多，但每一种动作过程都是由跑动和推拨球动作这两个环节结合在一起而成的。

运球一般是由支撑脚踏地后蹬、运球脚前摆触球和运球脚踏地支撑三个阶段组成。

（1）支撑脚踏地后蹬。

踏地后蹬的目的，一是推动人体重心前移；二是支撑身体平衡使运球脚能离地完成推拨球动作。支撑脚尽量缩短支撑时间，积极后蹬前摆，可以加快跑动速度。

（2）运球脚前摆触球。

前摆触球的目的，一是给球作用力使球产生位移；二是不断调节触球力量、部位、方向和触球时间，更好地控制运球路线，协调其与跑运速度的关系。

（3）运球脚踏地支撑。

踏地支撑的目的，一是运球脚在完成推拨动作后，立即踏地保持身体平衡；二是运球脚由踏地支撑转换到后蹬，为了人的身体产生位移。

在运球过程中，支撑脚踏地后蹬是决定跑动速度的主要环节，运球脚前摆触球是控制球运行的关键。

常用的运球方法有脚背正面运球、脚背内侧运球、脚背外侧运球和脚内侧运球等。

（1）脚背正面运球。

脚背正面运球多在越过对手之后，前方纵深距离较长，仍需要快速运球前进情况下使用。

动作要领：跑动时，身体自然放松，上体稍前倾，两臂自然摆动，步幅不宜过大。运球脚提起时，膝关节弯屈，脚尖下指，在迈步前伸脚着地前，用脚背正面向前推拨球前进（见图6-31）。

（2）脚背外侧运球。

动作要领：跑动时身体自然放松，上体稍前倾，两臂自然摆动，步幅要小些。运球脚提起时，膝关节弯屈，脚尖稍内转，在迈步前伸脚着地前，用脚背外侧向前推拨球，球直线运行（见图6-32）。向前侧推拨球，球曲线或弧线运行。

图6-31　脚背正面运球

图6-32　脚背外侧运球

（3）脚背内侧运球。

动作要领：跑动时身体自然放松，上体稍前倾并稍向运球方向转动，两臂自然摆动，步幅要小些。运球脚提起时，膝关节弯屈，脚尖稍外转，在迈步前伸脚着地前，用脚背内侧向前侧推拨球，球向前侧曲线或弧线运行（见图6-33）。

（4）脚内侧运球。

运作要领：运球时，支持脚稍向前跨，踏在球的前侧方，膝关节稍弯屈，上体前倾并向里转。随着身体的向前移动，运球脚提起，用脚内侧推球的后中部（见图6-34）。

图6-33　脚背内侧运球

图6-34　脚内侧运球

运球时常用的动作有拨球、拉球、扣球、挑球等。

①拨球：是用脚腕的扭拨动作，以脚背内侧或脚背外侧触球，使球向侧方或侧前方运行，用脚背内侧拨球的动作称"里拨"，用脚背外侧拨球的动作称"外拨"。

②扣球：是指用突然的转身和脚腕急转扣压动作以脚背内侧或脚背外侧触球，将球向侧后方停下或改变方向运行。用脚背内侧扣球的动作称"里扣"；用脚背外侧扣球的动作称"外扣"。

③拉球：是指用脚掌将球由前向后或由左（右）向右（左）拖拉球的动作。

④挑球：一般是指用脚背与脚尖翘起上挑的动作或用脚背上挑的动作，使球向前上方改变方向。

四、足球游戏

(一) 传球截球

器材：足球数个。

方法：将学生分成6～8人一组，各组学生面向内围成一个圆圈，间隔3m，其中的一人持球。选一人为追截者，站在圈内。游戏开始，圈上的人相互用脚传球，而追截者则用脚去追截。只要脚触及球，就算追截成功，与失球者交换，游戏继续进行。

规则：(1) 球刚传出，就被追截者追截，由传球者负责；球已传出，为接球者失球，由接球者负责；(2) 追截者不能用手拦球。

(二) 踢球追球

器材：2个足球。

方法：将学生分成人数相等的两个队，分别站在足球场中线的两端，中线与中圈的两个交叉点上各放一个足球，两个队各出一人，站在本方球后3 m处（画一个标记）。教师发令后，2人助跑将球大脚踢出，踢后立即转身前跑，捡回对方踢出的球放归原处，谁先完成谁得1分，然后换人上场，游戏继续进行。

规则：(1) 教师发令后才允许前跑踢球；(2) 捡球后，不许用脚踢回，而要由捡球队员亲自放回原处。

(三) 运球接力

器材：2个足球。

方法：以下2种方法可任选一种。

(1) 圆形运球接力。画一直径8～10 m的圆，再通过圆心画一条伸出圆弧0.5 m的直线，将学生分成人数相等的两个队（每队8～12人），分别站在圆内直线的两端。游戏开始，各队排头带一足球站在圆外的直线后，面向逆时针方向。教师发令后，两人立即用脚沿逆时针方向运球，绕圆一周后，将球交本队第2人继续做，直至全队做完为止，先完成的队为胜。

(2) 绕竿运球接力。画一条起点线，将学生分成人数相等的两个队，成纵队站在起点线后；排头脚下放一个足球，两队间隔4 m；在两队正前方，每隔3 m插一支标枪，共插5支。教师发令后，各队排头以脚运球成"Z"字形绕标枪前进，绕过最后一支标枪，回头再绕标枪运回来，将球交给第2人继续做，直至全队做完为止，先完成的队为胜。

(四) 颠球接力

器材：足球4个。

方法：将学生分成人数相等的4个队，每个队占一个方向，面向内站成正方形。每队派一人做裁判，交叉到其他队统计颠球数字。游戏开始，各队队员依次到正方形区域内用脚颠球，到球落地为止，裁判员统计各队颠球总数，颠球多的队为胜。

规则：每人颠至球触地或手、臂接触球停止统计。

（五）带球踢球

器材：每人一个足球。

方法：画一个直径20 m的圆圈，将学生分成人数相等的两个队，每人带一个足球分散在圆圈内。教师发令后，两队队员一边带球，一边伺机将对方队员的球踢出圈外，同时保护自己的球不被别人踢走。失球的队员退出圈外。

规则：（1）不许相互推拉或撞人；（2）球被踢出圈外的队员不能再去踢对方的球，如双方的球同时被踢出，则2人都退出圈外。

教学建议：也可失球的队员在圈外跑一圈之后再进圈。

思考题

通过观看女排姑娘赛场上展示的"祖国至上、团结协作、顽强拼搏、永不言败"的精神面貌，谈谈"女排精神"对自己在学习生活上的激励作用。

第七章 健美操

  思政目标

通过学生健美操练习，培养精益求精、刻苦练习的优良品质，提高学生的集体主义观念与团队合作意识；介绍中国共产党第二十次全国代表大会代表、优秀教师钟华燕与孩子们刻苦训练创造奇迹的故事，为师范专业学生树立优秀教师榜样，引导学生树立"学高为师，身正为范"的职业理想。

第一节 健美操基本知识

一、健美操的概念

健美操是以人的身体锻炼、塑造人的健美体形为目的，全面发展人的身体素质，融体操、舞蹈、音乐为一体的体育项目。它以独特的锻炼价值和魅力，深受师范专业学生的喜爱。目前，在我国健美操已纳入学校体育的重要课程内容之一。

二、健美操的分类

健美操属于体操大项的范畴。目前，健美操的分类方法繁多，一般归纳起来可分为：大众健美操、竞技健美操和表演健美操三大类（见图7-1）。

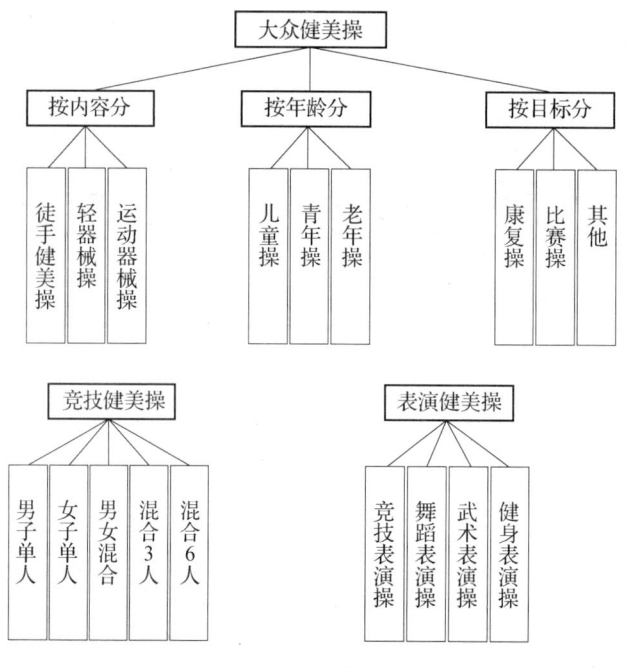

图 7-1 健美操分类

三、健美操的特点

每一种运动项目都有其自身的特点。在选择某一运动项目进行锻炼时，必须考虑到它的特点，才能有意识地发挥其功能。健美操具有如下特点，有助于实现幼儿教师培养的目标。

首先，健美操是以健身为基础，融体操、舞蹈、音乐于一体，是体现"健、力、美"的运动项目。健美操是把形体美、姿态美、动作美和精神美结合起来的运动项目，是能体现形体、姿态、动作、外在美的训练，它注重美的欣赏、美的情操和内在美的培养，是一项深受学生们喜爱的锻炼项目。

其次，健美操是按人体解剖部位，为达到身体匀称、协调、健美地发展进行设计与编排的成套动作。因为健美操是按人体解剖部位设计的，所以动作活泼多样，造型美观，并且包括许多小关节的活动，结构可起伏变化，也可优美流畅，健美操可以有针对性地对人体的局部或整体进行锻炼，具有很大的实用性。

再次，健美操的动作一方面有舞蹈动作，另一方面又有按体操的规律再造的，是按照锻炼身体的需要创编的。健美操融合了体操与舞蹈的动作，但又不是单纯的舞蹈。因为国外的健美操与节奏强烈的、具有迪斯科舞蹈的动作相组合，因此有人把健美操认为是迪斯科舞蹈，这是不准确的。健美操是操而不是舞，即使是迪斯科舞蹈健美操，那也是操化了舞蹈动作，而并非舞蹈。

最后，健美操必须有节奏鲜明的、具有韵律感的音乐相伴奏，一般不含有歌词。由于节奏鲜明、铿锵有力，一听到音乐，人就产生跃跃欲试、情绪振奋的感觉。健美操的动作与音乐是相辅相成的。在创编一套健美操时，有的是根据音乐的节奏和韵律建造动作，也有的是创编了动作再配音乐。根据动作节奏的内涵创编音乐时，两者必须协调一致。音乐不是外加或可有可无，而应该与动作浑然一体，是健美操很重要的一部分。

作为大学体育课程中的健美操，虽然具有个人的健身性、教育性功能，同时也具有专业性和工具性特点，也称"示范性"。但是，它与竞技健美操在技术难度和生理负荷等方面是不相同的。

四、健美操的功能

健美操是根据教学目标构建的，即以目标统领内容。但是，作为体育项目的功能是多方面的，不可能把所有的功能都作为目标，所以要有针对性地选择其中的某些功能作为健美操的教学目标。师范专业健美操的意义与功能有以下三点：

第一，丰富教学内容，提高身体素质。师范专业健美操课的开设和教学，丰富了师范专业体育教学的内容，可活跃课堂气氛，调动学生学习健美操的积极性，满足学生的生理和心理的需要，促进体育教学质量的提高和学生身体的正常发育，全面地发展身体的协调性、柔韧性、力量、耐力等身体素质。

第二，丰富课外活动，陶冶美的情操。健美操的学习可以丰富和活跃学校的课外活动和文化生活。学生们非常喜欢健美操运动，积极参与健美操的学习，特别是课间操的锻炼。学生们通过健美操的学习，能自己创编各种类型的健美操，并能勇敢地站在讲台上进行讲解、示范、组织同学一起锻炼，为学校的体育生活增添了新的气息和内容，注入新的活力。这也为将来从事教育工作奠定了良好的功底。

第三，提高就业能力，培养优秀的教师。作为一名教师要想拥有一个优美的身体姿态，就应该学会塑造自己的形体美和动作美，并应有表现美的能力。通过健美操的学习不但可以达到以上的目的，还能陶冶情操，进一步展示当代大学生的健康美、动作美和时代美。

告诉你

教师榜样——钟华燕

钟华燕，中国共产党第二十次全国代表大会代表。钟华燕所任教的云和县第三中学是一所农村结合部学校，大部分都是农民工子女。为了能够让这些孩子有更大的信心走出大山，改变他们的未来，钟华燕决定要从培养学生个人身心素质着手，要培养他们的自信、活力，她想到了自己在大学时的健美操特长。在上体育课时，她循循善诱，经常穿插一些健美操动作的训练，并从本班学生中抽取了几名身体条件较好、又肯吃苦的孩子在课余时间里对她们进行专业的训练指导。

实践了一段时间，终于在2011年，她在学校组建了一支队伍——"云之梦"健美操队，并利用课余、周末、假期等时间，组织学生开展训练活动。十年来，没有寒暑假，没有节假日，风雨无阻，寒暑不畏，她始终和健美操队的孩子们在一起摸爬滚打，用自己最质朴的方式，以最严厉的要求和最刻苦的训练，培育学生们求真拼搏的精神，激励创造出了一个个学生成长的奇迹，山里的孩子们在各类大赛中取得了优异的成绩：先后斩获全国比赛第1名、第2名、第3名、第4名，省赛42金39银37铜，市赛11连冠的成绩，其间1名学生获得国家健将称号，3名中学生获得健美操国家一级运动员称号，更有"山里娃"通过健美操专业考入北京体育大学、上海师范大学、中国美术学院等重点本科大学。她让山里的孩子们坚定了通过努力改变自己命运的决心，使他们更加自信阳光地成长，实现了教育上的精准扶贫。

作者自编

第二节　健美操的基本动作

一、手型

合掌：也叫基本手型（见图7-2）。

开掌：五指分开，手指有力（见图7-2）。

屈指掌：也叫"虎"掌，一般青少年操中用的得较多。

拳：五指屈握，大拇指在外（见图7-2）。

花掌：也称"西班牙手指"，手腕内旋，五指伸开，小手指内扣。

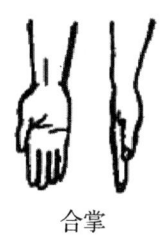

合掌　　　　　　　　　　开掌　　　　　　　　　　拳

图 7-2　基本手型

二、基本步伐

基本步伐是健美操动作中的最小单位，是组合动作与成套动作的基础。

（1）踏步：挺胸收腹，身体紧张起来，膝盖有弹性，尽量抬高；脚踝关节前脚掌着地过渡到全脚掌；手臂摆动起来。

（2）走步：按踏步要求向前、后移动。

（3）并步：向侧移动，膝关节屈，动作要有弹性。

（4）后交叉步：侧并步两次，一脚向另一脚后交叉。脚后跟先着地。

（5）后踢腿：两脚开立比肩宽，向后踢腿，脚后跟尽量向臀部方向踢，另一腿稍屈。

（6）漫步：一脚向前点一下，另一脚原地踏步，然后前脚向后踏点地。

三、身体动作

头部动作：屈（前、后、左、右）、转（左、右）、绕（左、右）、绕环（左、右）。

肩部动作：提沉肩（单肩、双肩）、绕肩（前绕、后绕）、绕环（前绕、后绕）。

上肢动作：举（臂前举、侧举、上举、侧上举、单臂下举、单臂侧上、侧下举等）。

屈：臂体前屈、体后屈、体侧屈、胸前屈、头后屈等。

伸：臂前伸、侧伸、侧上伸、侧下伸等。

摆：前摆、后摆、侧摆、上摆、屈伸摆、波浪摆。

绕：前绕、后绕、侧绕、上绕等。

绕环：前绕环、后绕环、侧绕环、上绕环、下绕环、并步绕环等。

振：振臂、振胸等。

胸部运动：含、挺、移胸。

腰部运动：屈（前屈、后屈）、转（左、右、后转）、绕（左、右绕）、绕环（左、右绕环）

髋部运动：顶髋（前、侧）、提髋（前、侧、后）、摆髋（左、右）、绕髋（左、右）。

下肢运动：步法（踏步、走步、"V"字步、点步、并步、跑跳步、踏跳步等）；跳法（开合跳、抬腿跳、踢腿跳、弓步跳、弹踢跳、各种模仿跳等）。

【动作提示】

1. 做头部运动时，颈部要保持放松。

2. 做肩部运动时，提肩要紧张，沉肩要放松。

3. 做上肢运动时，上举肩夹紧，侧上举肩打开，侧平、前举时要稍低肩。

4. 体侧屈时，上体要在一个平面上。

5. 伸、摆、绕肩时，要以肩关节为轴，肩关节要放松。

6. 做胸部运动时，含胸要稍低头，挺胸时要收腹。

7. 做跳跃时，要轻松，脚跟保持不落地。

第三节　健美操组合动作

健美操的组合动作是在基本动作的基础上发展的，组合动作是成套动作的基础，成套动作就是由几个以上的组合动作编排而成的。编排组合动作时有左右对称的结构，也有不对称的结构，这主要根据创编的目标而定。下面介绍三组组合动作供参考。

一、手臂动作组合

手臂动作组合（4×8拍）是通过手臂各方位的动作及方向的控制，使手臂的基本动作得以熟练与巩固，为学习各种类型的健美操奠定基础。动作方法如下。

第一个八拍动作：

1—2 两腿直立，同时两臂侧平举。

3—4 两臂上举。

5—6 左臂侧上举，同时右臂侧下举（眼看左手）。

7—8 两臂侧下举（眼看左方）。

第二个八拍动作：

1—2 两臂摆至侧上举（稍抬头）。

3—4 两臂经头上交叉向下绕环（稍含胸低头）。

5—6 两臂摆至左臂侧下举、右臂侧上举（眼看右手）。

7—8 还原成直立。

第三、四个八拍同第一、二个八拍动作，但方向相反。

二、姿态组合动作

姿态组合（6×8拍）是由几个动作的造型所组成的一套简单易学的组合动作，整套动作体现了身体姿态与造型结合的美感，特别是由柔到刚的过渡动作的衔接，表现动作的美和姿态的美，它是用来训练形体的最好内容，动作如下。

第一个八拍动作：

1—2 身体左转45°，左腿前伸脚尖点地，同时两臂缓缓抬起成二位。

3—4 两腿经屈膝重心前移（右脚点地），同时左臂成七位，右臂成三位。

5—6 右腿向前一步成弓步，同时两臂经后向前摆至前斜上举（眼看前上方）。

7—8 两臂做手臂波浪一次。

第二个八拍动作：

1—2 左腿稍屈膝，重心后移，右腿伸直，直脚点地，同时两臂打开。

3—4 上体前倾，同时两臂依次波浪。

5—8 重心前移，右脚点地，同时右肩带动两臂缓缓摆至三位（眼看右方）。

第三个八拍动作：

1—2 左脚侧出一步，同时右腿稍屈膝，两臂经头上交叉摆至体前交叉。

3—4 两臂侧摆，同时做侧波浪一次，上体向左侧屈（挺胸，眼看左方）。

5—6 重心左移，同时两腿直立，右脚点地，左臂摆至上举，右臂摆至前举。

7 身体向右转45°，同时两臂成七位。

8 右脚收回，同时两臂还原成一位。

第四、五、六个八拍同第一、二、三个八拍动作，但方向相反。

三、身体动作组合

身体动作组合是根据上下肢各部位动作，有规律地排列起来的一串组合动作。整套组合由三部分组成，动作简单易学，都是一些基本的动作，加上一些动作方向的变化和转体等动作组成。第一部分基本上是以伸展和姿态的造型为主的动作练习；第二部分伴有动作的方向变化以及转体的动作；第三部分是跳跃和整理的内容。本套组合可以用来锻炼身体，也可以用表演的形式出现，下面介绍具体动作方法。

（一）第一部分动作：8×8拍

第一个八拍动作：

1—4 左脚开始原地踏四步，同时两臂前后摆动。

5—6 左脚侧出一步，同时压脚跟弹动两次，两臂体前交叉摆动两次（稍含胸低头）。

7 右脚尖点地，同时左手叉腰，右臂侧上举（眼看右手）。

8 左脚收回，同时右臂经侧还原成直立。

第二个八拍同第一个八拍动作，但方向相反。

第三个八拍动作：

1—4 同第一个八拍的 1—4 动作。

5 左腿前伸，脚跟着地，同时右腿稍屈膝，两臂胸前击掌。

6 左腿后伸直立脚尖点地，同时两手体后击掌。

7 左脚前出一步成弓步，同时重心前移，两臂侧上举（稍抬头）。

8 左脚收回，同时两臂经侧还原成直立。

第四个八拍同第三个八拍动作，但方向相反。

第五个八拍动作：

1—4 同第一个八拍的 1—4 的动作。

5 左脚侧出一步，同时左臂侧举，右手叉腰（眼看左手）。

6 左臂侧屈（手指触肩），同时头转正。

7 上体向右侧屈，同时左臂伸至上举。

8 左脚收回，同时左臂经侧还原成直立。

第六个八拍同第五个八拍动作，但方向相反。

第七个八拍动作（见图 7-3）：

1、3　　　2、4　　　　5　　　　　6　　　　7　　　　8

图 7-3　第七个八拍

1—4 同第一个八拍的 1—4 的动作。

5 左脚侧出一步，同时两腿稍前屈膝，两臂侧平举。

6 两腿直立，同时上体左转 90°，两臂侧屈。

7 左腿收回，同时两腿稍屈膝，两臂胸前屈（左臂下，右臂上）。

8 两腿直立，同时两臂还原体侧。

第八个八拍同第七个八拍动作,但方向相反。

(二)第二部分动作:8×8 拍

第一个八拍动作(见图 7-4)。

图 7-4　二部分第一个八拍

1 左脚侧前一步(走 V 字步),同时左臂侧平举。
2 右脚侧前一步(走 V 字步),同时右臂侧平举。
3 左脚退回原位,同时左臂还原体侧。
4 右脚退回原位,同时右臂还原体侧。
5—8 同 1—4 动作,但方向相反。

第二个八拍动作(见图 7-5)。

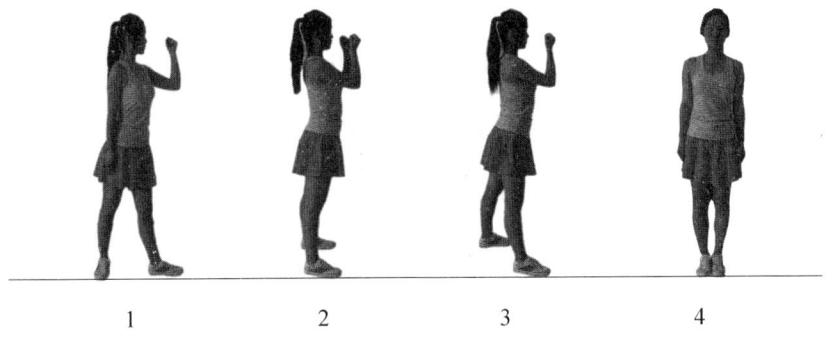

图 7-5　二部分第二个八拍

1 左脚侧前一步(走 V 字步),同时身体向左转 90°,左臂胸前立屈(握拳)。
2 右脚侧前一步(走 V 字步),同时右臂胸前立屈。
3 左脚退回原位,同时左臂还原体侧。
4 右脚退回原位,同时右臂还原体侧,身体转正。
5—8 同 1—4 动作,但方向相反。

第三、四个八拍同第一、二个八拍动作，但方向相反。

第五个八拍动作（见图 7-6）：

图 7-6　二部分第五个八拍

1 左脚前出一步，同时两腿稍屈膝，两手叉腰。

2 右腿侧伸，脚尖点地。

3—4 同 1—2 动作，但方向相反。

5 左脚后退一小步，同时稍屈膝。

6 左腿伸直，同时右腿稍屈膝脚尖在左脚旁点地，左臂肩侧屈，右臂体侧屈，髋向前转动。

7—8 同 5—6 动作，但方向相反。

第六个八拍动作（见图 7-7）：

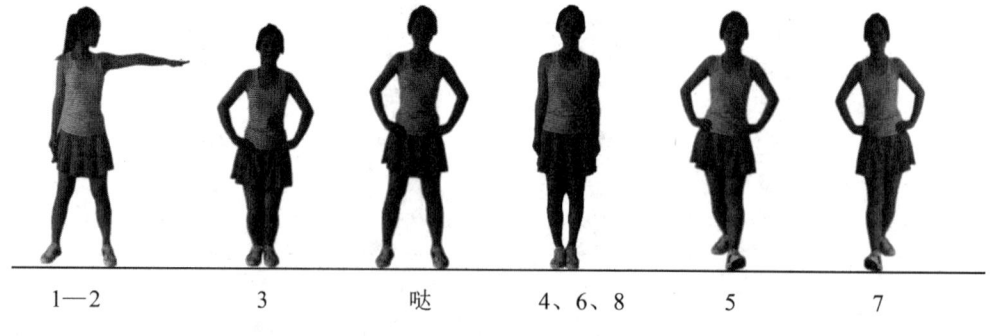

图 7-7　二部分第六个八拍

1—2 左脚向侧一步，同时左臂侧上举，头向左转（分指掌）。

3 两脚小并跳一次，同时两手叉腰。

哒 两脚开跳一次。

4 两脚并跳一次。

5 左脚前伸脚跟着地，同时右腿稍屈膝。

6 左脚收回，同时两腿直立。

7—8 同 5—6 动作，但方向相反。

第七、八个八拍同第五、六个八拍动作，但方向相反。

（三）第三部分动作：12×8 拍

第一个八拍动作（见图 7-8）：

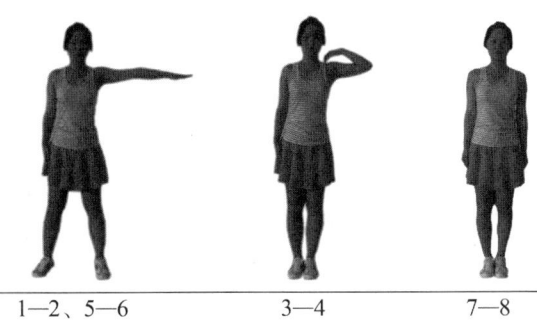

图 7-8　三部分第一个八拍

1—2 跳成左右开立一次，同时左臂侧举。

3—4 跳成并立一次，同时左臂肩侧屈（手指触肩，眼看前方）。

5—6 同 1—2 动作。

7—8 跳成还原直立。

第二个八拍同第一个八拍动作，但方向相反。

第三个八拍动作（见图 7-9）：

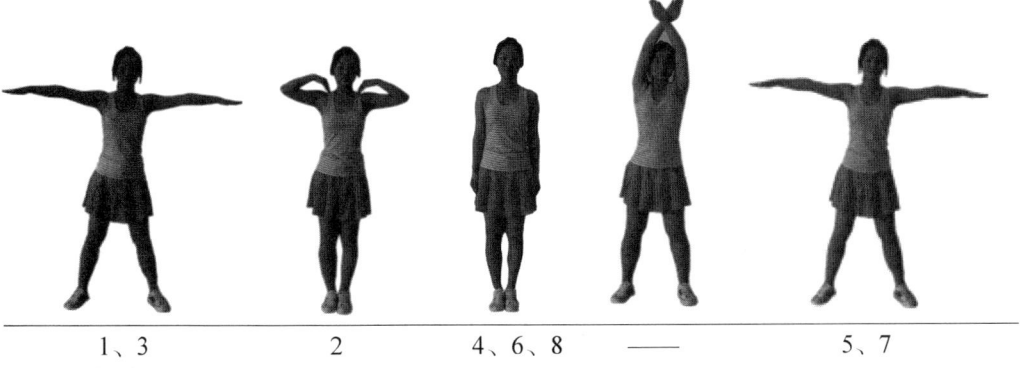

图 7-9　三部分第三个八拍

1 跳成开立，同时两臂侧平举。

2 跳成并立，同时两臂肩侧屈（手指触肩）。

3 同 1 动作。

4 跳成还原直立。

5 跳成开立，同时两臂经体前交叉向上至侧平举。

6 同 4 动作。

7 同 5 动作。

8 跳成还原直立。

第四个八拍同第三个八拍动作，但方向相反。

第五个八拍动作（见图 7-10）：

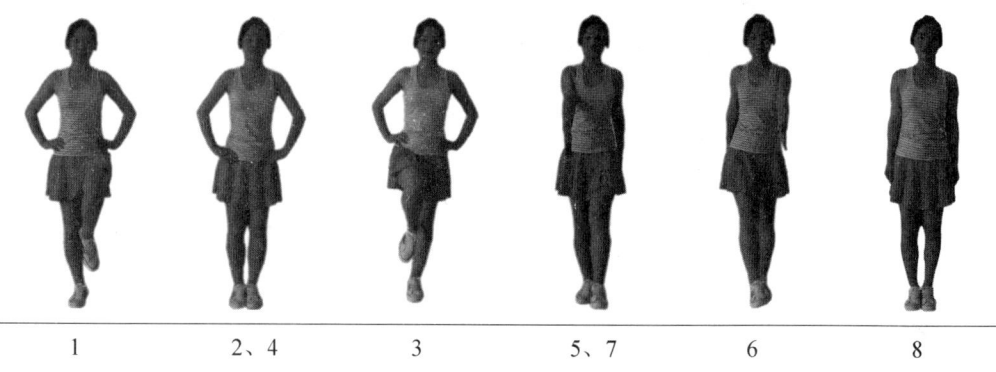

图 7-10　三部分第五个八拍

1 左腿屈膝 90°，同时两手叉腰。

2 两腿跳成并立。

3 同 1 动作，但换右腿抬。

4 同 2 动作。

5 跳成左腿前、右腿后落地，同时左臂后摆、右臂前摆。

6 同 5 动作，但方向相反（换跳一次）。

7 同 5 动作。

8 跳成直立。

第六个八拍动作（见图 7-11）：

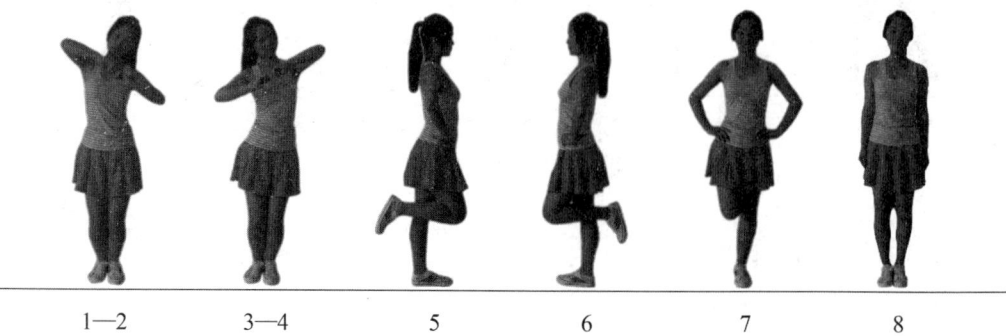

图 7-11　三部分第六个八拍

1—2 向左并步小跳一次,同时两臂胸前平屈(握拳,上体稍向左倾)。
3—4 同 1—2 动作,但方向相反。
5—7 向左转踢腿跳三次,同时两手叉腰。
8 跳成还原直立。
第七、八拍同第五、六个八拍动作,但方向相反。
第九个八拍动作(见图 7-12):

1—4、7　　　5　　　6　　　哒　　　8

图 7-12　三部分第九个八拍

1—4 左脚开始原地踏步,同时两臂前后自然摆动。
5 左脚向前踹踢(脚跟带动),同时两臂前摆。
6 左脚向侧踹踢(脚跟带动),同时两手叉腰。
7 哒左右脚原地各踏一次。
8 左脚踏一次还原成并立。
第十个八拍同第九个八拍动作,但方向相反。
第十一个八拍动作(见图 7-13):

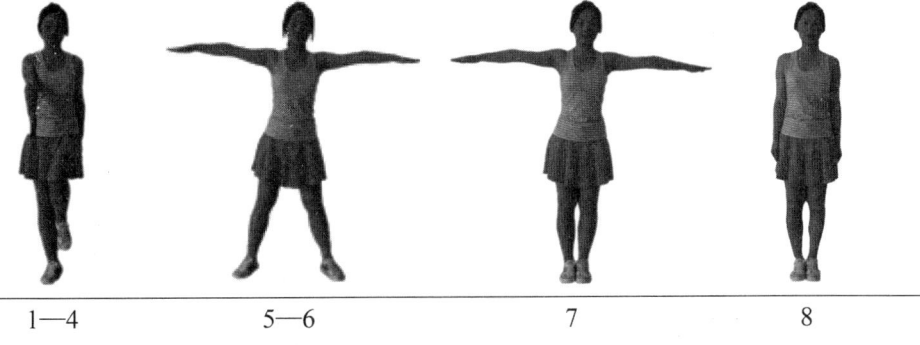

1—4　　　5—6　　　7　　　8

图 7-13　三部分第十一个八拍

1—4 左脚开始原地踏四步,同时两臂前后自然摆动。
5—6 左脚侧出一步,同时两腿起踵,两臂摆至侧平举(并做深吸气)。

7 左脚收回落踵，同时两臂缓缓下摆（并做吐气）。

8 两臂还原成直立。

第十二个八拍同第十一个八拍动作。

四、跳跃动作组合

（一）动作组合方法一：8×8 拍

第一个八拍动作（见图 7-14）：

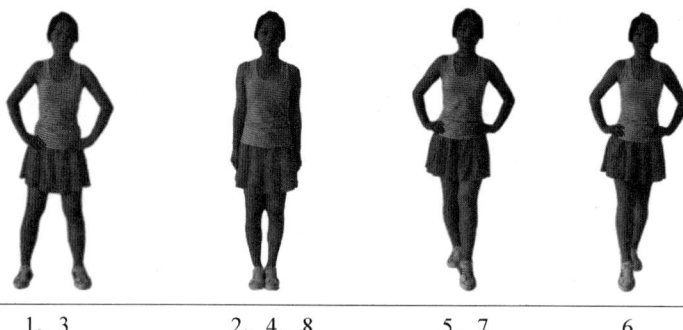

图 7-14　跳跃组合（一）第一个八拍

1 跳成开立，同时两手叉腰。

2 跳成并立。

3—4 同 1—2 动作。

5 跳成左腿前、右腿后落地。

6 两腿前后交换跳一次。

7 再交换跳一次。

8 跳成还原直立。

第二个八拍同第一个八拍，但方向相反。

第三个八拍动作（见图 7-15）：

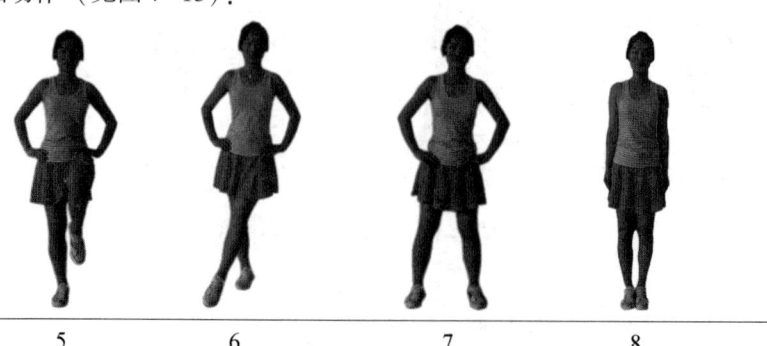

图 7-15　跳跃组合（一）第三个八拍

1—4 同第一个八拍的 1—4 动作。

5 左腿屈膝 90°抬起跳一次。

6 跳成左腿前交叉落地。

7 跳成分腿落地。

8 跳成还原直立。

第四个八拍同第三个八拍动作，但方向相反。

第五个八拍动作（见图 7-16）：

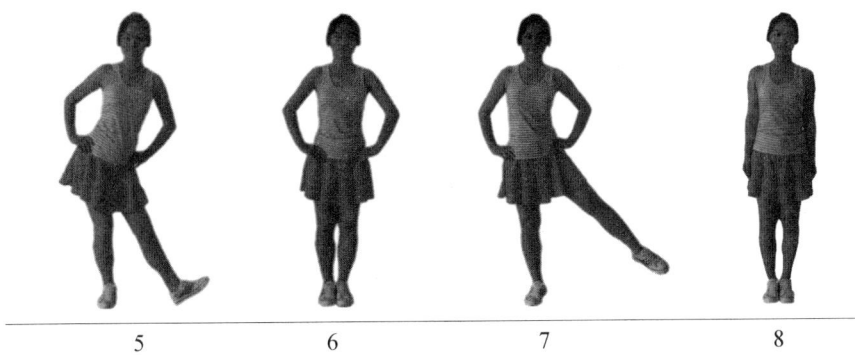

图 7-16　跳跃组合（一）第五个八拍

1—4 同第一个八拍的 1—4 动作。

5 跳成左腿侧伸脚跟着地，同时右腿稍屈膝，两手叉腰。

6 跳成两腿并立。

7 左腿侧前跳踢一次。

8 跳成直立。

第六个八拍同第五个八拍动作，但方向相反。

第七个八拍动作（见图 7-17）：

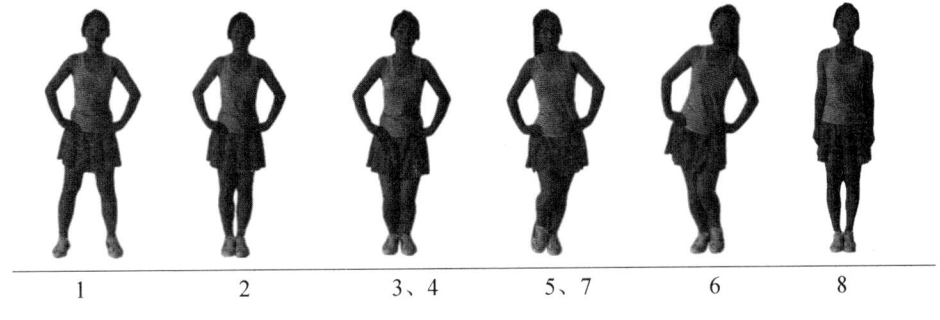

图 7-17　跳跃组合（一）第七个八拍

1—2 同第一个八拍的 1—2 动作

3 两腿稍屈膝向前小跳一次。

4 两腿稍屈膝向后小跳一次。

5 两腿稍屈膝向左小跳一次。

6 两腿稍屈膝向右小跳一次。

7 同 5 动作。

8 跳成还原直立。

第八个八拍同第七个八拍动作，但方向相反。

（二）动作组合方法二：8×8 拍

第一个八拍动作（见图 7-18）：

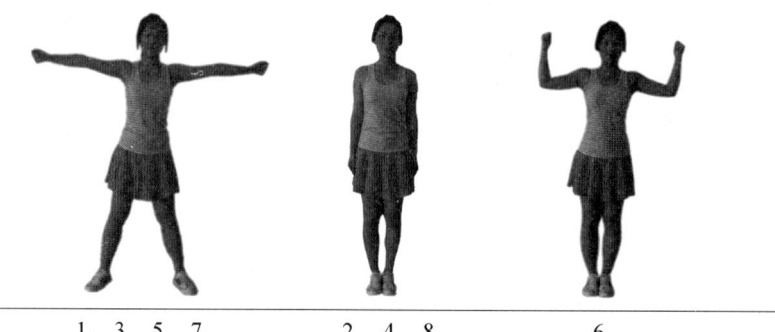

1、3、5、7　　　2、4、8　　　6

图 7-18　跳跃组合（二）第一个八拍

1 跳成两腿开立，同时两臂侧平举（手握拳）。

2 跳成还原直立。

3—4 同 1—2 动作。

5 同 1 动作。

6 跳成并立，同时两臂侧屈。

7 同 5 动作。

8 跳成还原直立。

第二个八拍动作同第一个八拍动作。

第三个八拍动作（见图 7-19）：

1—4 同第一个八拍的 1—4 动作。

5 跳成分腿开立，同时两臂胸前平屈（五指并拢，掌心向下）。

6 跳成并立，同时左臂前平举，右臂还原。

7 跳成开立，同时左臂侧平举。

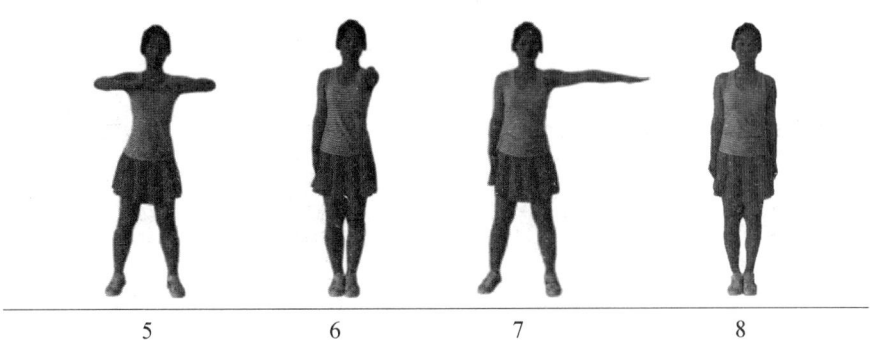

图 7-19 跳跃组合（二）第三个八拍

8 跳成还原直立。

第四个八拍同第三个八拍动作，但方向相反。

第五个八拍动作（图 7-20）：

图 7-20 跳跃组合（二）第五个八拍

1—4 同第一个八拍的 1—4 动作。

5 跳成两腿开立，同时两臂胸前平屈。

6 跳成并立，同时两臂前平举。

7 跳成开立，同时两臂侧平举。

8 跳成还原直立。

第六个八拍同第五个八拍动作，但方向相反。

第七个八拍动作（见图 7-21）：

1—4 同第一个八拍的 1—4 动作。

5 跳成开立，同时两臂前平举。

6 跳成并立，同时两臂侧平举。

7 跳成开立，同时左臂上举，头向右转，右臂还原体侧。

8 跳成还原直立。

图 7-21　跳跃组合（二）第七个八拍

第八个八拍同第七个八拍动作，但方向相反。

（三）动作组合方法三：8×8 拍

第一个八拍动作（见图 7-22）：

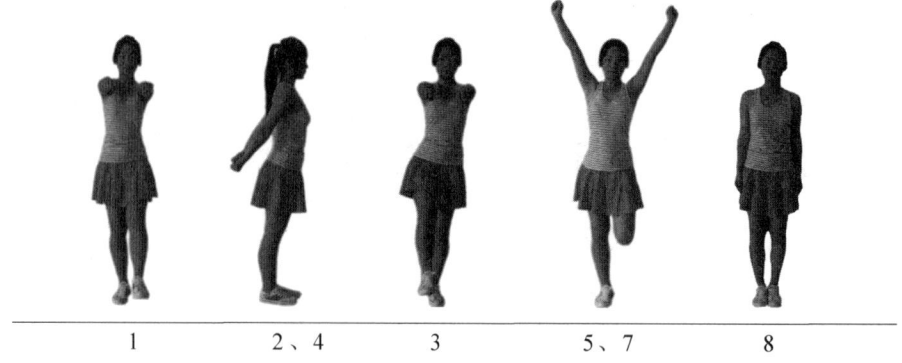

图 7-22　跳跃组合（三）第一个八拍

1 左腿跳一次，同时右腿向前弹踢一次，两臂前摆。

2 跳成直立，同时两臂向后摆动。

3—4 同 1—2 动作，但换腿弹跳一次。

5 左腿向前跑跳一次，同时两臂摆至侧上举。

6 换腿后踢一次，同时两臂摆至体侧（伸腕）。

7 同 5 动作。

8 跳成还原直立。

第二个八拍同第一个八拍动作。

第三个八拍动作（见图7-23）：

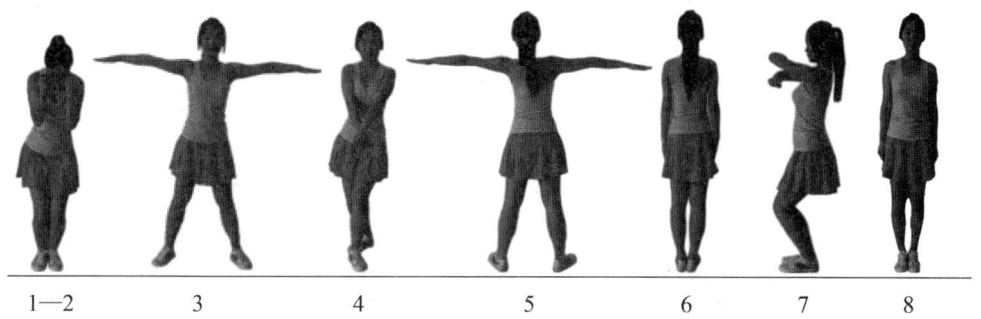

图7-23　跳跃组合（三）第三个八拍

1—2 两腿稍屈膝小跳两次，同时两臂体前立屈（稍含胸低头）。
3 两腿跳成开立，同时两臂侧平举。
4 跳成左腿前、右腿后落地，同时两臂体前交叉。
5 跳成开立，同时向右转体180°，两臂侧平举。
6 跳成还原直立（背对前方）。
7 两腿稍屈膝跳一次，同时左转体90°，两臂胸前平屈向外交替绕环。
8 跳成还原直立，同时身体转正。
第四个八拍同第三个八拍动作，但方向相反。
第五个八拍动作（见图7-24）：

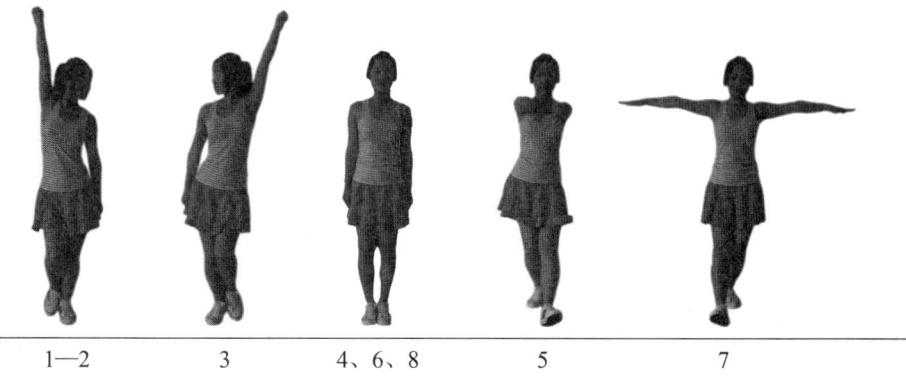

图7-24　跳跃组合（三）第五个八拍

1—2 左脚向左并步点地跳一次，同时右臂上举（头左转）。
3 同1—2动作，但方向相反，4拍还原。
5 跳成左腿前伸脚跟着地，同时右腿稍屈膝，两臂摆至前平举（握拳）。
6 跳成还原直立。

7 同 5 动作，但方向相反，两臂摆至侧平举。

8 跳成还原直立。

第六个八拍同第五个八拍动作，但方向相反。

第七个八拍动作（见图 7-25）：

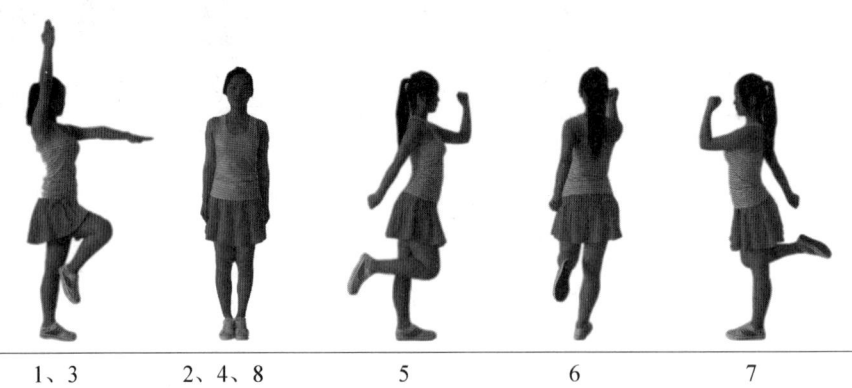

图 7-25 跳跃组合（三）第七个八拍

1 左脚跳一次，同时右腿屈膝 90°抬起，左臂前举，右臂体前绕至上举（身体转 45°）。

2 跳成还原直立。

3—4 同 1—2 动作。

5 左脚跳一次，同时右腿后踢一次，向左转体 90°，左臂肩前屈，右臂向下摆至斜下举（握拳）。

6 同 5 动作，但方向相反，再向左转体 90°。

7 同 5 动作，但身体再向左转体 90°。

8 跳成还原直立，同时身体转正。

第八个八拍同第七个八拍动作，但方向相反。

女性健美的标准有哪些?

1. 有足够充沛的精力，能承受平日繁重的工作压力。
2. 处事乐观，态度积极，乐于承担责任和帮助别人。
3. 善于休息，睡眠好。
4. 应变能力强，能适应外界环境的各种变化。
5. 体重适当，身材匀称。

6. 有抵抗一般性疾病的能力。

7. 眼睛明亮，反应敏捷。

8. 牙齿清洁，颜色正常。

9. 头发光泽，无头皮屑。

10. 肌肉、皮肤有弹性。

第四节　大众健美操组合动作

一、大众健身操一级

（一）组合一

第一个八拍：一字步左右分别两次。1—2 两臂胸前屈，拳心相对。3—4 后摆，5 同 1，6 两臂上举，拳心相对，7 同 1，8 放于体侧。（见图 7-26）

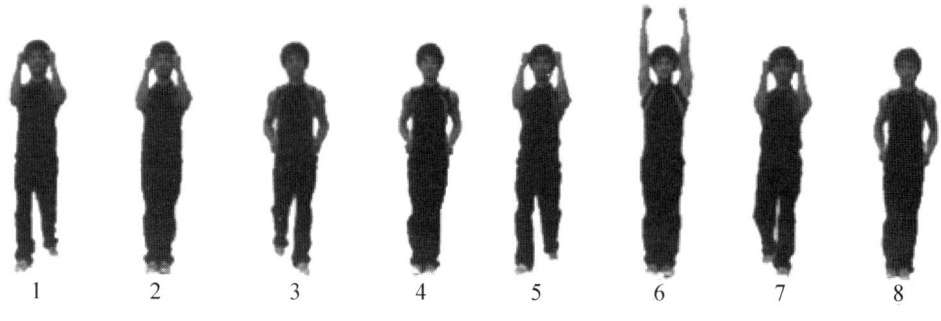

图 7-26　组合一　第一个八拍

第二个八拍：下肢 1—3 走步，4 吸腿。上肢 1 两臂前平举，2 放于体侧，3 肩侧屈，4 胸前击掌。5—8 同 1—4，向后走步。（见图 7-27）

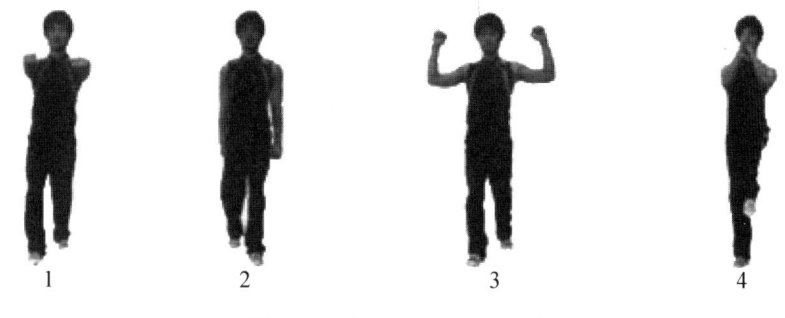

图 7-27　组合一　第二个八拍

第三个八拍：1—8 侧并步 4 次（单单双）。1 右臂肩侧屈，2 还原，3 左臂肩侧屈，4 还原，5 双臂胸前平屈，6 还原，7—8 同 5—6。（见图 7-28）

图 7-28　组合一　第三个八拍

第四个八拍：1—4 左脚十字步，手臂自然摆动，5—8 踏步 4 次，5 击掌，6 还原，7—8 同 5—6。（见图 7-29）

图 7-29　组合一　第四个八拍

（二）组合二

第一个八拍：1—8 右脚开始前点地 4 次，1 双臂屈臂右摆，2 还原，3 左摆，4 还原，5 右摆成右臂侧斜上举，左臂胸前平屈，6 还原，7—8 同 5—6，方向相反。（见图 7-30）

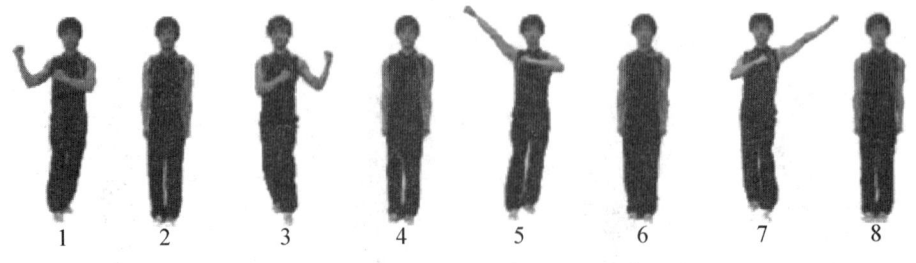

图 7-30　组合二　第一个八拍

第二个八拍：1—4 向右弧形走 270°，手臂自然摆动，5—8 并腿半蹲 2 次，5 双臂前举，6 右臂胸前平屈（上体右转），7 双臂前举，8 放于体侧。（见图 7-31）

第七章 健美操

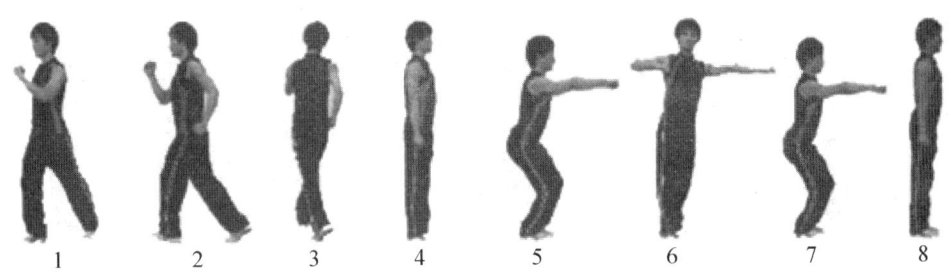

图 7-31 组合二 第二个八拍

第三个八拍：1—4 向右交叉步，两臂在体前交叉后伸出。5—8 向左交叉，两臂动作不变。（见图 7-32）

图 7-32 组合二 第三个八拍

第四个八拍：1—8 上步后踢腿 4 次，两臂自然摆动，向前时胸前交叉。

（三）组合三

第一个八拍：1—4 向右交叉步，1—3 双臂经侧至上举，4 胸前平屈。5—6 出左腿，两腿半蹲，双臂前举，7—8 收左腿，两臂放于体侧。（见图 7-33）

图 7-33 组合三 第一个八拍

第二个八拍：1—8 侧点地 4 次（单单双），1 右臂左前举、左臂屈肘于腰间，2 双臂屈肘于腰间，3—4 同 1—2，方向相反。5—8 同 1—4。（见图 7-34）

— 127 —

图 7-34　组合三　第二个八拍

第三个八拍：1—8 左腿开始向前走 3 步+吸腿 3 次，1 双臂肩侧屈，2 胸前交叉，3 同 1，4 击掌，5 肩侧屈，6 腿下击掌，7—8 同 1—2。（见图 7-35）

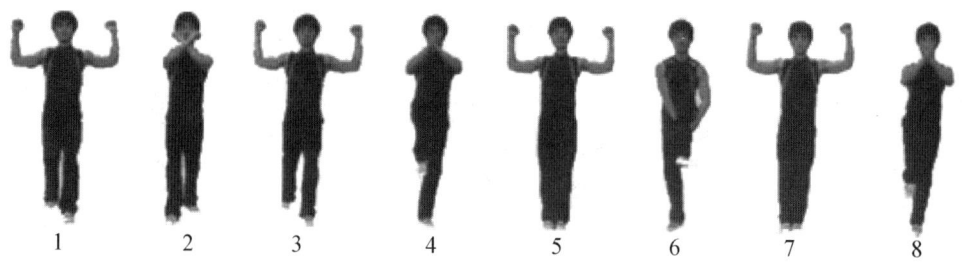

图 7-35　组合三　第三个八拍

第四个八拍：同第三个八拍，方向相反。

（四）组合四

第一个八拍：1—8 右腿开始 V 字步+A 字步，1 右臂侧斜上举，2 双臂侧斜上举，3—4 击掌 2 次，5 右臂侧斜下举，6 双臂侧斜下举，7—8 击掌 2 次。（见图 7-36）

图 7-36　组合四　第一个八拍

第二个八拍：1—8 弹踢腿跳 4 次（单单双），1 双臂前举，2 下摆，3—4 同 1—2，5 前举，6 胸前平屈，7—8 同 1—2。（见图 7-37）

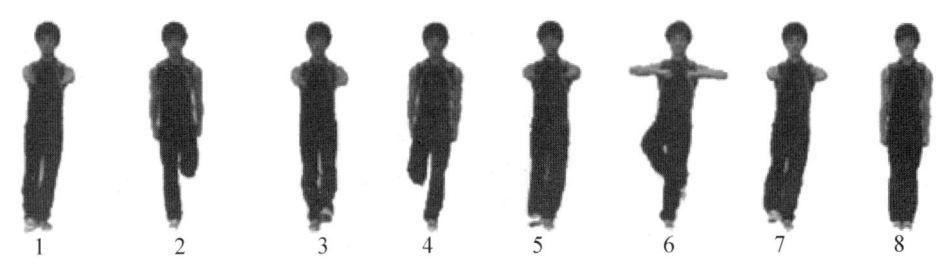

图 7-37 组合四 第二个八拍

第三个八拍：1—8 左腿漫步 2 次，手臂自然摆动。（见图 7-38）

图 7-38 组合四 第三个八拍

第四个八拍：左脚迈步，右脚后点地 4 次。1 右臂胸前平屈，2 右臂左下举，3—4 同 1—2，方向相反。5 右臂侧斜上举，6 右臂左下拳，7—8 同 5—6，方向相反。（见图 7-39）

图 7-39 组合四 第四个八拍

二、大众健身操二级

（一）组合一

第一个八拍：1—4：下肢步伐：右脚十字步；上肢动作：1 右臂侧举，手握拳 2 左臂侧举，手握拳 3 双臂上举，开掌，4 下举。5—8：下肢步伐：向后走 4 步；上肢动作：屈臂自然摆动。（见图 7-40）

图 7-40　组合一　第一个八拍

第二个八拍：动作同第一个八拍，但 5—8 向前走四步。

第三个八拍：下肢步伐：1—2 右脚向左前方 1/2 漫步；3 两脚开立，4—5 同 1—2 方向相反；6 左脚后撤，7—8 右脚向后 1/2 后漫步；上肢动作：1—2 右手前举，3 双手叉腰，4—5 左手前举，6 双手胸前交叉；7—8 双臂侧后下举。（见图 7-41）

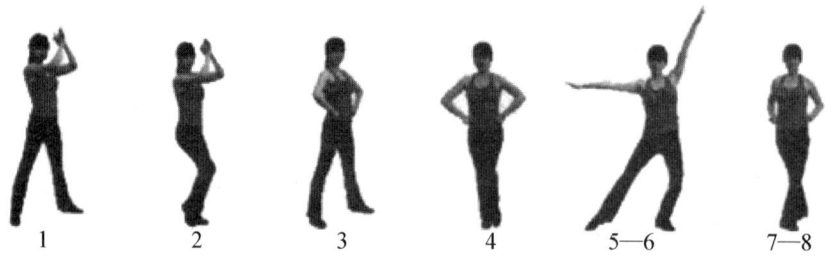

图 7-41　组合一　第三个八拍

第四个八拍：下肢步伐：1—2 右脚向右并步跳；3—8 左脚向右前方做前、侧、后 6 拍前侧后漫步；上肢动作：1—2 屈左臂，右臂自然摆动；3—4 两臂前平举弹动 2 次，5—6 两臂侧平举，7—8 两臂后斜下举。（见图 7-42）

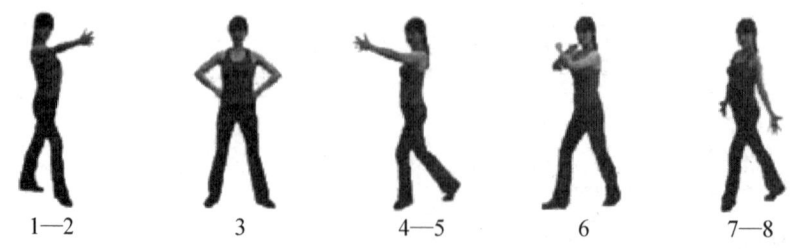

图 7-42　组合一　第四个八拍

（二）组合二

第一个八拍：下肢步伐：1—2 右脚向右侧滑步；3—4 向后 1/2 漫步；5—6 左脚开始

向左前方做侧并步；7—8 右脚开始向右后方做并步。上肢动作：1—2 右臂侧上举 左臂侧平举；3—4 双臂屈臂后摆；5—6 击掌 3 次，7—8 双手叉腰。（见图 7-43）

图 7-43　组合二　第一个八拍

第二个八拍：下肢步伐：1—2 左脚开始向左后方做侧并步；3—4 右脚开始向右前方做并步；5—6 左脚向左侧滑步，7—8 向后 1/2 漫步。上肢动作：1—2 击掌 3 次；3—4 双手叉腰；5—6 左臂侧上举，右臂侧平举；7—8 双臂屈臂后摆。（见图 7-44）

图 7-44　组合二　第二个八拍

第三个八拍：下肢步伐：1—4 右转 90°，右脚上步吸腿 2 次；5—8 左脚 V 字步左转 90°；上肢动作：1—4 双臂向前冲拳、向后下冲拳 2 次；5—8 双臂由右向左水平摆动。（见图 7-45）

图 7-45　组合二　第三个八拍

第四个八拍：下肢步伐：1—4 左腿吸腿（侧点地）2 次；上肢动作：1 双臂胸前平屈，2 左臂上举，3 同 1，4 还原；5—8 同 1—4，但方向相反。（见图 7-46）

图 7-46　组合二　第四个八拍

（三）组合三

第一个八拍：下肢步伐：1—4 右脚侧并步跳；5—8 左脚右转 90°侧交叉步；上肢动作：1—4 双臂上举、下拉；5—8 双臂屈臂自然摆动，第 8 拍，双臂侧下举，上体向左扭转 90°，朝正前方。（见图 7-47）

图 7-47　组合三　第一个八拍

第二个八拍：1—4 同第一个八拍的 1—4 拍动作，但方向相反；5—8 下肢步伐：左转 90°左脚开始侧并步 2 次；上肢动作：5—6 右臂前下举，7—8 左臂前下举。（见图 7-48）

图 7-48　组合三　第二个八拍

第三个八拍：下肢步伐：1—4 左脚向前一字步；5—8 左、右依次分并腿 1 次；上肢动作：1 双臂肩侧屈，2 双臂下举，3—4 双臂胸前屈。5—6 双臂上举掌心朝前，7—8 双手放膝上。（见图 7-49）

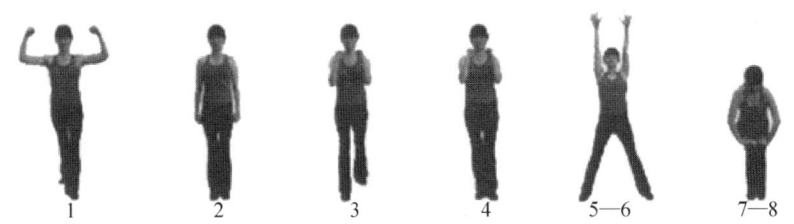

图 7-49　组合三　第三个八拍

第四个八拍：下肢步伐：1—4 向后一字步；5—8 依次分并腿 2 次；上肢动作：1—2 手侧下举，3—4 胸前交叉。5—8 双臂经胸前交叉 1 次侧上举，1 次侧下举。（见图 7-50）

图 7-50　组合三　第四个八拍

（四）组合四

第一个八拍：下肢步伐：右脚开始小马跳 4 次，向侧向前呈梯形；上肢动作：1—2 右臂体侧向内绕环，3—4 换左臂，5—8 同 1—4。（见图 7-51）

图 7-51　组合四　第一个八拍

第二个八拍：下肢步伐：1—4 右脚向右后弧形跑四步，右转 270°；5—8 开合跳 1 次；上肢动作：1—4 屈臂自然摆动；5—6 双手放腿上，7 击掌，8 放于体侧。（见图 7-52）

图 7-52　组合四　第二个八拍

第三个八拍：下肢步伐：1—4 右脚向右前上步后屈腿；5—8 右转 90°，左脚向前上步后屈腿；上肢动作：1 双臂胸前交叉，2 右臂侧举、左臂上举，3 同 1，4 双手叉腰；5—8 动作同 1—4，但方向相反。（见图 7-53）

图 7-53　组合四　第三个八拍

第四个八拍：下肢步伐：1—4 右、左侧点地各一次；5—8 右脚上步向前转脚跟，转髋，还原；上肢动作：1 右手左前下举，2 双手叉腰，3—4 动作相同，但方向相反；5 双臂胸前平屈，6 前推，7 同 5，8 放于体侧。（见图 7-54）

图 7-54　组合四　第四个八拍

三、大众健身操三级

（一）组合一

第一个八拍：1—4：右脚开始向侧迈步后屈腿 2 次，呈 L 型，2 时右转 90°；上肢动作：1—2 右臂摆至侧上举，左臂摆至胸前平屈，3—4 同 1—2，但方向相反。5—8：向左后迈步后屈腿 2 次，6 时转体 180°；双手叉腰。（见图 7-55）

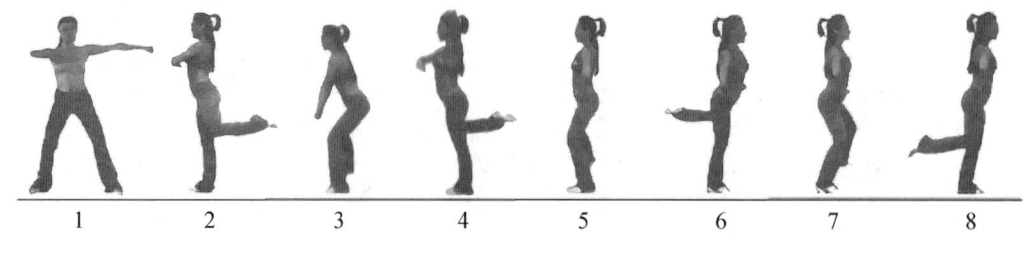

图 7-55　组合一　第一个八拍

第二个八拍：1—2：1/2V 字步；1 右臂侧上举，2 左臂侧上举。3—8：向后 6 拍漫步，8 左转 90°；手臂随脚的动作自然前后摆动。（见图 7-56）

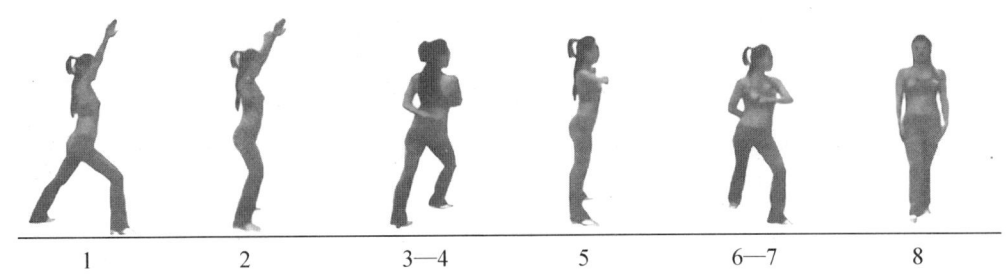

图 7-56　组合一　第二个八拍

第三个八拍：1—8：右脚开始交叉步 2 次，4 左转 90° 呈 L 型；1 双臂前举，2 胸前平屈，3 同 1，4 击掌，5—8 同 1—4。（见图 7-57）

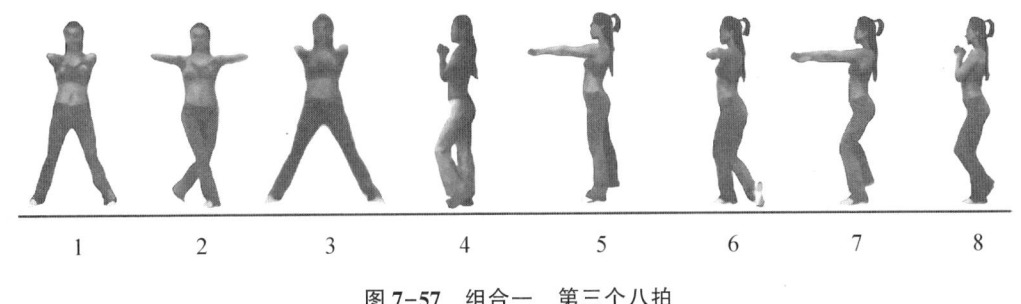

图 7-57　组合一　第三个八拍

第四个八拍：1—4 右脚并步跳，向后 1/2 漫步；1—2 双臂侧上举，3—4 右臂摆至体后，左臂摆至体前。5—8：左转 90° 左脚开始小马跳 2 次；5—6 右臂上举，7—8 左臂上举。（见图 7-58）

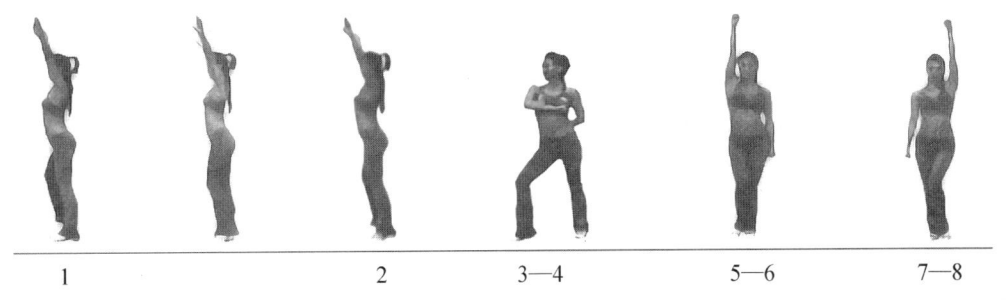

图 7-58　组合一　第四个八拍

第五、六、七、八个八拍：动作相同，但方向相反。

（二）组合二

第一个八拍：1—4：右脚向右前上步吸腿2次；双臂自然摆动。5—6：交换步；双臂随下肢动作自然摆动。7—8：右脚向右前上步吸腿；双臂自然摆动。（见图7-59）

图7-59　组合二　第一个八拍

第二个八拍：1—4：左脚开始向右侧交叉步；双臂随步伐向反方向臂屈伸。5—8：右转45°，同时左脚做漫步；5双臂肩侧屈外展，6体前交叉，7—8侧下举。（见图7-60）

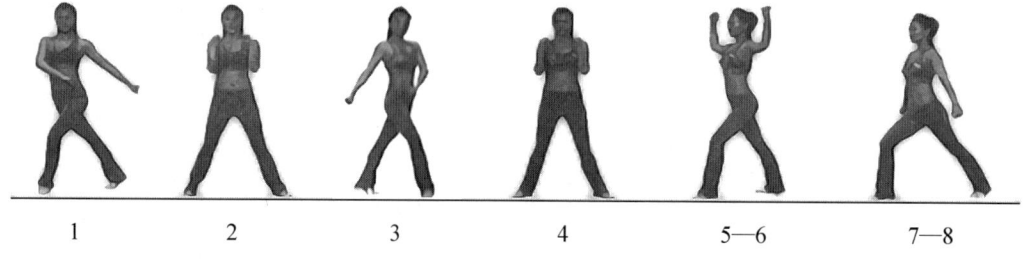

图7-60　组合二　第二个八拍

第三个八拍：1—4：左脚开始十字步，同时左转180°，双臂自然摆动。5—8：左脚开始并步跳2次；双臂自然摆动。（见图7-61）

图7-61　组合二　第三个八拍

第四个八拍：左脚漫步右转90°；1—2双臂摆至前举，3—4后摆。5—8：右转90°，同1—4动作。（见图7-62）

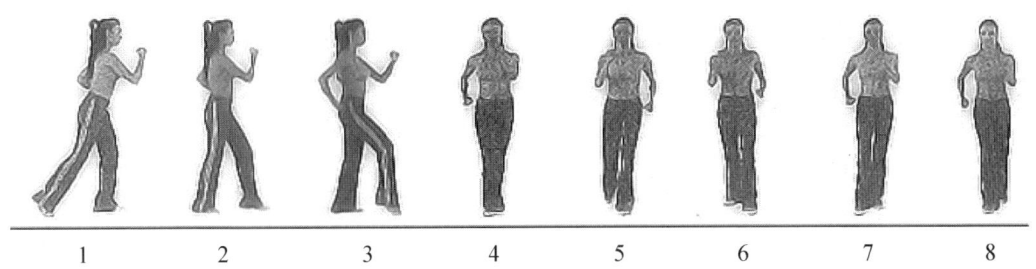

图 7-62 组合二 第四个八拍

第五、六、七、八个八拍：动作相同，但方向相反。

(三) 组合三

第一个八拍：1—6：右脚开始做侧点地 3 次；上肢动作：1—2 右臂向下屈臂伸，3—4 左臂向下屈臂伸，5—6 同 1—2 动作。7—8：左脚开始向前走 2 步；上肢动作：击掌 2 次。(见图 7-63)

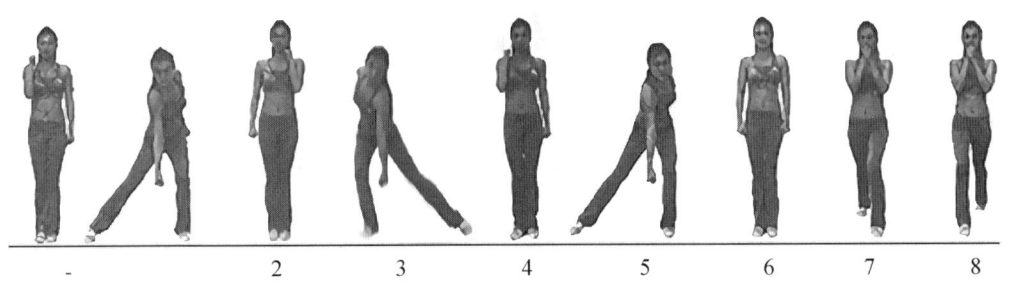

图 7-63 组合三 第一个八拍

第二个八拍：1—4：左脚开始吸腿跳 2 次；上肢动作：1 侧上举，2 双臂胸前平屈，3 同 1，4 叉腰。5—8：吸右腿跳，向后落地，转体 180°，吸左腿；上肢动作：双手叉腰。(见图 7-64)

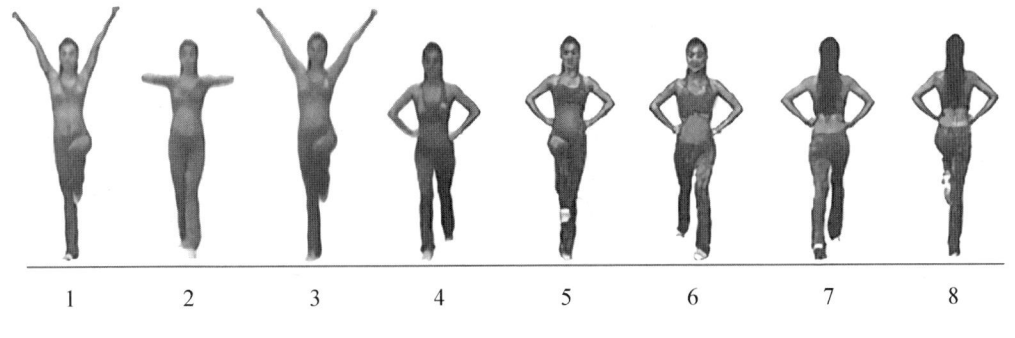

图 7-64 组合三 第二个八拍

第三个八拍：1—4：下肢步伐：左脚开始向前走3步吸腿跳，同时左转体180°；上肢动作：1—3叉腰，4击掌。5—8：下肢步伐：右脚开始向前走3步吸腿；上肢动作：5—6双臂同时经前向下摆，7—8经肩侧屈外展至体前击掌。（见图7-65）

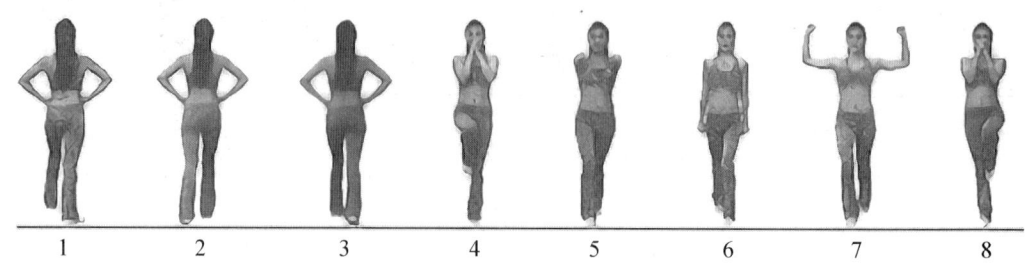

图7-65　组合三　第三个八拍

第四个八拍：1—4：下肢步伐：左脚开始侧并步4次，呈L型；上肢动作：双臂做屈臂提拉4次。（见图7-66）

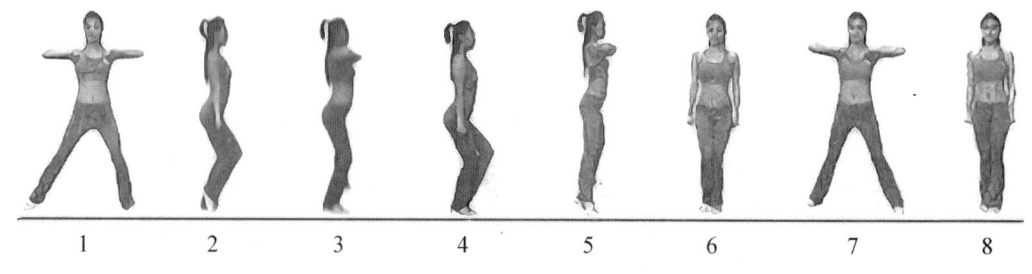

图7-66　组合三　第四个八拍

第五、六、七、八个八拍：动作相同，但方向相反。

（四）组合四

第一个八拍：1—4：右腿上步吸腿；双臂做向前冲拳、后拉2次。5—8：左脚向前走三步吸腿；手臂同时经前向下摆，8击掌。（见图7-67）

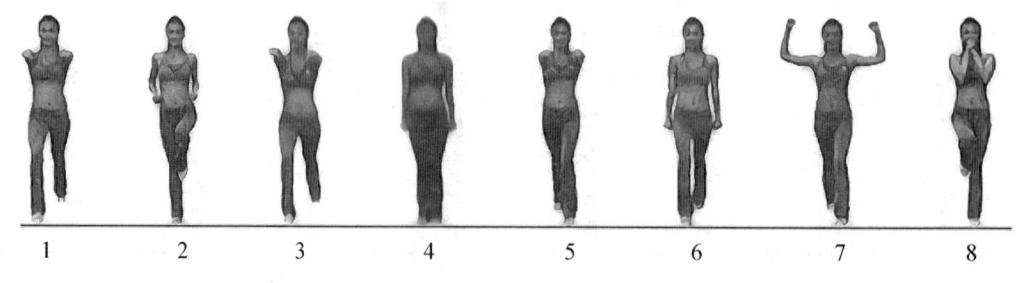

图7-67　组合四　第一个八拍

第二个八拍：1—4：下肢步伐：1 右脚向侧迈步，2—3 右脚向右前 1/2 漫步，4 左脚向侧迈步。；上肢动作：1 侧上举，2-3 随脚的动作自然摆动，4 同 1。5—8：右脚向左 1/2 漫步；双臂自然摆动。（见图 7-68）

图 7-68　组合四　第二个八拍

第三个八拍：1—6：右脚开始上步吸腿 3 次；上肢动作：1 肩侧屈外展，2 击掌，3—6 同 1—2。7—8：左脚向前 1/2 漫步；双臂自然摆动。（见图 7-69）

图 7-69　组合四　第三个八拍

4—8：左转 90°向左做侧交叉步转体 180°接侧交叉步；上肢动作：1—4 双臂做外展、内收、外展、击掌，5—8 同 1—4。（见图 7-70）

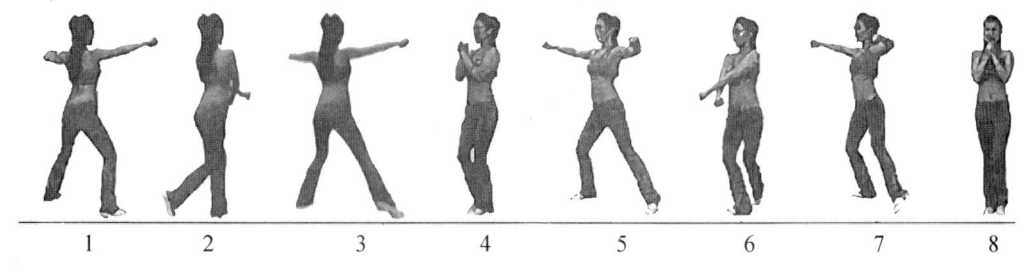

图 7-70　组合四　第四个八拍

第五、六、七、八个八拍：动作相同，但方向相反。

知识窗

做健美操时应注意的饮食问题

1. 在练习的过程中，最好不要饮大量的水，休息时可以少量、多次补充水分，但水温不宜过凉。
2. 做健美操前，不宜吃过多的甜食或含淀粉过高的食物。
3. 睡觉前1~2小时也不宜进行健美操练习，它会使你大脑兴奋，无法尽快地进入睡眠状态，从而导致休息不好，影响第二天的学习效果。
4. 长期的少食多餐、慢速进食，不仅会使你保持健康的身体，还会使你拥有一个苗条健美的体形。

第五节　儿童健美操

一、儿童卡通操

儿童卡通操是根据儿童的身心特点所创编的一套有趣的节奏操。本套操共有七节动作，整套动作简单易学贴近儿童，突出上肢的控制力。通过练习，培养儿童的节奏感、韵律感，同时加强组织纪律，培养他们控制自己行为的能力。下面介绍动作。

（一）上肢运动：2×8拍

第一个八拍动作（如图7-71）：

图7-71　上肢运动

1 左脚侧出一步，同时两臂胸前平屈。

2 两臂肩侧屈（掌心相对）。

3 两臂侧上举。

哒两臂侧平举（掌心向下）。

4 左腿收回，同时两臂还原体侧。

5—8 同 1—4 动作，但方向相反。

第二个八拍同第一个八拍动作，但方向相反。

（二）四肢运动：2×8 拍

第一个八拍动作（见图 7-72）：

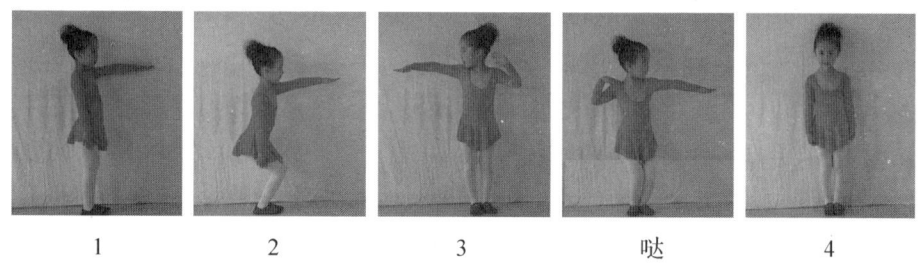

图 7-72　四肢运动

1 左臂前举（立掌）。

2 两腿稍屈膝下蹲。

3 两腿直立，同时左臂肩侧屈，右臂侧平举（头右转）。

哒连发推稍屈膝，同时左臂侧平举，右臂侧屈。

4 两腿直立，同时两臂还原体侧。

5—8 同 1—4 动作，但方向相反。

第二个八拍同第一个八拍动作，但方向相反。

（三）踢腿运动：2×8 拍

第一个八拍动作（见图 7-73）：

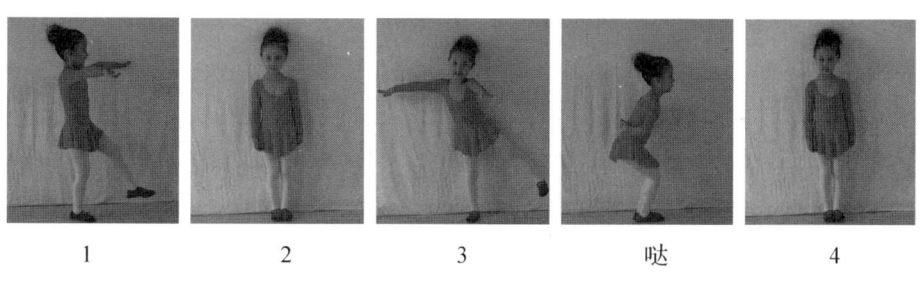

图 7-73　踢腿运动

1 左腿前提，同时左臂侧举，右臂平举。

2 还原成直立。

3 左腿侧踢，同时左臂前平举，右臂侧平举。

哒两腿稍屈膝下蹲，同时两手背后。

4 两腿直立，同时两臂还原体侧。

5—8 同 1—4 动作，但方向相反。

第二个八拍同第一个八拍动作，但方向相反。

(四) 体侧运动

第一个八拍动作（见图 7-74）：

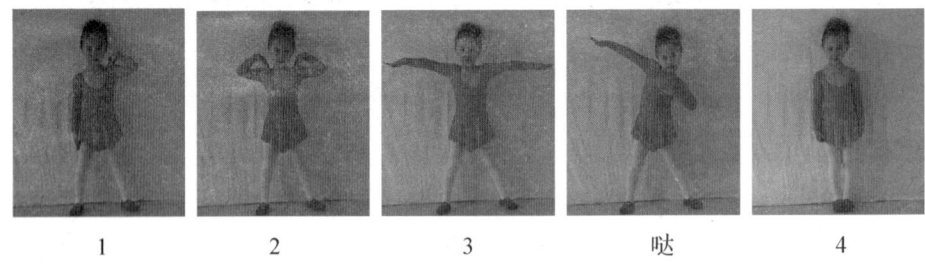

图 7-74 体侧运动

1 左脚侧出一步，同时左臂肩侧屈。

2 右臂肩侧屈。

3 两臂侧平举。

哒上体向左屈，同时左臂胸前平屈。

4 左腿收回，同时两臂还原体侧。

5—8 同 1—4 动作，但方向相反。

第二个八拍同第一个八拍动作，但方向相反。

(五) 体转运动：2×8 拍

第一个八拍动作（见图 7-75）：

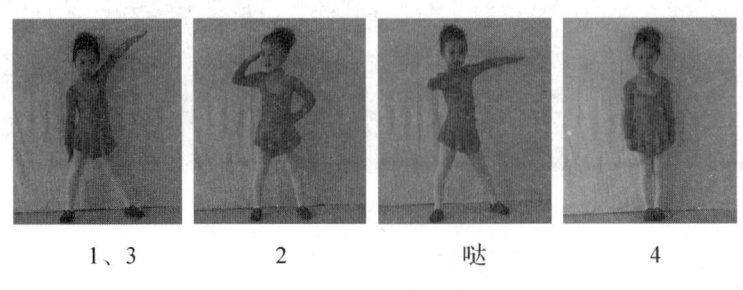

图 7-75 体转运动

1 左腿侧出一步，同时左臂侧绕环。

2 左手叉腰，同时右臂肩侧屈（头转 45°）。

3 同 1 动作。

哒身体向左转体，同时左臂侧平举，右臂胸前平屈。

4 左腿收回直立，同时两臂还原体侧。

5—8 同 1—4 动作，但方向相反。

第二个八拍同第一个八拍动作，但方向相反。

（六）腹背运动：2×8 拍

第一个八拍动作（见图 7-76）：

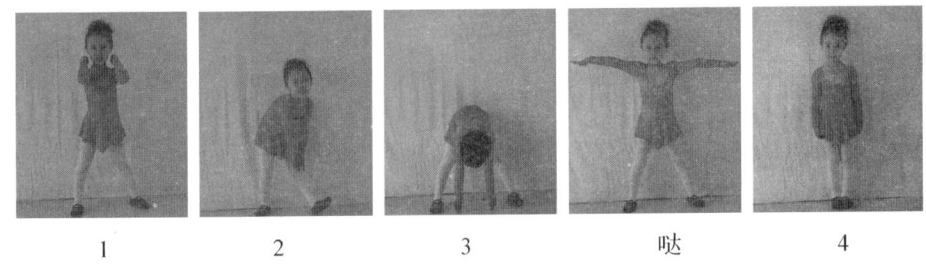

图 7-76　腹背运动

1 左脚侧出一步，同时两臂胸前立屈（握拳）。

2 上体前屈，同时两臂下伸，手触左腿。

3 两手触地。

哒上体直立，同时两臂侧上举。

4 还原成直立。

5—8 同 1—4 动作，但方向相反。

第二个八拍同第一个八拍动作，但方向相反。

（七）跳跃运动：4×8 拍

第一个八拍动作（见图 7-77）：

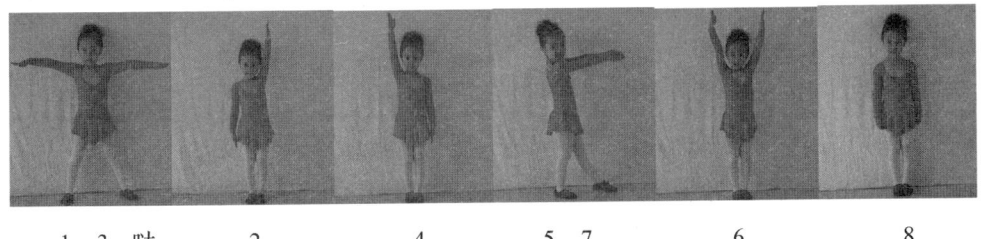

图 7-77　跳跃运动

1 跳成开立，同时两臂侧平举。

2 跳成开立，同时左臂上举（头向右转）。

3—4 同 1—2 动作，但方向相反。

5 左腿前踢，同时两臂前平举（掌心相对）。

6 跳成直立，同时两臂上举。

7 同 5 动作，但方向相反。

哒跳成开立，同时两臂侧平举。

8 跳成还原直立。

第二个八拍同第一个八拍动作，但方向相反。

第三、四个八拍同第一、二个八拍动作，但方向相反。

二、儿童毛毛球操

毛毛球是用编织绳制作而成的一种轻器械。在儿童手持毛毛球做操的过程中，可以激发儿童小肌肉群的力量。整套操需要头、颈、肩、肘、上肢、下肢参与，包括屈伸、环绕、踢腿、跳等动作。通过本套操练习，可以培养幼儿的动作协调能力。这套操可以独立做，还可以以表演的形式进行。全套操共 10 大节，20 小节动作，具体方法如下。

（一）准备运动：6×8 拍

第一个八拍动作（见图 7-78）：

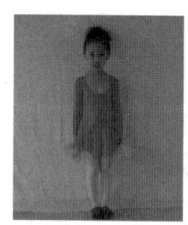 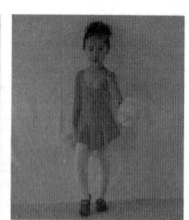

预备姿势　　1、3、5、7　　2、4、6、8

图 7-78　准备运动第一个八拍

1—8 左脚开始踏步，双手持球，直臂摆臂。

第二个八拍同第一个八拍动作。

第三个八拍动作（见图 7-79）：

1—4 左脚开始踏步，同时两臂胸前平屈，两手持球抖动。

5—6 两脚原地不动，稍屈膝下蹲，同时两臂侧平举，两手持球抖动。

7—8 两腿直立起踵，同时两臂侧上举。

第四个八拍同第三个八拍动作，但方向相反。

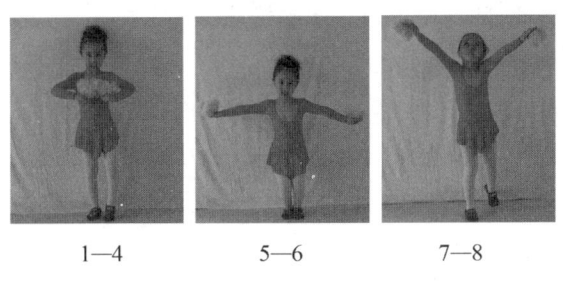

图 7-79 准备运动第三个八拍

第五个八拍动作（见图 7-80）：

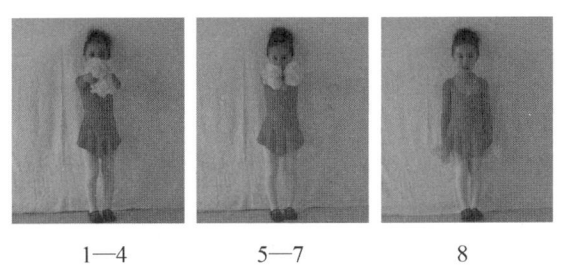

图 7-80 准备运动第五个八拍

1—4 两脚压脚跟弹动 4 次，同时两臂前平举双手向左绕球（一拍一动）。
5—7 两脚压脚跟再弹动三次，同时两臂前平举，两手击球三次。
8 还原成直立。
第六个八拍同第五个八拍动作，但方向相反。

（二）伸展运动：4×8 拍

第一个八拍动作（见图 7-81）：

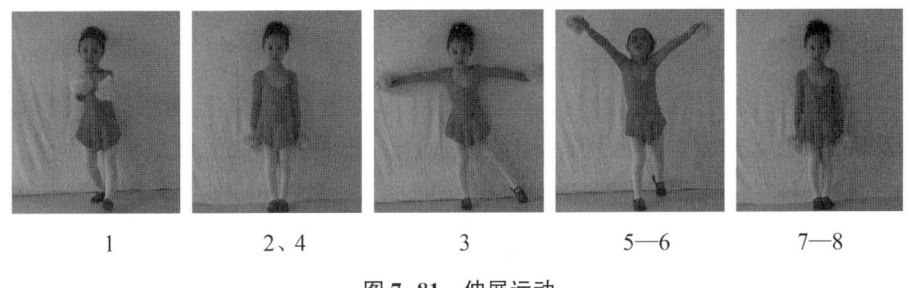

图 7-81 伸展运动

1 重心后移，成弓步，左脚跟着地，同时右腿稍屈膝，两臂摆至前平举，两手持球。
2 还原成直立。

3 左脚侧出一步，同时两臂侧平举，两手持球。

4 同 2 动作。

5—6 左腿后伸脚尖点地，同时重心移至右脚，两臂侧上举，两手持球抖动两次（眼看上方）。

7—8 还原成直立。

第二个八拍同第一个八拍动作，但方向相反。

第三、四个八拍同第一、二个八拍动作，但方向相反。

(三) 肩部运动：2×8 拍

第一个八拍动作（见图 7-82）：

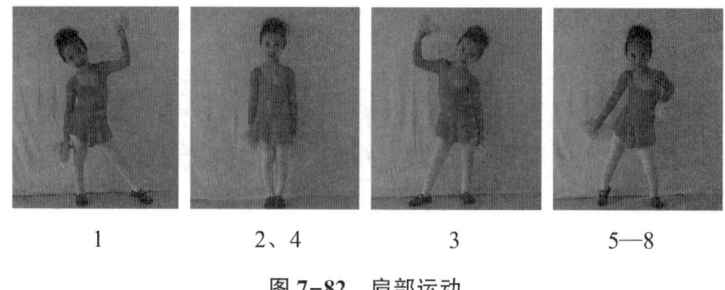

1　　　　2、4　　　　3　　　　5—8

图 7-82　肩部运动

1 左脚侧出一步，脚尖着地，左臂肩侧屈，右臂自然下垂，同时右侧头，双手持球。

2 还原成直立。

3 同 1 动作，但方向相反。

4 同 2 动作。

5—8 左脚原地不动，右脚向右侧出一步成弓步，同时右臂直臂持球耸肩两次（两拍一动）。

第二个八拍同第一个八拍动作，但方向相反。

(四) 上肢运动：2×8 拍

第一个八拍动作（见图 7-83）：

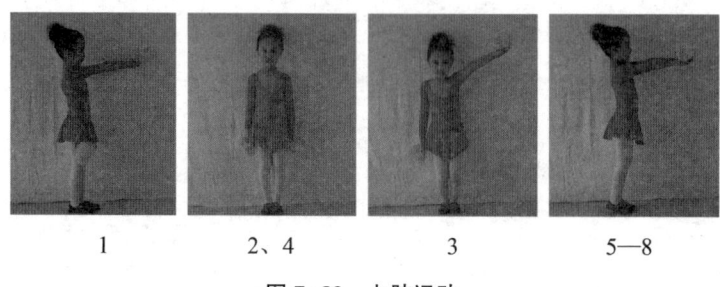

1　　　　2、4　　　　3　　　　5—8

图 7-83　上肢运动

1 身体直立，左臂前平举，两手持球。
2 还原成直立。
3 两腿稍屈膝下蹲，同时左臂侧上举，右臂自然下垂，两手持球。
4 同 2 动作。
5—8 两脚压脚跟弹动四次，同时双手持球前平举，上下屈伸四次（眼看前方）。
第二个八拍同第一个八拍动作，但方向相反。

（五）扩胸运动：2×8 拍

第一个八拍动作（见图 7-84）：

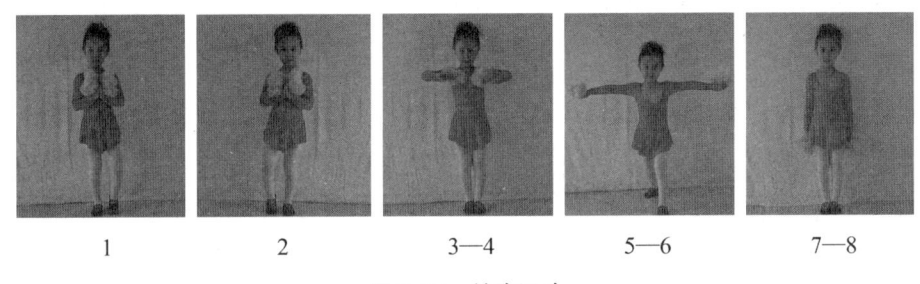

图 7-84　扩胸运动

1—2 左脚开始踏步，同时两臂屈肘胸前击球两次。
3—4 两腿直立，同时两臂胸前平屈向外运动，扩胸一次。
5—6 左脚向前迈一步成前弓步，同时两臂侧平举，向后振胸两次。
7—8 两臂经前还原成直立。
第二个八拍同第一个八拍动作，但方向相反。

（六）体侧运动：2×8 拍

第一个八拍动作（见图 7-85）：

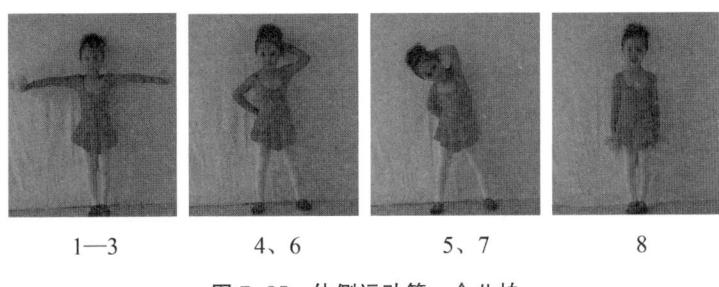

图 7-85　体侧运动第一个八拍

1—3 身体直立压脚跟弹动三次，同时两臂侧平举两手持球上下抖动。
4 左脚侧出一步，同时左臂肩侧屈手至头后，右臂体侧屈手至体后。

5 上体向右侧屈。

6-7 同 4-5 动作。

8 还原成直立。

第二个八拍动作（见图 7-86）：

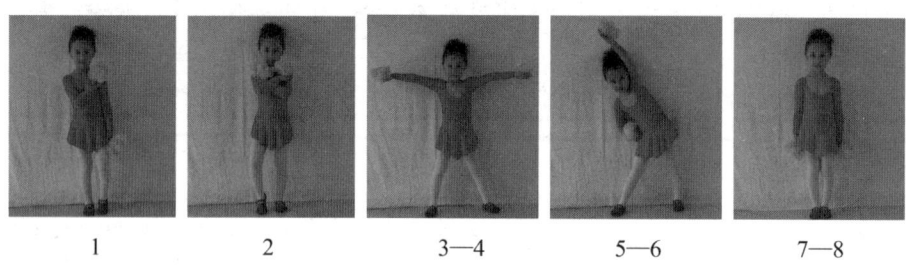

图 7-86　体侧运动第二个八拍

1 左脚踏一步，同时右手击球左肩一次。

2 同 1 动作，但方向相反。

3—4 左脚侧出一步，同时两臂经下摆至侧平举。

5—6 上体向右侧屈。

7—8 还原成直立。

（七）体转运动：4×8 拍

第一个八拍动作（见图 7-87）：

图 7-87　体转运动第一个八拍

1—2 两臂胸前平屈，两手持球胸前平屈，向外交替绕环。

3—4 左脚侧出一步，同时两臂肩侧屈。

5-7 两臂胸前平屈，同时身体向左右振动两次。

8 还原成直立。

第二个八拍动作（见图7-88）：

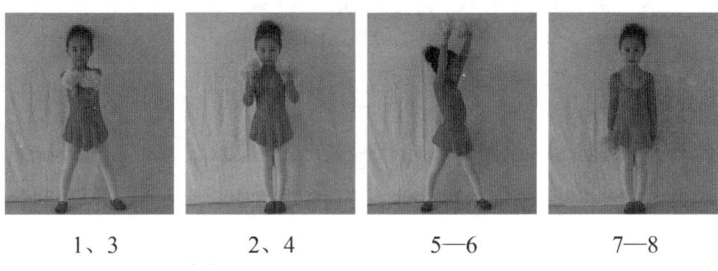

1、3　　　　　2、4　　　　　5—6　　　　　7—8

图 7-88　体转运动第二个八拍

1 左脚侧出一步，同时两臂前平举。

2 两腿稍屈膝，同时两臂胸前立屈。

3—4 同1—2动作。

5—6 左脚侧出一步，同时身体向左转体90°，两臂侧上举。

7—8 还原成直立。

第三、四个八拍同第一、二个八拍动作，但方向相反。

(八) 腹背运动：4×8拍

第一个八拍动作（见图7-89）：

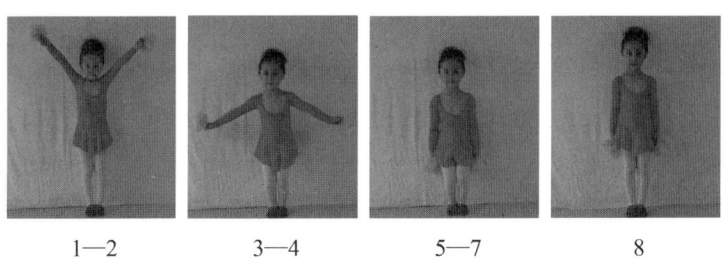

1—2　　　　　3—4　　　　　5—7　　　　　8

图 7-89　腹背运动第一个八拍

1—2 两臂经体前交叉向上摆至侧上举。

3—4 两腿稍屈膝下蹲，同时两臂头上交叉向下摆至侧下举。

5—7 两球敲击小腿外侧三次。

8 还原成直立。

第二个八拍动作（见图7-90）：

1—2 两臂经体前交叉向上摆至侧上举。

3—4 左脚向前一步成弓步，同时两臂头上交叉向下摆至侧下举。

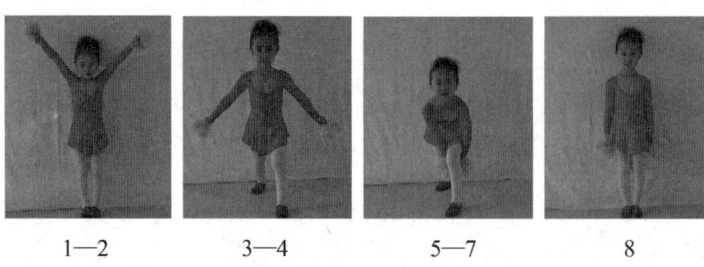

1—2　　　　3—4　　　　5—7　　　　　8

图 7-90　体转运动第二个八拍

5—7 两球在左腿下方敲击三次。

8 还原成直立。

第三、四个八拍同第一、二个八拍动作，但方向相反。

（九）踢腿运动：2×8 拍

第一个八拍动作。

1 跳成左腿抬起 90°，同时左手持球叉腰，右手持球敲击左膝一次。

2 跳成直立，同时右手还原。

3—4 同 1—2 动作，但方向相反。

5 跳成左腿前踢，同时两手叉腰。

6 跳成直立。

7—8 同 5—6 动作，但方向相反。

第二个八拍同第一个八拍动作，但方向相反。

（十）跳跃运动：4×8 拍

第一个八拍动作：

1—2 右腿屈膝后踢腿跳一次，同时左臂肩侧屈，右臂侧平举。

3—4 同 1—2 动作，但方向相反。

5—7 原地屈膝后踢腿跳 360°，同时两臂侧上举抖动球三次。

8 还原成直立。

第二个八拍动作：

1—4 右腿开始稍屈膝，后踢腿跳一次同时两臂前平举，上下抖动球一次（一拍一动）。

5—6 跳成分腿开立，同时两臂体前交叉向上摆至侧上举。

7—8 跳成还原成直立。

第三、四个八拍同第一、二个八拍动作，但方向相反。

（十一）整理运动：4×8 拍

第一个八拍动作：

1—3 左脚开始踏三步，同时左臂侧下举，右手持球，分别敲击肩、肘、腕部各一次。

4 右脚踏一步，同时两臂还原体侧。

5—8 同 1—4 动作，但方向相反。

第二个八拍动作：

1 左脚开始踏一步，同时右臂胸前屈，球击左肩一次。

2 同 1 动作，但方向相反。

3 左脚踏一步，同时左手击左腰部一次。

3 同 4 动作，但方向相反。

5—6 左脚开始踏两步，同时两手敲击腿外侧两次。

7—8 左脚开始踏两步，同时两臂前后摆动。

第三、四个八拍同第一、二个八拍动作，但方向相反。

（十二）小结

（1）首先选好练习的对象，明确练习的目的（健身、表演、比赛）。

（2）其次制作毛毛球，制作的球要坚固、耐用、颜色鲜艳，特别是球端的松紧带要适合儿童使用（长短）。

（3）教动作时，先让儿童学会徒手动作，熟悉毛毛球的特性，再逐节掌握动作，最后连接整套动作。

（4）待儿童动作全部掌握后，再运用毛毛球，配合音乐进行完整动作练习。

易犯错误：

基本动作较差，做动作很吃力，让儿童没兴趣。

儿童对动作不熟，造成整套动作的混乱。

儿童对毛毛球的性能不熟，掌握和控制球的动作很困难。

纠正方法：

教师先教儿童一些有关操的基本动作。细心教会儿童每一节动作，熟练后进行成套动作的徒手练习，待动作熟练后再进行持球配音乐的练习。

教师多让儿童手持毛毛球做基本动作练习，一方面激发儿童的学习兴趣，另一方面培养他们的控制能力。

音乐选择：

毛毛球操应选择节奏鲜明、欢快流畅的音乐伴随，但整套音乐速度不宜过快，要根据儿童的年龄特点来确定音乐的速度。

(十三) 评价

儿童操的评价不能像对中学生或大学生那样进行评价，这里的评价应是以鼓励的方式，激发儿童积极参与毛毛球操活动的兴趣，培养儿童热爱体育，养成良好的体育健身习惯和良好的性格，发展儿童思维能力、想象力、模仿力以及同伴合作的能力。为此，表7-1是给教师在毛毛球操的活动中对儿童进行参考性的评价标准。

表7-1 毛毛球操学习评价表

标准＼内容	积极性	心理表现	合作情况
很好	能积极热情参与到毛毛球活动操中，热爱体育活动，并能积极表现自己	性格开朗、活泼好动、喜欢表现、想象力丰富、思维开阔	愿意与同伴合作，有自己的鉴赏力，能很好地配合老师和伙伴，完成做操任务
好	愿意参加毛毛球操的活动，在老师的启发帮助下愿意表现自己	通过练习性格改变了许多，愿意表现自己	毛毛球操的活动给自己创造了合作的机会，能同小朋友们一起学习
有进步	通过学习，在各个方面都有了一定的进步，能参加活动	通过学习，心理素质有所提高，特别是外在的表现	通过学习，愿意和他人合作并能接受他人的意见
一般	在帮助下能参与活动	学习后心理表现不明显	在启发教育下能与伙伴一起活动

思考题

1. 通过学习中国共产党第二十次全国代表大会代表钟华燕老师的故事，谈谈如何成为一名"学高为师，身正为范"的优秀教师。

2. 请同学们参照健美操动作学习评价表，对自己的表现进行自我评价（见表7-2）：

表7-2 健美操动作学习评价表

标准＼内容	学习方法	动作表现	音乐节奏
优	学习很努力，有很好的学习方法，能主动帮助同学共同进步，并能进行评价	有强烈的表现欲望，能表现出自己的风格与特点，有良好的心理素质	对音乐的接受力很强，动作与音乐能协调地配合，表现出动作与音乐的美

续表

标准＼内容	学习方法	动作表现	音乐节奏
良	对健美操学习产生了兴趣，并愿意同大家一起学习和掌握，有自己的见解	有一定的表现力，愿意在同学们面前表现自己，并能鼓动别人一起参与	有一定的音乐节奏感，能在音乐的伴奏下与动作自如地配合完成
及格	有参与学习的欲望，但不能自觉地完成任务，缺乏学习方法的研究	因性格的原因，自己不敢表现，没有自信，但在同学们的鼓励下能够完成	在同学们的帮助提示下，能在音乐的配合中完成组合动作，但不能独立完成
不及格	对学习健美操没有多大的兴趣，学习方法不当，感到学习吃力	动作不协调，上下肢无法配合，心理素质差，导致组合动作无法完成	音乐节奏感差，只能在同学或是教师的提示下做单个动作，无法与音乐配合

第八章 武 术

> **思政目标**
>
> 通过传统体育武术的学习,增强学生的民族自信心和自豪感。了解中国共产党第二十次全国代表大会代表、冬奥会冠军徐梦桃追求梦想、力拼冠军的故事,培养学生遇到挫折不言放弃、努力拼搏的精神。

中华武术,源远流长,是我国特有的民族文化遗产,也是内容极为丰富的一种多形式的体育运动。它具有健身效果好,适应面广的特点;其动作富有高度的技击性和艺术性,为我国广大群众和青少年所喜爱。

师范专业武术教学的任务,是使学生初步掌握武术的基本动作,并在此基础上学习儿童武术操,为学生自身锻炼和将来进行武术教学奠定基础。通过武术教学进一步提高学生对武术的认识和兴趣,从而增强民族自尊心和自豪感。

第一节 武术概述

一、武术概念

武术概念,是人们认识研究武术的基本依据。在漫长的历史进程中,不同的时期对武术概念的表达不尽相同,它的内涵和外延是随着社会历史的发展和武术本身的发展而发展变化的。

从历史上看,有不少归属武术类的名称,春秋战国时称"技击"(士兵技巧一类);汉代出现了"武艺"一词,并沿用至明末;清初又借用南朝《文选》中"偃闭武术"

（当时泛指军事）的"武术"一词；民国时称"国术"；新中国成立后仍沿用"武术"一词。

随着历史的变迁，专用武术器械的生产及拳械套路的大量出现，对抗性项目、武术竞赛规则的制定，武术已演化成为体育运动项目之一。武术的体育化使其内容、形式及训练手段等都发生了很大变化，反映事物本质属性的概念也在不断变化。发展到今天，武术的基本定义可概括为：武术是以技击为主要内容，以套路和搏斗的运动形式注重内外兼修的中国传统体育项目。

从这一定义出发来认识武术，首先，武术属于中国传统的技击术。它是以踢、打、摔、拿、击、刺等技击动作为主要内容，通过徒手或借助于器械的身体运动表现攻防格斗的能力。无论是对抗性的搏斗运动，还是势势相承的套路运动，都是以中国传统的技击方法为核心的。就人类的社会生活来说，技击术不可能是中国独有的。比较世界各地的技击术，武术在技击方法上更为丰富（诸如快摔法、擒拿法等）；在运动形式上，既有套路的，也有散手的，既是结合的，又是分离的，这种发展模式，也迥然有别于世界上其他技击术；在演练方法上注重内外兼修，演练风格上要求神形兼备，无不反映了中国传统的技击术的运动特点。

其次，武术是体育项目，它明显区别于使人致伤致残的实用技击技术。套路运动中尽管包含丰富的技击方法，但其宗旨是通过演练以提高人的身体素质和攻防能力，进行功力与技巧上的较量，在技术要求上与实用技术有一定的区别，散手运动的技术固然更接近于实用技术，但由于受竞赛规则的规定，亦将其限制在体育竞技运动之内。总之，武术具有明确的体育属性，体育是当今武术的主要社会哲学、中医学、伦理学、兵学、美学、气功等多种传统文化思想和文化观念，注重内外兼修，诸如整体观、阴阳变化观、形神论、气论、动静说、刚柔说等等，逐步形成了独具民族风貌的武术文化体系。它内涵丰富，寓意深远，既具备了人类体育运动强身健体的共同特征，又具有东方文明所特有的哲理性、科学性和艺术性，较集中地体现了中国人民在体育领域中的智慧结晶。它从一个侧面反映了东方的民族文化光彩。因此，从广义上认识，武术不仅是一个运动项目，而且是一项民族体育，是中国人民长期积累起来的一宗宝贵文化遗产。

二、武术的特点

（一）寓技击于体育之中

武术最初作为军事训练手段，与古代军事斗争紧密相连，其技击的特性是显而易见的。在实用中，其目的在于限制对方，它常常以最有效的技击方法，迫使对方失去反抗能力。这些技击术至今仍在军队、公安中被采用。武术作为体育运动，技术上仍不失为攻防技击的特性，而是将技击寓于搏斗与套路运动之中，搏斗运动集中体现了武术攻防格斗的特点，在技术上与实用技击基本上是一致的，但是从体育观念出发，它受到竞赛规则的制约，以不伤害对方为原则。如在散手中对武术的有些传统实用技击方法作了限制，而且严格规定了击打部位和保护护具，短兵中使用的器具也作了相应的变化，而推手则是在特殊技术规定下进行竞技对抗的。因此，可以说武术的搏斗运动具有很强的攻防技击性，但又与实用技击有所区别。

（二）内外合一，形神兼备的民族风格

既讲究形体规范，又追求精神传意。内外合一的整体观，是中国武术的一大特色。所谓内，指心、神、意等心志活动和气的总运行；所谓外，即手眼身步等形体活动。内与外、形与神是相互联系统一的整体。

武术"内外合一，形神兼备"的特点主要通过武术功法和技法来体现。"内练精气神，外练筋骨皮"是各家各派练功的准则，如，太极拳主张身心合修，要求"以心行气，以气运身"。形意拳讲究"内三合，外三合"，少林拳也要求精、力、气、骨、神内外兼修。此外武术套路在技术上往往要求把内在精气神与外部形体动作紧密相合，完整一气，做到"心动形随""形断意连""势断气连"。以"手眼身法步，精神气力功"八法的变化来锻炼身心。这一特点反映了中国武术作为一种文化形式在长期的历史演进中倍受中国古代哲学、医学、美学等方面的渗透和影响，形成了独具民族风格的练功方法和运动形式。

（三）广泛的适应性

武术的练习形式、内容丰富多样，有竞技对抗性的散手、推手、短兵，有适合演练的各种拳术、器械和对练，还有与其相适应的各种练功方法。不同的拳种和器械有不同的动作结构、技术要求、运动风格和运动量，分别适应人们不同年龄、性别、体质的需求，人们可以根据自己的条件和兴趣爱好进行选择练习，同时它对场地、器材的要求较低，俗称"拳打卧牛之地"，练习者可以根据场地的大小变化选择练习内容和方式，即使一时没有器械也可以徒手练习。一般来说，受时间、季节限制也很小。较之其他许多体育运动项目，它具有更为广泛的适应性。武术能在广大民间历久不衰，与这一特点不无关系。利用这一特点，武术可为现代群众性体育活动提供方便，使武术进一步社会化。

三、武术对儿童的作用

近年来，儿童教育领域中，武术已经走入幼儿园、小学课程，也将成为儿童教育中一个探索不懈的重要内容。在体育活动中，武术的丰富性、多样性、系统性则为幼儿园体育活动的内容和形式的丰富增添光彩。武术运动项目具有持久性和民族代表性。作为武术特

色,由幼儿园、小学组织编排的武术表演节目可以成为各幼儿园、学校之间良好的沟通桥梁,使学校自身优势和成绩得到更好的展示。儿童武术有以下的作用。

第一,增强体质,促进生长发育。武术套路运动的动作包含屈伸、平衡等,人体各部位器官和神经都要参与运动。科学地进行武术训练,不但能使人体在速度、力量、耐力、柔韧性、灵活性等身体素质方面得到很大提高,而且还能调节身体内环境的平衡,调养气血,改善人体机能,提高机体抵抗力和免疫力,预防幼儿容易形成的含胸、弓背等不良身体姿态。因此武术运动能使人的身心得到全面锻炼和发展。

第二,锻炼意志,培养道德情操。练武对意志品质的考验是多面的,可使幼儿从小养成独立自主的生活习惯,树立远大的理想,培养刻苦耐劳,永不自满的品质;遇到困难,克服消极逃避心理,锻炼勇敢无畏、坚韧不屈的意志品质;还可以培养幼儿勤奋、刻苦、果断、顽强、虚心好学、勇于进取的良好生活习性和品德。

第三,交流技艺,增进友谊。武术运动蕴涵丰富,技理相通,入门之后会有艺无止境之感。幼儿武术活动,便成为他们交流思想,增进友谊的良好手段。有些时候,幼儿的胆怯和好动等不良心理因素,通过良好的武术训练和武德教育,使他们克服胆怯的心理,改变日常生活中存在的一些弊端,有利于他们以后的学习和生活。

第四,观赏竞技,丰富文化生活。武术具有很高的观赏价值。无论是表演还是比赛,历来为人们喜闻乐见。当今,在很多娱乐场所,往往可以看到一些精彩武术表演。南拳北腿、刀光剑影,往往可以给儿童一种紧张、赏心悦目、新颖独特的感受,丰富他们的文化生活。

第五,培养幼儿良好心理品质。

当今学前武术教育,改变了传统武术练习中的严肃、古板、枯燥、大负荷量以及不科学的练习方式方法,如今的授课方式大多采用游戏、录像、图片、音乐等科学的童趣教学模式,活动过程的游戏化、科学化,使孩子们在轻松愉快的练习中不仅可以学到武术中技能技巧,还可以培养其豁达、开朗、积极向上的良好心理素质。

告诉你

追求梦想、力拼冠军——徐梦桃

徐梦桃,中国共产党第二十次全国代表大会代表。徐梦桃是一名滑雪运动员,二十年日复一日高强度训练,坚持用最难动作向金牌冲刺,最终成就北京冬奥会上的惊人瞬间,为中国女队实现了该项目冬奥会金牌的"零突破"。

作为一名运动员,她从不言放弃。温哥华冬奥会获得第六名,之后索契冬奥会遗憾摘银。平昌冬奥会夺金大热门的她,在巨大压力下出现失误,仅排名第九,再次与金牌失之交臂。可徐梦桃始终没有放弃，"国家是我们最坚强的后盾。为国争光、为国建功始终是我最强大的动力"。

徐梦桃一路努力前行，也落下了浑身伤病：左腿前十字交叉韧带断裂、左膝内侧60%的半月板被切除……双腿清晰可见的疤痕，见证着她一次次从挫折中爬起来。苦心人天不负，四战冬奥会的徐梦桃终于站上了金牌的领奖台。北京冬奥会后，她发布了个人首支单曲《我是第一》。徐梦桃说："歌词传递了正能量，我希望借着这股拼搏的精气神，感染与我一样有过低谷、迷茫、失败，但仍选择坚持到最后并走向胜利的这些人。"

作者自编

第二节　武术基本动作

一、基本手型

1. 拳

四指并拢握拳，拇指屈压于食指和中指的中节上。拳握紧、拳面平、腕要直，如图8-1所示。

2. 掌

四指并拢伸直，向后伸张，拇指第一关节弯曲紧扣于虎口处，如图8-2所示。

3. 勾

五指捏拢、屈腕，如图8-3所示。

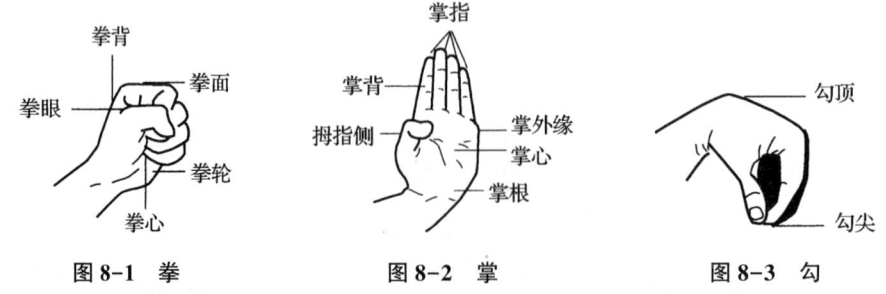

图8-1　拳　　　　图8-2　掌　　　　图8-3　勾

二、基本手法

1. 冲拳

预备姿势：两脚开立，与肩同宽。两手握拳抱贴于腰侧，拳心向上，肘尖向后，目视前方。

动作：一臂从腰侧向前快速冲出，拧腰顺肩，当肘关节冲过腰时，前臂迅速内旋。同时，异侧肘后引，挺胸、立腰，目视前方。冲拳时，肩肘放松，拳走直线，力达拳面，如图8-4所示。

冲拳　　　架拳　　　推掌　　　亮掌

图 8-4　基本手法

2. 架拳

预备姿势：同冲拳。

动作：右（左）拳向左（右）下、向上经头前向右（左）上方划弧，小臂急速内旋，在头右（左）上方架起，拳眼向下，同时向左（右）甩头，目视左（右）方。架拳时，肘微屈使臂略成弧形，力达小臂尺骨外侧，如图8-4所示。

3. 推掌

预备姿势：同冲拳。

动作：右（左）拳变掌，从腰侧向前快速推出，当肘过腰时，前臂内旋，沉腕，挑指成立掌，臂伸直掌根高于肩。成侧立掌时，手腕后屈并向拇指一侧旋转，使小指，侧向前，目视前方。推掌时，掌走直线要有爆发力，力达掌根。拧腰、顺肩、旋臂、沉腕要协调一致，如图8-4所示。

4. 亮掌

预备姿势：同冲拳。

动作：一拳变掌，经体侧向上划弧，掌过肩后臂内旋、抖腕、亮掌。臂略成弧形，掌心向上。眼随掌动，亮拳时，稍向异侧转体、甩头，目视远方，如图8-4所示。

三、步型

1. 弓步

两脚前后开立,后脚尖与前脚跟的距离约为脚长的3～4倍。前腿屈膝半蹲,大腿略高于水平,脚尖稍内扣,膝盖向前与脚尖垂直;后腿膝伸直,脚尖内扣,斜向前方。两脚全脚掌着地,前脚跟与后脚跟内侧横向距离约为5～10厘米。两手握拳抱贴于腰侧,拳心向上,目视前方,如图8-5所示。

图8-5 步型

2. 马步

两脚左右开立,脚内侧距离约为脚长的3～3.5倍,脚尖正对前方,屈膝、屈髋成半蹲,挺胸立腰,脚跟外撑。膝向前不超过脚尖,大腿略高于水平。全脚掌着地,重心落于两脚中间,目视前方,如图8-5所示。

3. 仆步

两脚左右开立,一腿屈膝全蹲,臀部接近小腿,脚尖和膝关节外展30°～45°。另一腿侧伸平仆接近地面,脚尖内扣。两腿全掌着地,上体稍前倾,向仆方向微转头,目视远方。仆左腿为左仆步,仆右腿为右仆步,如图8-5所示。

4. 虚步

两脚前后开立,重心落在后腿上,脚尖外展。前脚脚面绷直虚点地,挺胸立腰,目视前方,如图8-5所示。

5. 歇步

两脚交叉站立,屈膝全蹲。前脚全脚掌着地,脚尖外展;后脚脚掌着地,两腿靠拢贴紧,臀部坐于后小腿接近脚跟处,挺胸、塌腰、坐稳。左脚在前称左歇步,右脚在前称右歇步。左歇步时目视左前方,右歇步时目视右前方,如图8-5所示。

四、腿法

1. 弹腿

预备姿势:同冲拳。

动作：一腿屈膝提起，大腿与腰平，脚面绷直。摆膝接近水平时，迅速猛力挺膝，向前平踢（弹击），力达脚尖，大小腿成一直线。另一腿伸直或微屈支撑，目视前方弹腿时，挺胸立腰，弹击要有寸劲。

2. 蹬腿

预备姿势：同冲拳。

动作：同弹腿，唯脚尖勾起，力达脚跟。

3. 踹腿

预备姿势：同冲拳。

动作：一腿经前向侧交叉迈步，挺膝支撑；另一腿屈膝提起，脚内扣，脚跟用力向侧上方踹出；上体向支撑腿一侧倾倒，目视踹出方向。踹腿时，挺膝开胯，脚外侧朝上，力达脚跟。侧踹腿也可下踹。

五、五步拳

五步拳是学习武术入门之基本拳术组合，因包含了武术中最基本的五种步型（弓、马、仆、虚、歇）和三种手型（拳、掌、勾），结合搂手、冲拳、按掌、穿掌、挑掌、架打、盖打等手法进行的组合练习，故简称五步拳。练习五步拳可以增进身体的协调能力，掌握动作与动作之间的衔接要领，提高动作质量。

预备姿势：并步抱拳。（见图8-6）

图 8-6 预备

动作说明如下。

1. 弓步冲拳

成左弓步，左手向左平搂收回腰间抱拳；冲右拳。目视前方。（见图8-7）

2. 弹腿冲拳

重心前移，右腿向前弹踢，同时冲左拳，收右拳。目视前方。（见图8-8）

3. 马步架打

右脚落地，向左转体90°，下蹲成马步，同时左拳变掌，屈臂上架，冲右拳；目视右方。（见图8-9）

图 8-7　弓步冲拳　　　　图 8-8　弹踢冲拳　　　　图 8-9　马步架打

4. 歇步盖冲拳

左脚向右脚后插一步，同时右拳变掌向左下盖，掌外沿向前，身体左转 90°，收左拳；目视右掌（见图 8-10）；上动不停，两腿屈膝下蹲成歇步，同时冲左拳，收右拳；目视左拳（见图 8-11）。

5. 提膝仆步穿掌

两腿起立，身体左转。随即左拳变掌，顺势收至右腋下；右拳变掌，由左手背上穿出，手心向上。同时左腿屈膝提起，目视右手。（图 8-12）上动不停，左脚落地成仆步；左手掌指朝前，沿左腿内侧穿至左脚面。目视左掌。（图 8-13）

图 8-10　歇步盖冲拳 1　　图 8-11　歇步盖冲拳 2　　图 8-12　提膝　　图 8-13　仆步穿掌

6. 虚步挑掌

左腿屈膝前弓，右脚前上成右虚步。同时左手向后划弧成勾手，右手顺右腿外侧向上挑掌。目视前方。（图 8-14）

7. 并步抱拳

左脚向右脚靠拢成并步，同时左钩手和右掌变拳，回收抱于腰间。目视前方。（图 8-15）

图 8-14　虚步挑掌　　　　图 8-15　并步抱拳

第三节　儿童武术操范例

儿童武术在幼儿园、小学是一个起步阶段，教育活动主要有武术操教学、武术课、武术兴趣班等。教学内容主要进行武术操、基本步型腿法、手型手法以及游戏性模仿练习。在本节介绍几套幼儿武术操范例，供同学们学习。

范例一　儿童武术操

第一节　冲拳—亮拳—勾手（2×8 拍）（见图 8-16）。

图 8-16　儿童武术操第一节

预备姿势：并步直立抱拳。
（1）两拳向前平直冲出成平拳（拳心向下），目视前方。
（2）还原成预备姿势。
（3）两拳同时向左右平直冲出成平拳，目视前方。
（4）还原成预备姿势。

（5）两拳变掌，两臂体前交叉（左掌在外），掌心向内。

（6）两臂向下经体侧抡摆至上举部位，抖腕亮掌，仰头，目视指尖。

（7）两臂同时下摆至侧平上举部位，两掌变勾，目视前方。

（8）还原成预备姿势。

第二个八拍动作同上。

第二节 踢腿冲拳—架拳侧踹（2×8拍）（见图8-17）。

图8-17 儿童武术操第二节

（1）右脚后撤一步成左弓步，右拳同时向前冲出成平拳，目视前方。

（2）右腿向前下蹬出，同时左拳向前冲出成平拳，右拳收回腰间成抱拳。

（3）同（1）。

（4）还原成预备姿势。

（5）重心右移，左腿向左下方踹出，右臂上架成架拳，目视左前方。

（6）还原成预备姿势。

（7）同（5），唯方向相反。

（8）还原成预备姿势。

第二个八拍动作同上，唯方向相反。

第三节 马步双劈腿—拗弓步冲拳—马步上架冲拳（2×8拍）（见图8-18）。

图8-18 儿童武术操第三节

预备姿势：并步直立抱拳。

（1）左脚向左跨出一步，两臂同时经腹前交叉（左拳在外，拳心均向内）经上、向外抡臂成侧劈拳，拳心向上；同时两腿屈曲成马步，目视前方。

（2）向左转体 90° 成左弓步，同时左拳收回腰侧，右拳经右腰侧向前冲出成平拳。

（3）向右转体 90° 成马步，同时左拳向左侧冲出成平拳，右臂上架成架拳，目视前方。

（4）还原成预备姿势。

（5）—（8）同（1）—（4），唯方向相反。

第二个八拍动作同上。

第四节 并步直立侧冲拳—弓步撩掌—高虚步亮掌（2×8 拍）（见图 8-19）。

图 8-19　儿童武术操第四节

预备姿势：并步直立抱拳。

（1）右拳向右侧冲出成平拳。

（2）左脚左跨出一步成左弓步，同时向左转体，右拳变掌直臂经下向前方撩出，掌心向前上。左拳变掌，并于左膝前上方拍击右臂内侧，目视右掌。

（3）向右转体 90° 重心移至右腿，左腿收回，前伸脚尖点地成高虚步，同时右臂经下向右抡摆至上举，抖腕亮掌，左臂伸直上摆至侧平举，抖腕亮掌，目视左前方。

（4）还原成预备姿势。

（5）—（8）同（1）—（4），唯方向相反。

第二个八拍动作同上。

第五节 亮掌—俯身按掌—侧弓步冲拳（2×8 拍）（见图 8-20）。

预备姿势：并步直立抱拳。

（1）两拳变掌，两臂在腹前伸直交叉（左臂在外），两臂同时向下经过两侧抡摆至上举，抖腕亮掌，仰头目视手指。

（2）两臂屈肘，两掌经体前垂直下按，同时上体前俯。

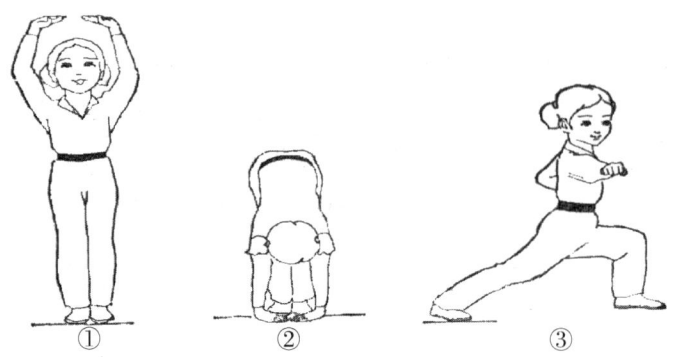

图 8-20　儿童武术操第五节

（3）上体直立，两掌变拳收回两腰侧，左脚向左侧出跨一步成左侧弓步，同时拧腰顺肩，右拳向前冲出成平拳。

（4）还原成预备姿势。

（5）—（8）同（1）—（4），唯方向相反。

第二个八拍动作同上。

第六节　砸拳震脚—弓步双推掌—仆步按掌（2×8 拍）（图 8-21）。

图 8-21　儿童武术操第六节

预备姿势：并步直立抱拳。

（1）左拳变掌，掌心向上置于腹前；右拳上举至头上方。左腿屈膝，右脚震脚，同时以右拳背砸击左掌作响，两腿屈膝成半蹲，上体稍前倾。

（2）两腿蹬伸跳起，向左转体 45°，两腿前后分开落地成左弓步，同时两掌向前推出成推掌（掌心朝前）。

（3）左腿伸直，脚尖内扣；右腿弯曲脚尖外展，身体重心右移成右仆步，同时左腕伸直，外旋掌心向上，屈小臂翻掌，经体前下按；右掌向下经右向上抢摆，上体顺势向右转体约 90°，眼随右掌转动，右臂摆至头右上方时，掌变拳同时头迅速左转，目视左方。

（4）还原成预备姿势。

（5）—（8）同（1）—（4），唯方向相反。

第二个八拍动作同上。

第七节 击掌上跳—撩踢拍脚（2×8拍）（图8-22）。

图8-22 儿童武术操第七节

预备姿势：并步直立抱拳。

（1）两腿蹬伸向上跳起，两拳变掌胸前击响，落地。

（2）双腿跳起，左脚向右后撩踢，右手拍击左脚底（或左脚内侧）作响，左手自然向左上方摆起。

（3）同（1）。

（4）同（2），唯方向相反。

（5）—（8）原地踏步，两掌交替在上于胸前拍响，头向两侧自然摆动。

第二个八拍动作同上。

范例二 儿童武术操《精忠报国》

前奏：3×8立正；4×8左脚侧出，两脚开立；两手背后，小臂重叠，手握肘关节；头左转。

最后四拍（5—8）头转回正前方。

词：狼烟起，江山北望。

1—2 收左脚，并立。两手抱拳行礼。

3—4 两手抱拳于腰间。

5—6 两臂由侧向前平冲拳。

7—8 7 两臂胸前屈，小臂上举，手握拳。8 两臂侧冲拳（侧平举）。

词：龙旗卷，马长嘶，剑气如霜。

1—2 两臂胸前交叉，手握拳。

3—4 出左脚成马步，两手腰间抱拳。

5 身体左转成左弓步，左手上伸成掌，掌心朝前。右手腰间抱拳。

6 右臂前下伸，手成掌，掌背向前。低头。

7—8 头右转，看向前方。

词：心似黄河水茫茫。

1-2 左手向下砍至前举，掌外沿向下。右臂收于腰间抱拳。

3—4 上体右转90°，面向前。左手收于腰间抱拳，右臂前推掌。

5—8 两腿右转成开立，左手不变，右掌由下经侧摆至头上亮掌，眼随手走。

词：二十年纵横间谁能相抗。

1—2 头右转90°，下肢成右弓步。左臂不变，右臂由上向侧成侧平举，手成拳，拳眼向上。

3—4 右弓步，左臂侧平举，手成掌，掌心向下。右臂前屈，大小臂成90°，手成拳，头左转。

5—8 右腿屈，跪地。左腿大小腿成90°。左掌经侧上挡，掌心向上。右手前推掌，眼向前看。

词：恨欲狂，长刀所向。

1—2 起立，两腿开立，两手抱拳于腰间。

3—4 左手前推掌，其他动作不变，口呼"哈"。

5—6 左掌向侧砍，掌背向上，力达掌外沿，头向左看，口呼"哈"。

7—8 左臂向上摆至头上亮掌，头转向正前，口呼"哈"。

词：多少手足忠魂埋骨他乡。

1—2 两腿开立，两手抱拳于腰间。

3—4 右手前推掌，其他动作不变，口呼"哈"。

5—6 右掌向侧砍，掌背向上，力达掌外沿，头向左看，口呼"哈"。

7—8 右臂向上摆至头上亮掌，头转向正前，口呼"哈"。

词：何惜百死报家国。

1—2 两脚开立，两手腰间抱拳。

3—4 两拳上举，头上交叉，拳心向前。

5—8 左脚侧出成马步，两拳由上举至侧平举。

词：忍叹息，更无语，血泪满眶。

1—4 两脚开立，两手胸前交叉，手成掌，掌外沿向前。

5—8 收左脚，两脚并立。两臂由下向侧向上摆，左手至头上亮掌，右手至侧平举立掌。

间奏 空4拍。

词：马蹄南去，人北望。

1—2 出左脚，两脚开立。左臂由上至侧平举，掌心向上；右手收回腰间抱拳。头左转。

3—4 出右手，至侧平举，掌心向上。头右侧转，眼看手。

5—8 身体左转，收右脚并左脚（跺并）。右臂经侧击至左掌内侧，两臂立掌交叉。

词：人北望，草青黄，尘飞扬。

1—2 两脚开立，两手抱拳于腰间。

3—4 两臂前冲拳，口呼"哈"

5—6 两臂上推掌，掌心向上，口呼"哈"

7—8 两臂侧平举，手成勾，口呼"哈"

词：我愿守土复开疆。

1—2 身体左转90°成左弓步，右臂由下经上摆至前平举，手成掌。左臂胸前平屈，立掌。

3—4 身体右转90°成马步，右臂经上至侧上举，手成勾。

5—8 左脚并右脚，直立。左臂经下摆至侧下举，立掌。

词：堂堂中国要让四方来贺。

1—2 两手立掌，胸前交叉。

3-8 两手经体侧向下、向前摆至前平举，手成掌，掌心向上。

来——右脚向右后方退一步，身体右转，右臂抱拳于腰间，左臂胸前平屈，立掌。

贺——左脚靠右脚有力，右臂上举成掌，掌心向前。左臂收于腰间抱拳，头左转，眼看前方。

间奏（2×8）。

第一个八拍

1—2 出左脚，两脚开立，两臂侧平举，两手成掌，掌心向上。

3—4 两手头上击掌，掌心相对。

5—8 两手合掌收于胸前。

第二个八拍

1—4 两手合掌收于胸前。

5—8 两臂向侧摆成侧平举，两手成拳。

接——狼烟起，重复至来——贺——。

重复马蹄南去。

来——身体右转，右脚后侧一步，两手头上击掌。

贺——身体转正，成左虚步。左臂前平举，掌心向上；右臂侧上举，掌心向前，头向前看。

思考题

1. 通过中国共产党第二十次全国代表大会代表、冬奥会冠军徐梦桃的故事，谈谈在遇到挫折时对你的启迪，以及在面对挫折时该如何应对。

2. 传统体育武术对儿童的作用有哪些？

职业发展编

> 广泛开展全民健身活动，加强青少年体育工作，促进群众体育和竞技体育全面发展，加快建设体育强国。
>
> ——中国共产党第二十次全国代表大会报告

第九章 体 操

　　学习体操基本知识和技能，引导学生形成良好的身体姿态。通过奥运会冠军邹敬园的故事的宣讲，突出课堂育德、典型树德、规则立德，培养学生守纪律听指挥、协同一致的集体主义品质和爱国守法、规范从教、精益求精的职业道德。

　　体操是指通过徒手、持轻器械或在器械上按规定完成的具有一定艺术性的身体操练。它是实现学校体育目的任务的重要手段之一，也是我国体育运动的主要项目和学校体育的重要内容之一。特别是在学前教育专业体育教学中，体操教学则具有更为重要的地位。体操教学，不仅能全面地锻炼学生身体，促进身体更好地生长发育，提高速度、力量、柔韧性、灵敏性等身体素质，有效地增强学生体质，培养勇敢、顽强的意志，而且对培养学前教育专业学生职前体育技能具有重要的意义。

第一节　体操基本知识

　　体操运动是一项古老的运动项目，它随着社会的发展、科学的进步和人类认识的不断深化，借助于生产劳动、军事活动、日常生活中的动作和教育手段等逐步发展起来的。"体操"一词来源于希腊语 Gymnastike，即赤膊的意思，相传古希腊人多赤膊锻炼和参加运动比赛。公元前 5 世纪，希腊人把锻炼身体的一切活动，诸如走、跑、跳、投掷、攀登、摔跤、舞蹈、骑马和军事游戏等，统称为体操。这个概念一直沿用了许多世纪。到了 19 世纪末 20 世纪初，由于各项体育运动的发展，"体育"则成为以身体活动为手段的教育，它与"体操"并存，混用了较长的一段时间。直到 20 世纪 50 年代，体操运动作为一个完整独立的体系出现。

一、体操的内容

现代体操的内容丰富多彩,练习形式多种多样。由于完成动作的形式、方法和对人体的主要作用不同,一般包括下列内容:

(一) 队列队形练习

队列队形练习包括队列练习和队形练习。其主要功能是使人体体态端正、动作准确、反应迅速、姿势优美,并能培养练习者高度的组织纪律性和集体主义精神。

(二) 徒手体操

徒手体操是指以徒手形式进行的身体操练。包括身体各个环节、各种类型的单个和成套动作。其主要功能是培养人体的正确姿势,促进身体的正常发育,提高人体的机能水平和身体素质。如:广播体操、拍手操等。

(三) 轻器械体操

轻器械体操是指手持某种轻器械进行的身体操练。一般包括体操棍、实心球、跳绳、木哑铃和沙袋等。各种器械都有自身的特点,其功能也各不相同。例如,利用跳绳做各种跳跃练习,可增强腿部力量,提高协调、灵敏、速度和力量等身体素质。

(四) 专门器械体操

专门器械体操是指在某些专门器械上进行的身体操练。一般包括平衡木、爬绳、爬竿和体操凳等。各项专门器械都有自身的特点,其功能也各不相同。例如,经常练习爬绳,可有效地提高力量、协调等身体素质。

(五) 器械体操

器械体操是指在特定器械上进行的身体操练,包括在鞍马、吊环、双杠、单杠、高低杠和平衡木等器械上进行的各种不同难度的练习。其主要功能是提高人体的各项素质和中枢神经系统的灵活性,培养人的勇敢、顽强、果断等良好品质。它们属于竞技体操项目。

(六) 自由体操

自由体操是竞技体操项目之一。包括徒手体操、技巧运动中的翻腾动作、舞蹈、各种转体、跳跃、平衡和用力等动作。其主要功能是发展各种身体素质,培养正确的身体姿势和动作节奏感,提高艺术修养。

(七) 跳跃

跳跃是指下肢(和上肢)用力使身体腾空的各种练习。包括一般跳跃和支撑跳跃。其主要功能是增强弹跳力,发展协调性,提高心血管系统和呼吸系统的机能,培养勇敢、果断等良好品质。支撑跳跃是竞技体操项目之一。

（八）技巧运动

技巧运动通常称为"翻跟头"。包括滚动、滚翻、手翻、空翻和各种抛接、平衡等动作。其主要功能是提高前庭器官的机能和灵敏、协调、力量、速度等身体素质。

（九）艺术体操

艺术体操是指在音乐伴奏下进行的有节奏的身体练习和持绳、圈、球、棒、带等轻器械练习。其主要功能是发展柔韧、协调、灵敏和速度等身体素质，锻炼健美体态，培养节奏感和韵律感，提高艺术修养。目前是女子特有的项目。

（十）运动辅助体操

运动辅助体操是指根据某运动项目的特点和练习者个人的具体情况，以及所要达到的要求而选编的一种专门性的身体操练。内容包括徒手体操、各种器具和器械体操。其主要功能是改善人体机能，增强身体素质，改进运动技术，提高运动成绩。

（十一）实用性体操

实用性体操是指根据生产建设或军事的实用技能而选用的身体操练。内容包括攀登、钻爬和搬运等。其主要功能是增强体质，锻炼意志，学习和掌握一定的实用技能。

（十二）生产体操

生产体操是指根据劳动者的生产条件和劳动特点编排的徒手或持一定器械的身体操练。内容包括工前操、工间操和工后操等。其主要功能是促使身体机能适应劳动的需要，提高劳动效率，消除或减轻因局部劳动而引起的疲劳，预防职业病。

（十三）医疗体操

医疗体操是指根据伤病和保健的需要，配合各种医疗措施，选用徒手或各种特殊器械进行身体操练。其主要功能是使身体局部或整体的机能得到改善，治疗创伤、疾病，并起保健作用。

（十四）健美体操

健美体操是指为了健身与健美，在现代音乐伴奏下，针对发展身体各部位的要求而进行的有韵律的身体操练。内容包括各种舞蹈、艺术体操和基本体操中节奏感强、有力度的动作。其主要功能是增进身体健康，塑造美的形体，陶冶美的情操。

（十五）团体操

团体操是指有一定主题思想的综合性集体表演形式的身体操练。内容包括徒手体操、轻器械体操、技巧运动、队列队形练习和艺术装饰（组字、图案、造型、音乐、服装、道具、背景）等。其主要功能是进行思想政治教育，培养组织纪律性和集体主义精神，还能给人以美的享受，陶冶人的情操。

二、体操的分类

对上述体操内容，可以根据不同的原则进行不同的分类，如图9-1所示，按身体练习的形式分类，体操可分为徒手体操、持轻器械体操和器械体操等三类。按身体操练所要完成的主要任务分类，体操可分为四类，即以增强体质、促进身体全面发展的基本体操；以挖掘人体潜能、提高竞技能力的竞技性体操；以根据某种需要帮助完成特定任务的辅助性体操；以一定的主题思想进行宣传教育的团体操。

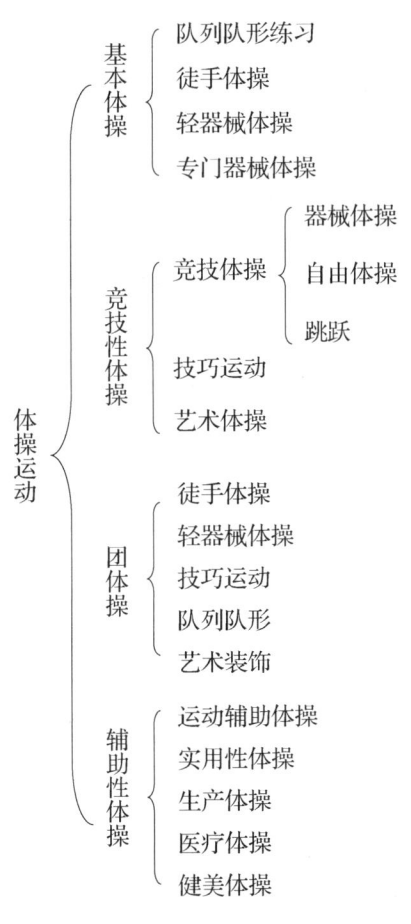

图9-1 体操运动分类

体操运动的任何一种分类，虽然有其各自的规律性，但又不是绝对的，根据学前教育专业体育教学的目的任务和学生特点（多为女学生），选择体操运动中的队列和体操队形、基本体操（徒手体操、持轻器械体操）作为基本教学内容，并适当增加了部分幼儿园基本体操的教学内容。通过教学，学生在掌握体操运动基础知识和提高运动技能的同时，逐步提升其组织、指导幼儿体育活动的能力，以适应未来的职业需要。

"地表最强双杠"——邹敬园

邹敬园，中国共产党第二十次全国代表大会代表。2021年8月3日，东京奥运会男子体操双杠决赛，邹敬园以一套超高难度的动作和完美的表现，获得16.233的高分，摘得该项目金牌。这一天过后，"地表最强双杠"成为了邹敬园的标签。十年间，他实现了在双杠项目上奥运会、世锦赛、世界杯、亚运会、全运会的"大满贯"。

邹敬园3岁时被宜宾业余体校体操教练李小兵一眼相中，开始练习体操，7岁离开家乡四川宜宾，去了成都四川省体校训练。2012年邹敬园进入了国家队，一进门，中国体操队的那面冠军墙把他震住了，当时他就许下了要成为奥运冠军的梦想。国家体操队领队张红亮表示，"可能外界习惯于称邹敬园为天才运动员，但实际上，邹敬园一直是体操馆里对自己要求最高、训练最刻苦的运动员之一。他对每一个动作都精益求精，追求完美和极致。"

体操项目追求"力稳难新美"，不断创新发展也是中国体操的生命力所在。在精益求精的基础上，邹敬园敢想敢干，勇于创新。在2022年世锦赛上，邹敬园在吊环项目上获得自己命名的新动作：倒十字慢落下经倒悬垂慢压上成锐角十字，简称"邹敬园十字"，在吊环项目载入史册。

作者自编

第二节 队列和体操队形

队列和体操队形是指全体学生按照统一的口令，一定的队形，从事协同一致的动作。队列动作是中国人民解放军队列条令的统一规定动作；体操队形是在队列练习的基础上所做的各种队形和图形的变化。队列和体操队形（简称"队列队形"）是学前教育专业体育教学的重要内容，有助于培养学生的组织纪律性和集体观念，有助于学生养成良好的站立、行走的正确姿势和习惯，使其在集体行动中，动作迅速、整齐，服从组织，遵守纪律。队列队形是组织体育教学活动的基本手段，能有效合理地组织学生，调动队伍，有利于完成课堂教学任务，提高教学质量。

另一方面作为未来的幼儿教师,应能组织好幼儿园体育教学和各项体育活动,并能正确运用队列和体操队形的变化来组织好幼儿各项集体活动。学前教育专业学生的队列队形教学具有其自身体育学习和职业训练的双重意义,因此学前教育专业队列队形教材是在复习中学队列和体操队形基本动作的基础上,适当增加了部分幼儿园基本体操的教学内容,结合军训和教学需要,提高动作质量,重点掌握队列练习的正确姿势与体操队形变化的基本方法,有目的、有计划地培养学生初步具有喊口令、指挥调队的能力。

一、队列队形的基本术语

队列队形术语是队列队形的专门用语。正确地运用队列队形术语,不仅有助于理解和掌握队列队形的要领,提高教学与训练效果,而且对普及队列队形知识、进行队列队形指挥、发展和丰富队列队形理论都具有重要的意义。

(1) 列:学生左右并列成一线,叫列。

(2) 路:学生前后重叠成一行,叫路。

(3) 翼:队形的左右端叫翼,左端为左翼,右端为右翼。

(4) 正面:队列中学生所面向的一面,叫正面。

(5) 后面:与正面相反的一面,叫后面。

(6) 间隔:个人与成队彼此之间左右相隔的间隙,叫间隔。

(7) 距离:个人与成队彼此之间前后相距的间隙,叫距离。

(8) 队形:学生共同动作时,所排成的队伍的形式,叫队形。

(9) 队形宽度:两翼之间的横宽,叫队形宽度。

(10) 队形纵深:从第一列(站在最前面的学生)到最后一列(站在最后面的学生)的纵长,叫队形纵深。

(11) 横队:个人或成队左右并列组成的队形,叫横队。在横队中,队形的宽度大于或相等队形的纵深,见图 9-2。

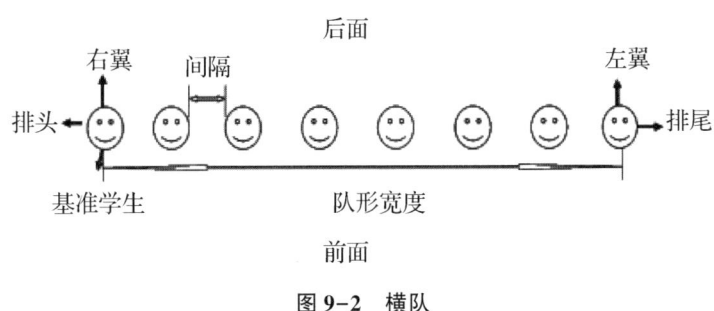

图 9-2 横队

(12) 纵队:个人或成队前后重叠组成的队形,叫纵队。在纵队中,队形的纵深大于或相等队形的宽度，见图 9-3。

（13）方队：横宽和纵深大体相等的队形，叫方队。

（14）基准学生：教师根据需要指定某一学生作为全体学生动作时的目标，该学生即为基准学生。在通常情况下，右翼排头的第一名为基准学生，如需指定其他学生为基准时，则应明确"以××为基准"，或"以左（右）翼为基准"。

（15）排头：位于纵队之首或横队右翼的学生（一个或几个学生），叫排头。

（16）排尾：位于纵队之尾或横队左翼的学生（一个或几个学生），叫排尾。当纵队向后转时，排头变为排尾，排尾变为排头。

（17）伍：二列或二列以上的横队中前后重叠的学生，叫一伍。如果最后一列人数不足时，叫缺伍。向后转时，后面的学生应进到前列补足缺位。前列学生离开队列时，该缺位的位置应由其同伍的同学补进。

图 9-3　纵队

（18）二列队形：一列学生排列在另一列学生的后面，相隔一步或一臂距离，叫二列队形。前列叫第一列，后列叫第二列。队形变换时，各列的名称不变。不足四人的站队，应排成一列。一列和二列队形，各列学生彼此间的间隔约为一拳（两肘之间）。如需扩大间隔时，可按教师规定的间隔离开（如一臂或两臂间隔等）。

（19）步幅：一步的长度（前脚跟至后脚脚尖的距离），叫步幅。齐步走步幅 75 厘米，正步走步幅 75 厘米，跑步走步幅 85 厘米。

（20）步频：每分钟所走的步数，叫步频。齐步走步频 120，正步走步频 116，跑步走步频 180。

二、队列队形指挥基本知识

队列队形指挥是学前教育专业学生必须掌握的一项基本的专业体育技能。队列队形指挥主要通过指挥者发号口令指挥队伍。队列队形口令一般由预令（指示词）和动令（动词）组成。预令是口令的前部分，使学生准备做动作。预令的长短看队伍大小而定，如果人多队伍长时一般拉长预令。动令是口令的后部分，使学生立即行动。动令要短促而有力。有一些口令与众不同，只有动令，如立正、稍息、报数、解散等。行进间口令，除"向左转—走"和"一列横队变二列横队"时动令落在左脚外，其余动令均落在右脚。

第九章 体 操

（一）原地动作

1. 立正

口令："立正!"

动作要领：两脚跟靠拢并齐，两脚尖向外分开约一脚之长；两腿挺直；小腹微收，自然挺胸；上体正直，微向前倾；两肩要平，稍向后张；两臂自然下垂，手指并拢自然微屈（拇指捏与食指的第二节），中指贴于裤缝或大腿外侧；头要正，颈要直，口要闭，下颌微收，两眼向前平视。

幼儿立正的动作要求应与正式队列有所不同，主要应做到：两脚跟靠拢、脚尖分开，上体正直，两臂自然下垂，头要正，眼看前方。小班幼儿立正动作则不要求脚跟靠拢。

教学要求：立正应做到"三直、一挺，三要、有神"。"三直"——两腿挺直，上体正直，颈要直。"一挺"——自然挺胸；"三要"——头要正，肩要平，口要闭；"有神"——眼睛向前平视。

教学方法：

（1）教师示范，并有的放矢地讲解动作要领和教学要求。

（2）在统一指挥下，学生体会动作要领。教师检查学生动作，发现错误及时纠正。

（3）分组练习，互相纠正。

易犯错误和纠正方法：

（1）上体后仰，仰头挺腹。应强调挺胸同时小腹微收，下颌也要微收，两眼平视前方。

（2）扣肩含胸。应强调指出挺胸，两肩后张。

（3）身体左右倾斜。应要求学生两脚跟并拢，两腿挺直，体重平均落在两脚上。

（4）撅臀。应强调挺胸收腹要自然，不要过分用力或太紧张，小腹微收时，髋关节不能弯曲。

2. 稍息

口令："稍息!"

动作要领：左脚顺脚尖方向伸出大半脚，两腿自然伸直，上体保持立正姿势。稍息过久，可自行换脚，但应恢复立正姿势，再换脚。

上体育课，特别是上体操课时，为了让学生两脚平均休息，可按体操稍息的方式稍息，其动作要领：左脚向左侧出一步，与肩同宽，体重平均落在两脚上。左手在体后握右手腕，右手半握拳，挺胸，眼看前方。

幼儿稍息的动作要求：同体操课上学生做练习时的稍息动作。中班幼儿的稍息动作没有出脚方向的限制。小班幼儿的稍息动作只要求两脚侧开立，两臂自然下垂。

教学要求：稍息时，上体应保持立正姿势，精神要集中。

教学方法：

（1）示范讲解后，学生体会动作要领。

（2）与立正动作练习相结合进行分组练习，互相纠正。

（3）教师必须随时注意学生稍息时的动作是否正确，发现错误及时纠正，以养成习惯，形成正确的身体姿势。

3. 看齐

1）向右看齐

口令："向右（左）看——齐！"

动作要领：听到口令后，基准学生不动，其余学生向右（左）转头，眼睛看右（左）邻同学的腮部，并通视全线。后列学生先对正，后看齐。间隔一拳（10厘米），距离一臂（75厘米），身体姿势保持正直，用碎步迅速移动看齐。

2）向中看齐

口令："以××为基准，向中看——齐！"

动作要领：基准学生听到"以××为基准时"右手握拳高举。听到"向中看——齐"后，基准生将手放下，其他学生按照向右（左）看齐的动作要领向中看齐。

3）向前看

口令："向前——看！"

动作要领：听到口令后，基准学生不动，其余学生将头转正，恢复立正姿势。

4）向前看齐（纵队）

口令："向前看——齐"

动作要领：听到口令后，排头不动，其余学生依次看前面学生头后部，对正看齐。

幼儿园向前看齐动作要求：

口令："向前看——齐""两臂放——下"

动作要领：听到口令后，排头不动或两臂侧平举（掌心相对），后面幼儿两臂前平举（掌心相对），同时看前面幼儿头的后部，对正看齐。听到"两臂放——下"的口令后，幼儿将两臂放下。

4. 报数

口令："报数"

动作要领：从右至左依次以短促洪亮的声音转头报数（最后一名不转头），后列最后一名报"满伍"或"缺×伍"。纵队报数时，从前向后报数，按上述报数要领进行。

在体育课中，为了教学的需要，往往用指定数字报数，或几列同时报数。方法同上，但教师应事先说明：如"一至三——报数""各列——报数"等。

教学要求：声音短促洪亮，传递迅速准确。

5. 原地转法

1）向右（左）转

口令："向右（左）——转！"

动作要领：以右（左）脚跟为轴，右（左）脚跟和左（右）脚前脚掌同时用力向右（左）转体90°，体重落在右（左）脚上，左（右）脚靠拢右（左）脚；转体时，两腿挺直，上体保持立正姿势。

2）向后转

口令："向后——转！"

动作要领：按向右转的要领向后转体180°。

半面向右（左）转

口令："半面向右（左）——转！"

动作要领：按向右（左）转的要领转体45°。

教学要求：转动时要做到"三快、一正、一精神"："三快"即两脚转动快、两脚掌着地快、后脚靠拢快；"一正"即转体方向正；"一精神"即转体时上体正直，两腿挺直，节奏分明，靠脚有力，两眼平视前方。

教学方法：

（1）示范、讲解动作要领。

（2）进行分解教学：听到"分解动作，向后转——1"的口令后，按照向后转的动作要领转向后方，不靠脚；听到"2"的口令后，后脚迅速靠拢前脚成立正姿势。

（3）集体练习；分组练习或进行教学比赛。

易犯错误和纠正方法：

（1）后转方向不正。强调指出转动时两脚用力要适当，可在后方选定标记，要求学生转后看目标，进行反复练习。

（2）转动时上体晃动、两臂外张。强调指出转动时两腿要伸直、并拢，上体保持立正姿势。可在分解练习的基础上进行反复纠正。

6. 集合

1）横队集合

口令："成一（二、三……）列横队——集合"

动作要领：教师站在预定队形中央前方，面向站队方向成立正姿势，下达口令。学生听到口令后，跑步面向教师集合。基准生首先跑到教师左前方适当位置成立正姿势，其余学生随基准生依次向左排列，站成指定队形，自行对正、看齐，成立正姿势。

2）纵队集合

口令："成一（二、三……）列纵队——集合"

动作要领：教师动作同横队集合。学生听到口令后，基准生迅速跑到教师正左前方适当位置成立正姿势，其余学生以基准生为准，依次向后重叠站成指定队形。

教学要求：集合动作迅速，整齐、安静、不碰撞。

教学方法：

（1）教师随机改变方向进行反复练习。

（2）通过"排队游戏"进行练习。

7. 解散

口令："解散"

动作要领：听到口令后，迅速离开原位（稍息时，先立正然后迅速离开原位）。

（二）行进和停止

1. 齐步和立定

口令："齐步——走！""立——定！"

动作要领：听到口令后，左脚向前迈约75厘米，体重随即移到左脚，右脚依此法行进；上体正直，手指自然并拢微屈；两臂前后自然摆动，前摆时，前臂微向里合，手约与第五衣扣同高并不超过衣扣线。行进速度每分钟约120步。

齐步走的立定，动令落于右脚，左脚向前大半步，右脚靠拢左脚，成立正姿势。

幼儿齐步走的动作要求：左脚开始向前走，步伐均匀，上体正直，两臂前后自然摆动，有精神地走。中班幼儿齐步走只强调上下肢协调地走。小班幼儿齐步走只要求做到上体正直，自然向前走。幼儿行进中老师不用"一二一"带队，而使用一些提醒幼儿良好走姿的儿歌，如"小手甩起来，小脚踏起来。走走走，一个跟着一个走"等等。

教学要求：上体正直，精神饱满，摆臂自然，步幅与步频均匀；集体齐步走时，队伍整齐，步调一致。

教学方法：

（1）示范讲解动作要领。

（2）练习原地摆臂。

（3）原地臂、腿配合练习。

（4）齐步走与立定结合起来进行反复练习，教师注意及时纠正错误动作。

易犯错误和纠正方法：

（1）摆臂过高或左右摆臂。强调用上臂带动前臂，原地反复练习摆臂动作。

（2）身体左右摇摆。强调上体要挺直，两脚着地力量要均匀，前后摆臂。

（3）速度过快。强调要求上体正直，不能前倾过大，教师可用口令"一二一"控制行进速度。

（4）八字脚，不走直线。强调要求两眼注视前方，可在地上画上直线，要求沿直线前进。

2. 正步和立定

口令："正步——走！""立——定！"

动作要领：听到口令后，左脚踢出（脚掌离地面约20厘米并与地面平行，腿要绷直）约至75厘米处适当用力着地，重心随即移至左脚，右脚依此法行进；上体正直，微向前倾；手指轻轻握拢，向前摆臂时，肘部弯曲，前臂略平，手腕摆到第三、四衣扣之间，离身体约15厘米，手心向内稍向下；向后摆到不能自然摆动为止。行进速度每分钟约116步。

正步走的"立定"口令及动作与齐步走相同。

教学要求：腿要踢直，着地用力；上体正直，眼向前看；臂腿协调、雄壮有力。

教学方法：

（1）原地分解摆臂练习；口令练习："正步原地摆臂一、二。"听到"一"的口令后，右臂按动作要领向前摆，同时左臂按要领向后摆到定位不动；听到"二"的口令后，按照上述要领换臂，依照此法反复练习。

（2）踢腿分解练习：预备姿势是上体正直，两手交叉于背后，左手握于右手腕上。练习口令是"踢腿分解练习一、二。"听到"一"的口令后，左脚踢出并控制在空中定位；听到"二"的口令后，身体重心前移，左脚全脚掌用力着地，右脚自然跟上，脚尖在左脚跟附近点地。再听到"一"的口令后，右腿踢出，依此法反复练习。

（3）正步完整练习。

易犯错误和纠正方法：

（1）步幅过小。应指出其错误在于重心没有及时前移，用以上方法纠正。

（2）臂前摆时夹肘，后摆外张过大。应指出其错误在于前摆时没用上臂带动前臂，肘未前送，另一臂没沿身体向后摆。用分解摆臂练习法逐步纠正。

（3）"弹腿"。应指出其错误在于踢腿时没有用小腿带动大腿。用踢腿分解练习法纠正。

（4）臂腿配合不协调。应指出换臂不宜过早。完整动作反复练习。

3. 跑步和立定

口令："跑步——走！""立——定！"

动作要领：听到预令后，两手迅速半握拳提到腰际，拳心向内，肘部稍向里合，两拳不超过衣扣线，后摆不露手。行进速度每分钟约180步。

跑步走的立定，动令落在右脚，继续跑两步，然后左脚向前大半步，右脚靠拢左脚，同时将手放下，成立正姿势。

幼儿跑步的动作要求：大班幼儿可以用前脚掌着地跑，同时上体稍前倾，两臂前后自然摆动。中班幼儿则要求上下肢协调、轻松地跑。小班幼儿仅要求自然跑即可。幼儿一般不做跑步直接立定动作，可换齐步后立定。

教学要求：第一步要跃出；跑步时要以前脚掌先着地；臂要前后自然摆动，前不露肘，后不露手。立定时，靠脚同时将手放下。

教学方法：

（1）反复练习，掌握预令后两手迅速提到腰际的动作。

（2）两脚前后站立，按摆臂动作要领与要求原地摆臂，也可按教师击掌或呼号（一、二）节奏进行练习。

（3）全体或分组反复进行跑步和立定相结合的练习。

易犯错误和纠正方法：

（1）两臂左右摆动，或摆臂如同"打鼓"。强调指出以肩为轴前后摆臂，上臂和前臂一起摆动，前臂稍向里合。反复进行原地摆臂动作练习。

（2）第一步跃不出去。指出原因在于上体没有及时前倾或右腿蹬地不够积极。可在原地反复练习这一动作。

（3）立定时站不稳，或靠拢、放手不一致。原因在于没注意动作节奏。可在发出"立定"口令后，要求学生配合动作共同呼喊"一、二、三、四"的口号，并同时按节拍做立定动作，反复进行跑步和立定相结合的练习。

4. 便步走（一般用于长距离步行或在体育教学中有意识地让学生放松，调整呼吸）

口令："便步——走！"

动作要领：听到口令后，采取适当的步幅、速度，做放松自然的走步，上体保持良好的姿态。

幼儿便步走的动作要求：大班幼儿可做便步走，要求用自然步走，不要求统一节奏。

5. 踏步、前进和立定

1）踏步（一般用于调整步法和整齐队伍）

口令："踏步（原地踏步或原地跑步）——走！"

动作要领：听到口令后，两脚在原地上下起落，抬起脚尖自然下垂，离地面约15厘米，上体保持立正姿势，两臂动作与"齐步""跑步"的要求相同。

2）前进

口令："前进！"或"照直前进！"

动作要领：听到"前进！"的口令后，先在原地继续踏两步，再按原步法行进。

3）立定

口令："立——定！"

动作要领：听到口令后，原地立定（原地跑步立定，仍按四拍完成动作；原地踏步按二拍完成）。

幼儿踏步动作要求：大班幼儿踏步，要求由左脚开始，两脚在原地上下起落，上体正直，两臂前后自然摆动，眼睛向前看。中班幼儿踏步，则要求上体正直，上下肢协调。小班幼儿踏步，只要求上体正直，动作自然。

6. 步法变换

1）齐步与正步互换

口令："正（齐）步——走！"

动作要领：动令一般落于右脚，听到口令后，从左脚开始按口令规定的步法换为正步（或齐步）行进。

2）齐步与跑步互换

口令："跑（齐）步——走！"

动作要领：齐步换跑步，听到预令后，两手迅速握拳提至腰际，两臂自然摆动；听到动令后，从左脚开始换跑步行进。跑步换齐步，听到动令后，继续向前跑两步，再从左脚开始换齐步行进。

幼儿教材中没有步法变换。一般跑步后可换成便步走，然后再做齐步动作。

教学要求：步法变换时，应做到迅速准确，节奏分明。

教学方法：

（1）示范讲解动作要领。

（2）按动作要领反复练习。

易犯错误和纠正方法：

（1）齐步换正步时，第一步踢不必出或变换后步幅变小、步频快。可采用"一、一、一二一"的口令控制步频加以纠正。

（2）跑步换齐步时垫步。可通过强调改进最后两步跑的动作来加以纠正。

7. 前、后、左、右移动

1）前、后移动

口令："向前×（单数）步——走！""向后退×步——走！"

动作要领：听到口令后，出左脚按齐步行进，到所指示数停止。

听到"向后退×步——走"的口令后，从左脚开始，退到所指示数停止。

2）左、右移动

口令："向左（右）横跨×步——走！"

动作要领：听到口令后，向左（右）跨步，每跨一步并脚一次，步幅约与肩同宽，跨到所指示数停止。

（三）行进间转法

1. 左（右）转弯走（纵队）

口令："左（右）转弯——走！"原地则为"左（右）转弯齐步——走！"

动作要领：听到口令后，基准学生立即向左（右）转走，其余学生逐次行进至基准学生内向的位置时，亦向左（右）转向新方向跟进。

横队左（右）转弯走时，左（右）翼第一名原地踏步，并逐步向左（右）转动，与右（左）翼的动作相协调；右（左）翼第一名以大步行进，注意不要挤走左（右）翼学生；其余学生向右（左）翼取齐，不转头，并始终保持规定的间隔，越接近左（右）翼的学生，步幅越小。全体转向新方向，原地踏步再下达"前进"或"立定"的口令。

幼儿左（右）转弯走的动作要求：同纵队左（右）转弯走动作要领（小、中班幼儿没有该项练习）。

教学要求：

（1）纵队转弯时，基准学生转向新方向后，向正前方行进；其余学生一定要走到基准生转弯的位置后，再转向新方向跟进。

（2）横队转弯时，排面要整齐，始终保持规定的间隔、距离。

教学方法：

（1）在地上画出转弯标注进行纵队转弯练习。

（2）学生手挽手（挂肘）进行横队转弯练习。

（3）先由短横队练习，逐步过渡到较长横队的转弯练习。

易犯错误和纠正方法：

（1）基准学生转弯方向不正，或其余学生转弯过早。用放标志物或画标注线的方法纠正。

（2）横队转弯时排面不齐。要求学生用眼睛的余光看齐。

（3）横队转弯时不能保持规定的间隔、距离。可用教法（2）进行纠正。

2. 向右（左）转走

口令："向右（左）转——走！"

动作要领：齐步向右（左）转走时，动令落于右（左）脚，左（右）脚向前半步，脚尖稍向右（左），以左（右）脚的前脚掌为轴，向右（左）转体90°，同时出右（左）脚向新方向行进。跑步向右（左）转走时，听到动令后，先继续向前跑两步，然后左（右）脚再向前跑半步，脚尖稍向右（左），以左（右）脚的前脚掌为轴，向右

（左）转体90°，同时出右（左）脚向新方向行进。

3. 向后转走

口令："向后转——走！"

动作要领：行进间向后转走，动令落于右脚，左脚向前半步（跑步时，先继续向前跑两步，然后左脚再向前跑半步），脚尖稍向右，以两脚的前脚掌为轴，从右向后转180°，出左脚向新方向行进；转体时两臂自然摆动，不得外展。

教学要求：

（1）转体方向正。

（2）齐步向右（左）、后转后的第一步必须踢出。

（3）转体时，两臂要自然摆动。

教学方法：

（1）分解动作练习向右（左）转走：口令是"向右（左）转——走，一、二、三。"听到"一"的口令，左（右）脚向前半步，脚尖稍向右（左）不动；听到"三"的口令，右（左）脚着地继续前进。

（2）分解练习向后转走：口令是"向后转——走，一、二、三。"听到"一"的口令，左脚向前半步，脚尖稍向右；听到"二"的口令，以两脚掌为轴，从右向后转体180°，两臂自然摆动定位不动，听到"三"的口令出左脚继续行进。

（3）完整动作练习。

易犯错误和纠正方法：

（1）行进间转体后，第一步踢不出。可用分解动作练习法进行纠正。

（2）行进间向后转走时，上体晃动，两臂外展。要求转体时两腿伸直、夹紧，两臂自然摆动，可做分解动作练习。

4. 左（右）后转弯走

口令："左（右）后转弯——走！"

动作要领：听到口令后，基准学生向左（右）后转体180°，向新方向行进；其余学生依次行进至基准学生变向的位置时，亦同样做法转向新方向，跟随行进。

（四）原地和行进间的队列队形变换

1. 原地队列队形变换

（1）原地一列队横队变二列横队。

口令："成二列横队——走！"

动作要领：先报数，然后再下达口令。听到口令后，单数学生不动，双数学生左脚向后退一步，右脚不靠拢左脚向右跨一步，站在单数学生后面，左脚向右脚靠拢。对正、看齐。

（2）原地二列横队变一列横队。

口令："成一列横队——走！"

动作要领：见图9-4，下达口令前，各列学生要先离开一步间隔，然后再下达口令。听到口令后，单数学生不动，双数学生左脚先向左跨一步，右脚不靠拢左脚向前跨一步，站在单数学生的左方，左脚向右脚靠拢，自动看齐。

（3）原地一路纵队变二路纵队。

口令："成二路纵队——走！"

动作要领：见图9-5，先报数，听到口令后，单数学生不动，双数学生出右脚向右前方跨一步，左脚跟进到单数学生右侧，对正单数学生并看齐。

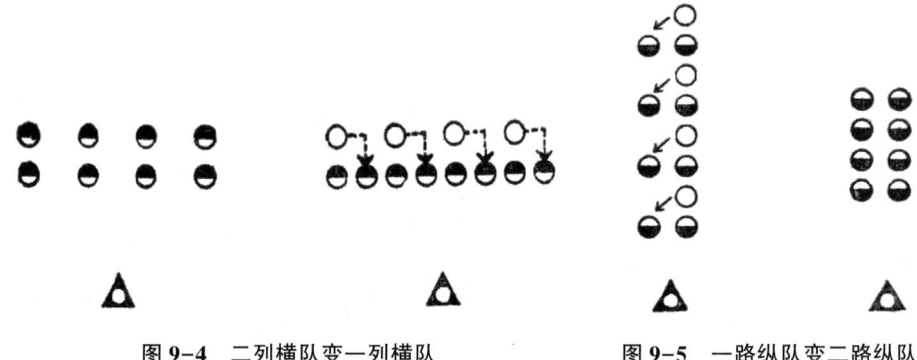

图9-4 二列横队变一列横队　　　图9-5 一路纵队变二路纵队

（4）原地二路纵队变一路纵队。

口令："成一路纵队——走！"

动作要领：听到口令后，双数学生左脚向左后方退到单数学生后面，右脚跟随后撤自动对正。

（5）原地由一列横队变二路纵队。

口令："成二路纵队向右——转！"

动作要领：先报数。听到口令，全体学生向右转，然后按一路纵队变二路纵队的动作要领进行。

（6）原地由二路纵队变一列横队。

口令："成一列横向左——转！"

动作要领：见图9-6，先使各路学生前后保持一步距离，听到口令后，全体向左转，第一列学生不动，第二列学生按二列横队变一列横队的动作要领进行，自动看齐。

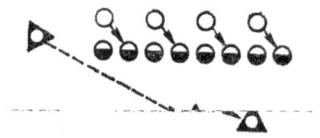

图 9-6 二路纵队变一列横队

（7）原地由一列横队变为三列横队。

口令："成三列横队——走！"

动作要领：见图 9-7，先一至三报数。听到口令后，二数学生不动；一数学生左脚向左前方跨一步，右脚靠拢左脚，位于二数学生前面；三数学生右脚向右后方撤一步，左脚靠拢右脚，取捷径退到二数学生后面，对正、看齐。

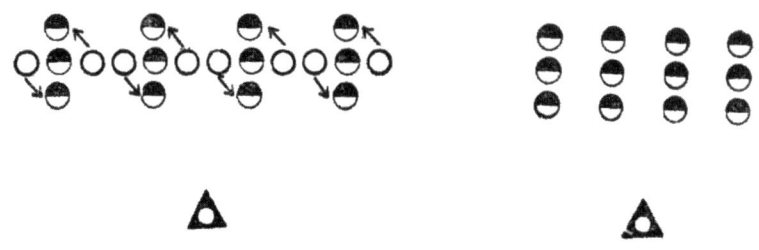

图 9-7 一列横队变为三列横队

（8）原地由三列横队变为一列横队。

口令："成一列横队——走！"

动作要领：听到口令后，二数学生不动，一、三数学生取捷径回到原来的位置，自动看齐。

（9）原地由一路纵队变为三路散开队形。

口令："成三路纵队——走！"

动作要领：见图 9-8，先一至三报数。听到口令后，一数学生向右侧后方斜退三步；二数学生原地踏步；三数学生向左侧前方上跨三步，在统一口令下"立定"，自动看齐。

图 9-8 一路纵队变为三路散开队形

(10) 原地一列横队变为二列相向横队。

口令:"成二列相向横队——走!"

动作要领:先报数。听到口令后,单数学生向前五步后立定,然后向后转。双数学生原地踏步(踏步数等于单数学生向前步数加2)再立定看齐。

(11) 原地一列横队变为四列菱形队形。

口令:"成菱形队形——走!"

动作要领:见图9-9,先一至四报数。听到口令后,一数学生原地不动;二数学生向前一步;三数学生向前两步;四数学生向前三步成菱形队形。或听到口令后,全体学生报数后先向右转,然后再走成菱形队形。

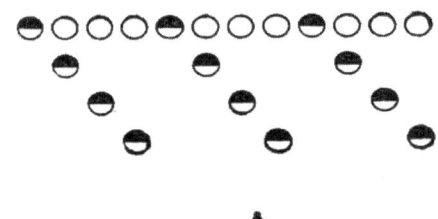

图9-9　一列横队变为四列菱形队形

(12) 四列横队变为菱形队形。

口令:"向右(左)成菱形队形——走!"

动作要领:听到口令后,第一列学生不动,第二列学生向右(左)转并向前走一至二步(前后距离一步者向前一步,距离两步者向前两步),第三列学生向右(左)转并向前走三至四步,第四列学生向右(左)转并向前走五至六步,然后第二至四列学生向左(右)转,自动看齐。

(13) 原地一列横队变为半圆队形。

口令:"成半圆队形——走!"

动作要领:听到口令后,中间的学生原地踏步,排头与排尾的学生用多少不等的步数走成半圆形,然后立定,并自动向内半面向左、右转成半圆队形。或排头与排尾不动,其余学生前进或后退走成半圆队形(也可让学生手拉手进行变换)。

(14) 原地由四路纵队变为四个半圆队形。

口令:"成四个半圆左(右)转变齐步——走!"

动作要领:听到口令后,一、三路由排尾带领左(右)转弯走,成四个半圆队形后,立定,向左转。

(15) 原地四列横队变为圆形队形。

口令："成圆形队形左（右）转弯齐步——走！"

动作要领：听到口令后，一、三列向右转，二、四列向左转，各列分别左转弯走成圆形队形。

(16) 原地单圆队形变成双圆交错队形。

口令："成双圆交错队形——走！"

动作要领：先报数。听到口令后，单数学生不动，双数学生取捷径退到单数学生后面呈双圆队形；或双数学生不动，单数学生取捷径进到双数学生前面成双圆队形。

(17) 原地单圆形变为双圆队形。

口令："成双圆队形——走！"

动作要领：听到口令后，第一列学生向后转，然后两列学生分别手拉手向后退成半圆形；或双数学生不动，单数学生取捷径进到双数学生前面成双圆队形。

(18) 原地二列横队变为圆形队形。

口令："成圆形队形齐步——走！"

动作要领：听到口令后，第一列学生向后转，然后两列学生分别手拉手向后退成半圆形队形；另一种方法是第一列学生向右转，第二列学生向左转，各队左转弯走，当两队走成圆形时，教师下达"立定"和"向左转"的口令。

(19) 横队散开队形。

口令："以右翼（左翼、中间）为基准，左右两臂间隔（或两臂侧平举），前后两步距离（向右或向左、向中看）——散开（齐）！"

动作要领：向左（右）散开时，听到口令后，基准学生不动或左（右）臂侧平举（各列排头分别保持两步距离），其他学生向左（右）用跑步或快步（头向右转注意散开的间隔，即两臂侧平举时，相邻两学生指尖相隔约5厘米）走到预定的位置后立定，自动看齐后两臂放下（听到"向前——看"的口令时两臂放下）。

向两侧散开时，基准学生听到以自己为基准的口令后，又比立即握拳上举，当听到动令后，全体学生两臂侧平举，基准学生不动，其他学生按向左（右）散开的动作要领进行。

(20) 向左（右）错开队形。

口令："二、四列向左（右）横跨一步——走！"

动作要领：按横队散开队形要领散开后，单数列学生不动，二、四列学生向左（右）横跨一步（或向左转并上前一步再向右转），对正、看齐。

(21) 多路纵队散开队形。

口令："以×路为基准，间隔、距离各×步——散开！"

动作要领：听到口令后，各路排头两臂侧平举，其他学生按向左（右）散开或两侧散开的要领用跑步或快步向左、右、后方散开至规定的间隔、距离。各路向前对正（可两臂前平举，对正后两臂放下），向右（左）、中看齐。

（22）正步散开队形。

口令："成散开队形，正步——走！"

动作要领（以四列横队为列）：先报数。听到口令后，第一列学生用正步向前走七步，其余各列在前一列迈出第三步时起步，前进的步数第二列为五步、第三列三步、第四列一步，全体同时立定，向左转。然后同列学生再以正步走完各自的步数并同时立定（每人走的步数等于自己报的数×2-1），再向右转，对正、看齐。

（23）向右（左）、中靠拢的密集队形。

口令："以右（左）翼排头为基准，向右（左）看——齐！"；"以某人（路）为基准，向中看——齐！"或"以××为基准，跑步——靠拢！"

动作要领：听到口令后，用跑步靠拢，然后对正、看齐。队形整齐后，教师下达"向前看"的口令。

2. 行进间队列队形变换

（1）行进间一列横队变二列横队。

口令："成二列横队——走！"（动令落于左脚）

动作要领：先报数。听到口令后，单数学生继续行进，双数学生原地踏两步，第三步则进到单数学生后面，对正、看齐，继续前进。

（2）行进间二列横队变一列横队。

口令："成一列横队——走！"（动令落于右脚）

动作要领：先使学生间隔一步。听到口令后，单数学生原地踏两步，双数学生向左跨一步，右脚部靠拢左脚向前跨一步，进到单数学生的左边，并随之继续前进。

（3）行进间一路纵队变二路纵队。

口令："成二路纵队——走！"

动作要领：先报数。听到口令后，单数学生以小步行进；双数学生取捷径到单数学生右侧，取规定距离后，继续前进。

（4）行进间二路纵队变一路纵队。

口令："成一路纵队——走！"

动作要领：听到口令后，左路学生（单数）继续行进，右路学生（双数）以小步行进。待左路加大到适当的距离后，双数学生依次向左插到单数的后面，并保持规定距离，恢复原步伐继续前进。

（5）行进间一（二）列横队变一（二）路纵队。

口令："成一（二）路纵队——走！"

动作要领：听到口令后，右翼基准学生继续行进，如是二列横队，当第二列的基准学生上到第一列基准学生的位置后，其余学生向右转，逐次进到基准学生原来位置并转向新方向，跟随前进。

行进间一列横队变二路纵队时，听到"成二路纵队——走！"的口令后，右翼两名学生继续行进，其余学生向右转，逐次进到前两名学生原来位置后，两人同时转向新方向，跟随前进。

（6）行进间一路纵队变一列横队。

口令："成一列横队——走！"

动作要领：听到口令后，基准学生原地踏步，其他学生半面向左转，取捷径走到基准学生左侧成一列横队继续前进。

（7）行进间二路纵队变一列横队。

口令："成一列横队——走！"

动作要领：方向、队形变换时，听到口令后，全队向左转，然后按二列横队变一列横队的动作要领进行。

方向不变队形变换时，听到口令后，第二名学生半面向左转，取捷径走到第一、二名学生左侧，成一列横队，继续前进。

（8）行进间一路纵队变四路纵队。

口令："成四路纵队左转弯——走！"

动作要领：听到口令后，前四名学生按向左转走动作要领转向新方向，以小步行进，其余学生每四名逐次走到前四名转弯处向左转走跟随行进。

（9）行进间四路纵队变一路纵队。

口令："向右（左）成一路纵队——走！"

动作要领：听到口令后，前四名学生向右（左）转走，其余学生每四名逐次进到前四名学生转弯处向右（左）转走，跟随前进。

（10）行进间切段分队（幼儿园中班教材）。

口令："切段分队——走！"（或用铃、鼓、哨等信号代替）

动作要领：先将幼儿分成前后人数相等的若干组，听到口令后，每组第一名幼儿按教师指定的方向走，后面的幼儿跟随行进，见图9-10。

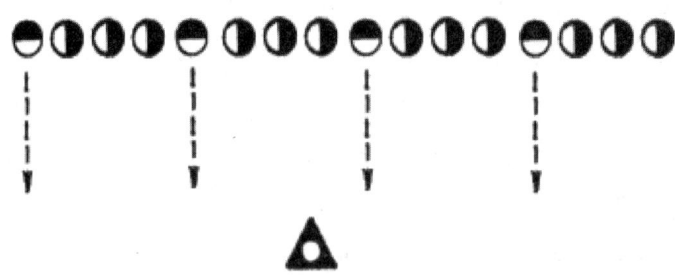

图 9-10 行进间切段分队

(11) 分队走（幼儿园大班教材）。

口令："分队——走！"

动作要领：听到口令后，单数学生左转弯、双数学生右转弯绕场地行进。排头自动标齐，见图 9-11。

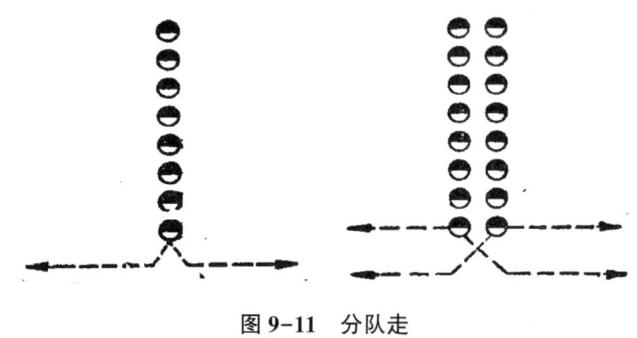

图 9-11 分队走

(12) 并队走（幼儿园大班教材）。

口令："并队——走！"

动作要领：相对两路相遇时发口令。听到口令后，左路左转弯走，右路右转弯走，成二或四路纵队行进，见图 9-12。

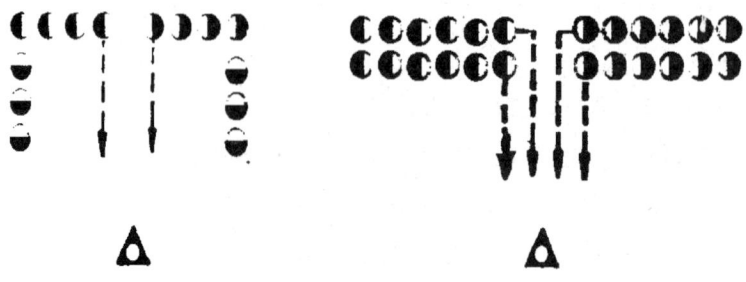

图 9-12 并队走

(13) 裂队走（幼儿园大班教材）。

口令："裂队——走！"

动作要领：两路纵队行进时，听到口令后，左路左转弯行进，右路右转弯行进，排头注意标齐，见图9-13。

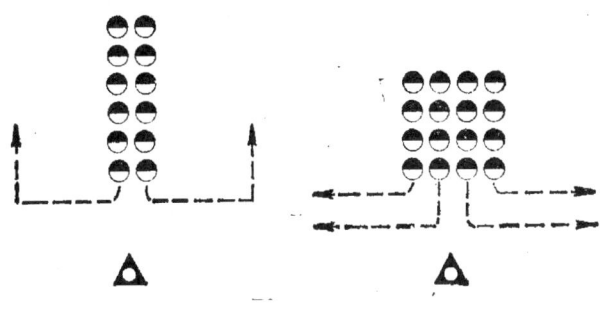

图 9-13 裂队走

(14) 合队走（幼儿园大班教材）。

口令："合队——走！"

动作要领：相对两路纵队相遇时发口令。听到口令后，左路学生左转弯走，右路学生右转弯走，并依次插在左路学生后面，成一路纵队前进，见图9-14。

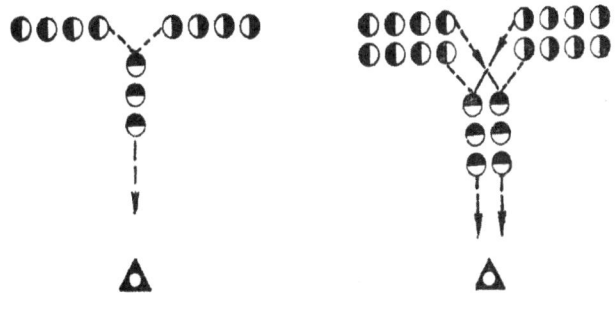

图 9-14 合队走

教学要求：

（1）进行原地和行进间队列队形变换练习时，首先要求教师要选好适当位置，应以能照顾到全体学生为准则，并要根据队列队形的变换而迅速、适当地变换指挥位置。

（2）进行原地和行进间队形队列变换练习时，要求学生做到变换的方向、位置、准确，动作迅速、协调整齐。

教学方法：

（1）安排教学内容时应注意循序渐进。即由原地到行进、由简单到复杂。

（2）讲解各种队列队形变换练习的动作要领时，可事先画好图示，以帮助学生正确理解。

（3）根据需要，可事先画好场地或放好标志，再进行练习。

（五）行进间各种图形的变换

1. 绕场地行进

口令："左（右）转弯——走！"或"左（右）转弯！"

动作要领：用齐步、跑步、正步或便步绕场地行进时，当排头行进到接近场地任何一角时，教师下达"左（右）转弯"的口令，排头学生按向左（右）转走的要领向新方向继续行进，其余学生走到排头转弯处同样用向左（右）转走跟随前进。

二路以上纵队转弯时，内路用小步，外路用大步转弯，注意排面标齐。

2. 沿对角线行进

口令："沿对角线——走！"

动作要领：排头走近场地一角时，教师下达口令。排头学生向左（右）转45°，向相对的一角行进，其余学生行进至排头转弯处转弯跟随前进，见图9-15。

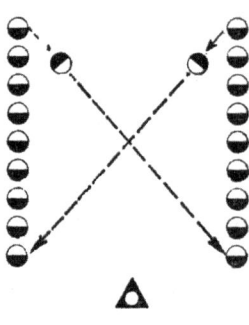

图 9-15　沿对角线行进

3. 交叉行进

口令："左、右转弯交叉行进——走！"

动作要领：两路纵队行进时，听到口令后，各队沿对角线行进的要领行进；两队相遇按事先规定的前后顺序在同一地点依次交叉向不同方向行进。

4. 错肩行进（指相遇的各路纵队的对走）

口令："从左（右）边——走！"；"一队隔一队从左（右）边——走！"；"从里（外）边——走！"

动作要领：两个一路（或两路）纵队对面走相遇时，按教师口令彼此靠左边或右边、一队隔一队靠左边或右边、里边（中间）或外边（两边）错肩走过。各队肩隔为一步。从里边或外边走时，一般指左路队的位置，见图9-16。

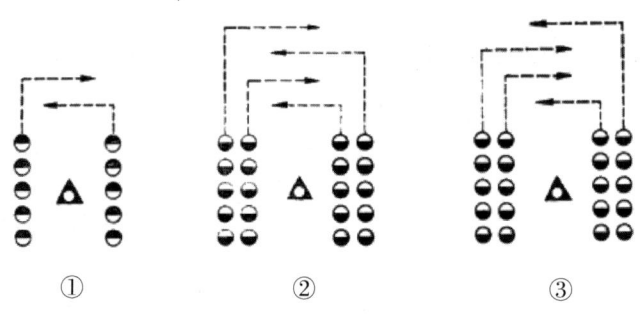

① ② ③

图 9-16　错肩行进

5. 蛇形行进

口令："成蛇形——走！"

动作要领：本队形是纵队左（右）转弯走反复两次以上的行进队形。听到口令后，排头带队左（右）后转弯走至一定距离后，再右（左）转弯走，循环往复，其余学生必须经过排头所走的路线。

6. 绳圈行进

口令："成开口（或闭口）绳圈形——走！"

动作要领：听到口令后，排头带队按规定的图形行进。成闭口绳圈形走时，排头带队按规定的图形行进，两队相遇时交叉而过，见图9-17。

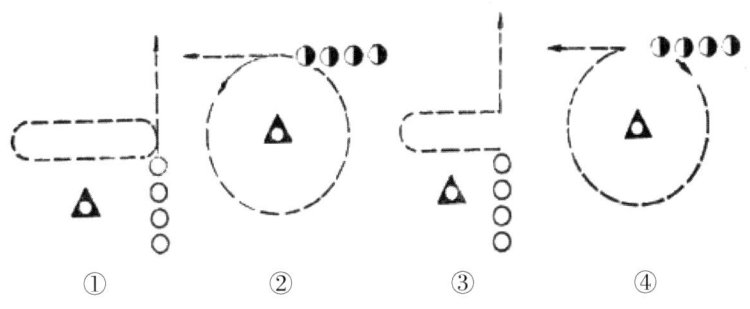

图 9-17　绳圈行进

7. "8"字形行进

口令："成'8'字形——走！"

动作要领：听到口令后，排头带队向左自然连续转弯绕圆通过中点，再向右绕圆连续转弯与排尾相接成封闭的"8"字形队形，见图9-18。

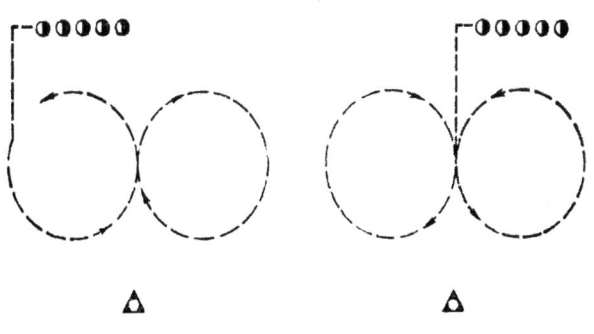

图 9-18　"8"字形行进

另一种方法是从中间开始，第一个圆用连续左转弯完成，第二个圆用连续右转弯完成，从而走成"8"字形。无论用哪种方法变换该队形，教师应首先指出以哪一点为"8"

字形的中点。

8. 螺旋形行进

口令:"成闭口(或开口)螺旋形——走!"

动作要领:听到口令后,排头带队沿圆周内做螺旋形行进,到达圆心后,教师下达"向后转走"的口令(或教师下达"立定""向后转""齐步走"的口令),全体学生按口令沿原路线走出。走开口螺旋还原时,仍由排头带队,右后转弯从相反方向走出来,见图9-19。

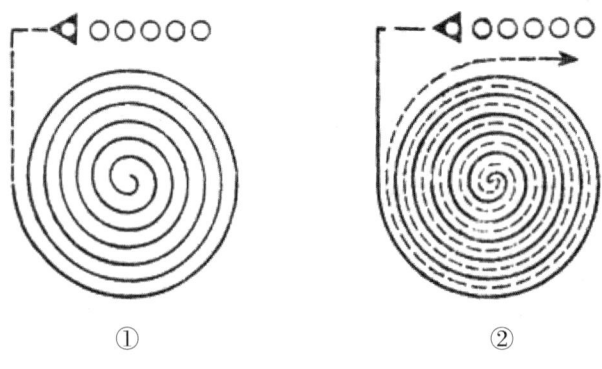

图 9-19　螺旋形行进

教学要求:

(1)行进间各种图形的变换练习,首先要求教师要选好适当的位置,应以能照顾到全体学生为准则,并根据图形变换而迅速、适当地改变指挥的位置。

(2)行进间进行各种图形的变换练习时,要求排头学生认真领会到教师的意图,按要求带领本队学生按规定的路线行进;要求其他学生按排头带领的路线跟随前进,不得走捷径。

教学方法:

(1)安排教学内容注意循序渐进,先易后难。如,在学习沿对角线行进的基础上,再学习交叉行进。

(2)讲解各种图形变换练习的动作要领,可事先画好图示,以帮助学生理解。

(3)有些图形变换练习,可先由教师带队,边讲边进行练习。在此基础上让学生带队练习。

三、队列队形指挥能力培养

幼儿园队列队形练习是指幼儿按着要求,大家做协同一致的动作,如立正,向前看,一起站成一路纵队，或者再变换成其他队形等。队列队形练习能使幼儿从小习惯于集体，让他们懂得在集体中必须遵守一定的纪律，有统一的行动，大家才能顺利地进行各项活动。队列队形练习还能培养幼儿正确的身体姿势，促进身体正常生长发育。

运用口令指挥调队是幼儿园体育活动的常用形式，也是学前教育专业学生必须掌握的基本功之一。教师不仅要教会学生熟练地喊口令，还应结合幼儿园常用队列队形，指导学生进行操练。这个任务一般应安排在学前教育专业一年级上学期进行，主要方法是教师先讲解各种常用基本口令的种类、喊法、幼儿园常用队列队形变换方法等。（如，立正、稍息、看齐、原地三面转法、踏步——走及立定、齐步——走及立定，并队走、裂队走、分队走、合队走等。）

训练内容：

（一）口令

（1）口令正确，声音响亮，保证全体幼儿听到。口令的重音要落在动令上。例如："齐步——走"动令是"走"，口令的重音要落在"走"上。

（2）口令的节奏感。指挥口令的节奏要与幼儿队列队形行进中的频率相一致，一般跑步要比走步节奏快。还要保持前后一致，不要忽快忽慢。

（3）口令儿歌化。对幼儿队列队形的指挥，减少"一、二、一"的口令，尽量用提示幼儿保持良好走姿或跑姿的儿歌指挥，做到老师与幼儿的呼应，例如：老师口令"小脚踏起来"，幼儿"我就踏起来"，老师口令"两眼向前看"，幼儿"我就向前看"等等。

（二）指挥取位

指挥者站位要适当。一般原地横队时指挥者站正前中央等腰三角形的顶点。纵队原地指挥者站队列前三分之一处，行进间纵队时老师要面向幼儿，倒行，保证全部幼儿在自己视线范围内。复杂队形变换（如：分、并、裂、合队形变换）时指挥者要站在排头前方或队伍将会合处。总之，队伍方向改变，教师要主动变换到适当位置。

同学们可以参照队列队形指挥评价表，对自己的表现进行自我评价（见表9-1）。

表9-1 学习队列队形指挥自我评价表

标准	优秀	良好	及格	不及格
内容	口令正确、清楚、声音洪亮。体态端正、调队准确、灵活、位置适当。指挥调队能力强。	口令基本正确，准确清楚，声音洪亮。指挥队伍能力较强，调动队伍较准确。	口令基本正确，声音不洪亮。指挥调队能力一般。	口令不正确或不会喊，口令、声音太小，听不清。指挥调队能力差或不会调队。

第三节　基本体操

基本体操是体操运动的基本内容之一，它包括徒手体操、轻器械体操等练习。基本体操内容丰富，形式多样，易于普及，受到大众的喜爱。

通过基本体操练习，可以增强体质，培养学生正确的身体姿势，促进身体正常生长发育；可以发展学生柔韧、速度、力量、灵敏、协调、耐力等身体素质；使学生掌握基本体操动作技能；培养学生组织纪律性和集体主义观念。

在学前教育专业体育课程中，基本体操教学任务不仅要增强学生体质，培养良好的身体姿势，掌握基本体操动作技能，还必须培养学生具有幼儿基本体操的组织和教学技能，会编简单的幼儿徒手体操、轻器械操的能力。因此，基本体操是学前教育专业体育教学的重要内容之一。

一、拍手操

拍手操是在徒手操动作的基础上，适当加些不同方向、不同位置的击掌动作，从而使徒手操更加活泼轻快、节奏鲜明，而且规律性强，易做整齐，并能引起学生做操兴趣。

1. 伸展运动

预备姿势：成立正姿势。

动作要领：①两脚开立，两臂侧平举；②两臂向上交叉绕环一周；③两手头上击掌；④成立正姿势。⑤-⑧同①-④。（见图9-20）

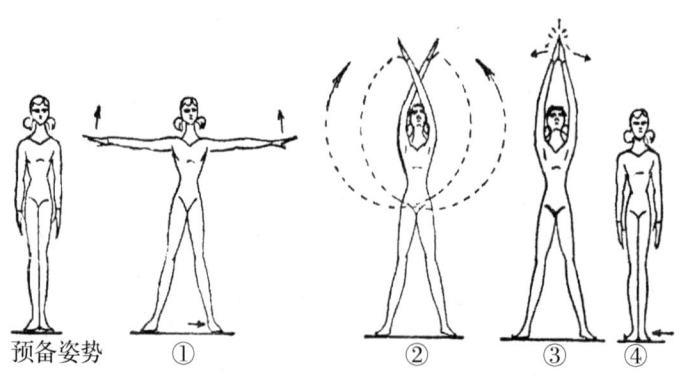

图 9-20　伸展运动

2. 下蹲运动

预备姿势：成立正姿势。

动作要领：①两脚开立，两臂侧平举；②屈膝下蹲，两手左体侧击掌；③同①；④还原立正姿势。⑤-⑧同1-④，动作方向相反。（见图9-21）

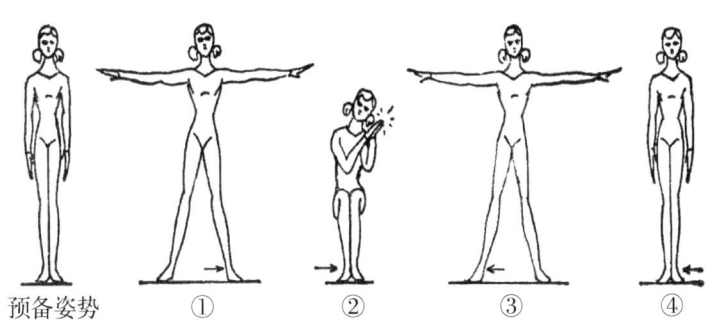

图 9-21　下蹲运动

3. 踢腿运动

预备姿势：成立正姿势。

动作要领：①出左脚，两臂侧平举；②踢右腿，两手腿下击掌；③右腿收回，动作同①；④成立正姿势；⑤-⑧同①-④，动作方向相反。（见图9-22）

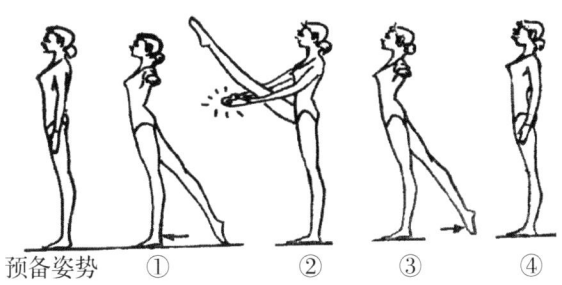

图 9-22　踢腿运动

4. 扩胸运动

预备姿势：成立正姿势。

动作要领：①左脚前侧出，脚后跟着地，两臂曲肘扩胸；②左腿收回，两手体前击掌；③右脚前侧出，脚后跟着地，两臂曲肘扩胸，④右腿收回，两手体前击掌；⑤左脚侧出成侧弓步，直臂扩胸；⑥左腿收回，两手体前击掌；⑦右脚侧出成侧弓步，直臂扩胸；⑧右腿收回，两手体前击掌。

5. 体侧运动

预备姿势：成立正姿势。

动作要领：①-④两脚开立，两臂侧平举；②身体侧屈，两手体侧击掌；③恢复①的

动作；④立正姿势。⑤-⑧同①-④，动作方向相反。（见图9-23）

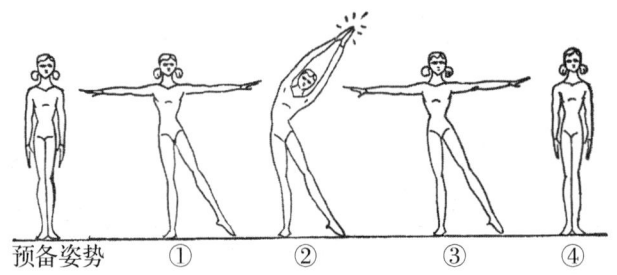

图9-23 体侧运动

6. 体转运动

预备姿势：成立正姿势。

动作要领：①两脚开立，两臂侧平举；②身体左转180°，两手体后击掌；③恢复①的动作；④立正姿势。⑤-⑧同①-④，动作方向相反。（见图9-24）

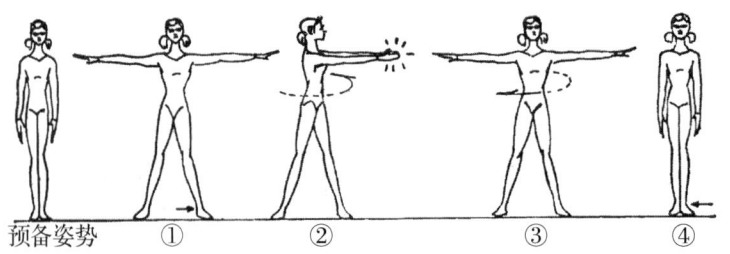

图9-24 体转运动

7. 全身运动

预备姿势：成立正姿势。

动作要领：①-④左脚前出成弓步，两臂侧上举；②下肢不动，两手腿下击掌；③恢复①的动作；④立正姿势。⑤-⑧同①-④，动作方向相反。

8. 跳跃运动

预备姿势：成立正姿势。

动作要领：两脚开合跳。①左手叉腰；②右手叉腰；③左手搭肩；④右手搭肩；⑤左臂上举；⑥右臂上举；⑦-⑧两手头上击掌两次。

二、双人操

双人操是两个人相互配合，运用扶持、帮助或对抗等动作进行协调一致的练习。由于双人操需要两人协同练习或互借对方的力量来完成动作，因此对提高协调性、发展力量与柔韧等素质，培养学生相互协作、团结友爱的精神都有积极的作用。

双人操可以徒手做，也可以持轻器械做，其练习形式有面对面、背对背、并列或重叠等。按照动作的性质或用力的作用，双人操可分为三种类型：

（1）助力性练习：即一人帮助另一人完成动作。如，帮助同伴拉肩、压肩、搬腿、甩腰、扶持平衡等。

（2）对抗性练习：即两人互相对抗用力完成动作。如，互拉、互推或挂臂互背。

（3）协同性练习：即两人密切配合，协同一致的完成动作。如，拉手蹲起、踢腿、转体、蹲跳等。

双人操的种类及动作变化较多，这里仅选择一些不同类型的双人徒手体操动作，供教学时选用。

（一）双人徒手体操

1. 伸展运动

预备姿势：两人面向站立，拉手。

①-②左脚向前一步，右脚在后，脚尖点地，同时两臂上举。

③-④还原成预备姿势。

⑤-⑥提踵，同时两臂经侧至上举。

⑦-⑧还原成预备姿势。

2. 下蹲运动

预备姿势：两人面向站立，拉手。

①-②一人做蹲起。

③-④另一人做蹲起。

⑤-⑥两人同时做蹲起。

⑦-⑧两人同时起踵立，还原。

3. 踢腿运动

预备姿势：两人面对站立，手拉手。

①左脚向左前方迈出一步，同时左臂胸前平屈，右臂侧平举。

②向左前斜前方踢右腿。

③同①。

④还原成预备姿势。

⑤-⑧同①-④，但方向相反。

4. 体侧屈运动

预备姿势：两人并肩站立，外侧手在头上，内侧手在体侧互握。

①外侧腿向侧一大步成侧弓箭步。

②还原成预备姿势。

③同①。

④同②。

⑤-⑧同①-④,但向后转,做另一侧。

5. 体转运动

预备姿势:两人面向站立,手拉手。

①两臂侧平举,同时同侧腿侧出一步。

②-③另一侧腿体前交叉,同时顺势转体180°,两手互拉侧平举。

④还原成预备姿势。

⑤-⑧同①-④,但方向相反。

6. 腹背运动

预备姿势:两人背靠背,互挽臂站立。

①-②一人体前屈,将对方背起成体后屈。

③-④还原成预备姿势。

⑤-⑥同①-②,但两人动作相反。

⑦-⑧还原成预备姿势。

(二)持轻器械体操(哑铃操)

哑铃操是学生手持木哑铃在徒手操基础上所能做的各种体操练习。哑铃操课充分利用清脆的击铃声,使动作节奏鲜明,协调一致,精神振奋,并能提高学生做操的兴趣,提高锻炼效果。

哑铃操的击铃位置和方法多变,一般可在体前、体后、头上、胸前、腿下(或腿间)等部位做正击铃、反击铃、双击铃、上下击铃等动作。除单人动作外,还可做两人动作,这里仅选编部分典型动作练习,供教学时选用。

教学时,教师首先应提醒学生持器械后不许随便敲击,并按统一要求取放;做操时可先练习每四拍单击1~2次,在逐步过渡到每拍击3~4次或一拍连击两次(也可二拍连击三次)。

1. 持哑铃方法

两手拇指与四指分开,抓握与铃柄处。

2. 哑铃的基本动作

(1)伸展运动。

练习一(见图9-25)

预备姿势：直立，两手各持哑铃于体侧下垂。

①屈臂在胸前反击铃一次。

②两臂经下向侧摆至头上正击铃一次。

③还原成①。

④还原成预备姿势。

⑤左脚前出一步，两臂屈肘在胸前反击铃一次。

⑥-⑦重心向前移至左腿，右脚尖点地，同时经下向侧摆至头上正击铃两次。

⑧还原成预备姿势。

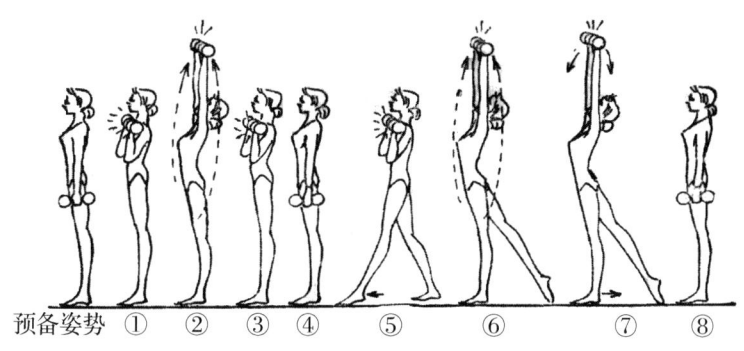

图 9-25　伸展运动

练习二

预备姿势：直立，两手各持哑铃于体侧下垂。

①两臂前举正击铃一次。

②两臂后摆在体后正击铃一次。

③两臂经侧上摆至头上正击铃一次，抬头看铃。

④两臂经侧下摆至腹前正击铃一次。

⑤-⑥两臂经侧上摆至头上正击铃两次，抬头看铃。

⑦-⑧两臂经侧下摆至腹前正击铃两次。

练习三

预备姿势：直立，两手各持哑铃与体侧下垂。

①左脚侧出一步成开立，同时两臂侧上举。

②两臂前举正（或双）击铃一次。

③两臂向下经侧绕环至上举正击铃一次。

④还原成预备姿势。

⑤-⑧同①-④，动作方向相反。

（2）下蹲运动。

练习一（见图9-26）

预备姿势：直立，两手各持哑铃于体侧下。

①两臂屈肘于胸前反击铃一次。

②下蹲，同时上体稍向左转，两臂在体后正击铃一次。

③还原成①。

④下蹲，同时上体稍向右转，两臂在体后正击铃一次。

⑤直立，同时两臂经侧摆至头上正击铃一次。

⑥同②。

⑦同⑤。

⑧同④。

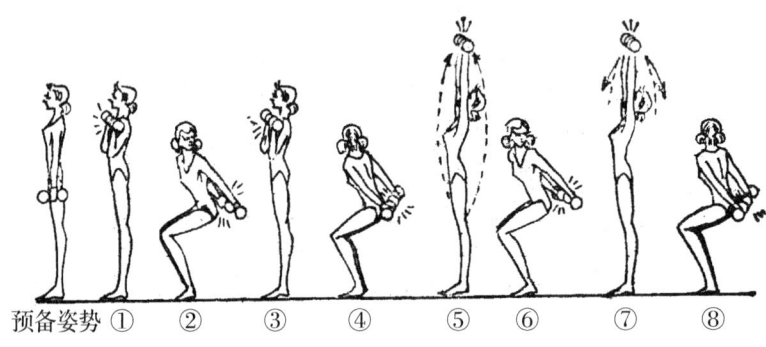

图9-26　下蹲运动

练习二

预备姿势：直立，两手各持哑铃于体侧下垂。

①左脚前出半步，脚尖点地，同时两臂前举双击铃一次。

②重心前移至左腿，右脚尖在后点地，同时两臂向侧后振。

③重心向后移至右腿，左脚尖点地，同时直臂头上双击铃一次。

④左脚收回，同时屈臂于胸前反击铃一次。

⑤-⑧同①-④，动作方向相反。

练习三

预备姿势：直立，两手各持哑铃垂于体侧。

①左脚侧出一步成开立，同时两臂屈肘与胸前，右手在上，左手在下击铃一次。

②换左手在上，右手在下击铃一次。

③两臂胸前平屈后振扩胸。

④两臂伸直后振扩胸。

⑤-⑧同①-④,最后一拍还原成预备姿势。

(3) 踢腿运动。

练习一(见图9-27)

预备姿势:直立,两手各持哑铃于体侧下垂。

①左腿前出一步,重心移至左腿,右脚尖后点地,同时两臂侧平举。

②右腿向前上方踢,同时两臂在右腿下击铃一次。

③还原成①。

④还原成预备姿势。

⑤-⑧同①-④,动作方向相反。

图9-27 踢腿运动练习一

练习二

预备姿势:直立,两手各持哑铃于体侧下垂。

①左腿前出一步,重心移至左腿,右脚尖点地,同时两臂经侧至头上击铃一次。

②右腿向上前方踢,同时两臂经侧摆至后正击铃一次。

③还原成①。

④还原成预备姿势。

⑤-⑧同①-④,动作方向相反。

练习三(见图9-28)

预备姿势:直立,两手各持哑铃于体侧下垂。

①全蹲,同时两臂在小腿前正击铃一次。

②直立,同时左腿向侧上踢,两臂经侧摆至头上正击铃一次。

③同①。

④同②,但向侧踢右腿。

⑤同①。

⑥直立,同时左腿向后踢,两臂经侧摆至头上正击铃一次。

⑦同①。

⑧同⑥，但向后踢右腿。

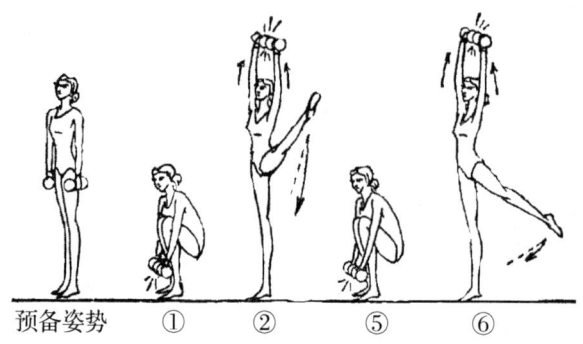

图9-28 踢腿运动练习三

（4）体侧运动。

练习一（见图9-29）

预备姿势：直立，两手各持哑铃于体侧下垂。

①左脚侧出一步，脚尖点地，同时两臂侧平举。

②上体左侧屈，同时两臂于头上正击铃一次。

③还原成①。

④还原成预备姿势。

⑤-⑧同①-④，动作方向相反。

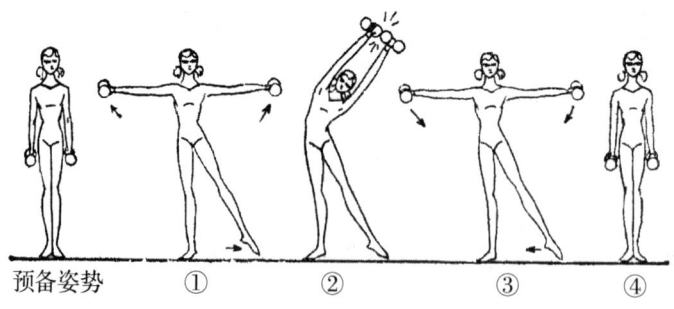

图9-29 体侧运动

练习二

预备姿势：直立，两手各持哑铃于体侧下垂。

①左脚侧出一步，脚尖点地，同时上体左侧屈，两臂经侧摆至头上正击铃一次。

②左脚收回，同时两臂经体侧至胸前屈肘反击铃一次。

③同①，动作方向相反。

④同②。

⑤-⑧同①-④,最后一拍还原成预备姿势。

练习三

预备姿势:直立,两手各持哑铃于体侧下垂。

①左脚侧出一步成开立,同时两臂侧举。

②上体向左侧屈,左臂不动,右臂经上向左击左手铃一次。

③-④右臂经下向右绕环一周再击左手铃一次。

⑤右臂向上还原成①。

⑥-⑧同②-④,动作方向相反。

(5)体转运动。

练习一(见图9-30)

预备姿势:直立,两手各持哑铃于体侧下垂。

①左脚侧出一步成开立,同时两臂侧举。

②上体向左转90°,同时右臂向左摆至与左手铃相击一次。

③还原成①。

④还原成预备姿势。

⑤-⑧同①-④,动作方向相反。

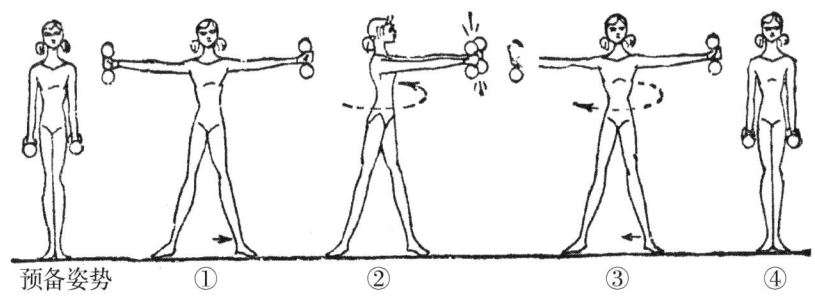

图9-30 体转运动

练习二

预备姿势:直立,两手各持哑铃于体侧下垂。

①左脚侧出一步,同时上体向左转90°,两臂上举正击铃一次。

②上体向右转90°,同时两臂经侧摆至体前正击铃一次。

③同①的姿势。

④还原成预备姿势。

⑤-⑧同①-④,动作方向相反。

练习三

预备姿势：直立，两手各持哑铃于体侧下垂。

①左脚侧出一步成开立，同时两臂屈肘与胸前反击铃一次。

②上体向左转135°，同时两臂伸直在头上正击铃一次。

③还原成①。

④还原成预备姿势。

⑤-⑧同①-④，动作方向相反。

（6）腹背运动。

练习一（见图9-31）

预备姿势：直立，两手各持哑铃于体侧下垂。

①两臂前举正击铃一次。

②上体前屈，同时两臂经侧向后摆至小腿后正击铃一次。

③上体直立，两臂经侧摆至头上正击铃一次。

④两臂经侧摆至体前下垂正击铃一次。

⑤-⑧同①-④，最后一拍还原成预备姿势。

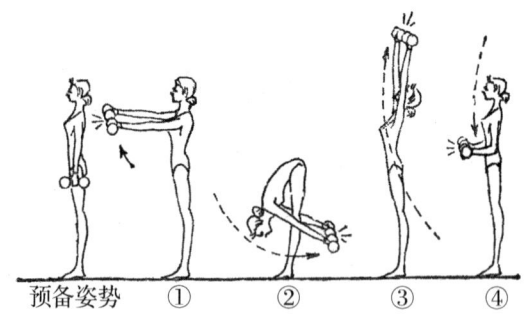

图 9-31　腹背运动

练习二

预备姿势：直立，两手各持哑铃于体侧下垂。

①两臂向内交叉绕至侧上举。

②头上正击铃一次。

③上体前屈，同时两臂经侧向下摆至小腿后击铃一次。

④还原成预备姿势。

⑤-⑧同①-④。

练习三

预备姿势：直立，两手各持哑铃于体侧下垂。

①左脚侧出一步成开立，同时两臂经侧至头上击铃一次。

②上体左前屈，同时两臂经侧摆至左腿后正击铃一次。

③上体再向右前屈，同时两臂至右腿后正击铃一次。

④还原成预备姿势。

⑤-⑧同①-④，动作方向相反。

（7）全身运动。

练习一（见图9-32）

预备姿势：直立，两手各持哑铃于体侧下垂。

①左脚前出一步成弓步，同时两臂经侧摆至头上正击铃一次。

②上体前屈，同时两臂经侧摆成左腿下正击铃一次。

③还原成①。

④还原成预备姿势。

⑤-⑧同①-④，动作方向相反。

预备姿势　　①　　　②　　　③　　　④

图9-32　全身运动练习一

练习二

预备姿势：直立，两手各持哑铃于体侧下垂。

①上体稍后屈，同时两臂经侧摆至头上正击铃一次。

②上体前屈，同时两臂经侧摆至小腿前反击铃一次。

③左脚前出一步成弓箭步，同时两臂在体后正击铃一次。

④还原成预备姿势。

⑤-⑧同①-④，动作方向相反。

练习三（见图9-33）

预备姿势：直立，两手各持哑铃于体侧下垂。

①左脚侧出一步成开立，同时两臂经侧摆至头上击铃一次。

②上体左前屈，同时两臂经侧摆至腿前反击铃一次。

③左脚收回与右脚并拢，下蹲，同时两臂经体侧摆至前举正击铃一次。

④还原成预备姿势。

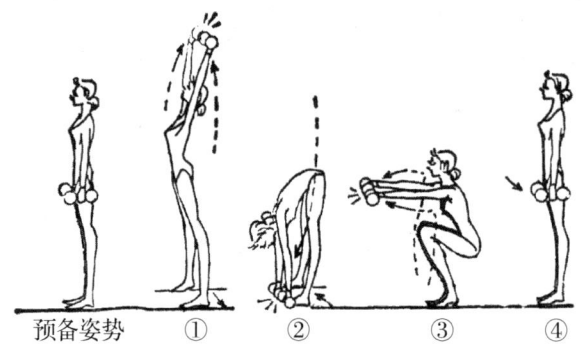

图 9-33 全身运动练习三

⑤-⑧同①-④，动作方向相反。

（8）跳跃运动。

练习一

预备姿势：直立，两手各持哑铃于体侧下垂。

①-④原地跳四次，同时两臂于体前下垂正击铃四次。

⑤跳成左右开立，同时两臂侧举。

⑥跳成开立，同时两臂上举正击铃一次。

⑦跳还原成5。

⑧跳还原成预备姿势。

练习二（见图 9-34）

预备姿势：直立，两手各持哑铃于体侧下垂。

①-④原地交换腿跳，同时两臂在胸前交替上下击铃四次。

⑤-⑦左脚向前方伸出，脚跟着地，右腿稍屈膝，同时两臂在左腿前反击铃三次。

⑧还原成预备姿势。

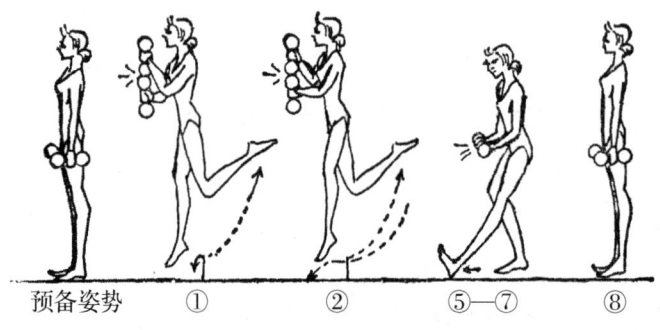

图 9-34 跳跃运动

第二八拍换出右脚做。

三、幼儿基本体操的组织与教学

（一）组织合理做操队形

合理做操队形必须根据教学对象年龄特点、动作能力、做操目的、气候、场地等条件来选择。队形组织的好坏，是衡量一个幼儿教师组织能力的一个重要方面。一般要注意以下几个方面。

（1）队形的组织要保证每一个幼儿可以看清老师的示范，同时也要保证老师能观察到每一个幼儿。

（2）做操过程中，幼儿前后、左右不碰撞，不相互影响。

（3）注意阳光、风向和周围环境的影响。一般让幼儿背向阳光、风向、嘈杂的环境，老师向光、向风站立。

（4）根据场地大小确定合理队形。

（二）幼儿基本体操教学

怎样教基本体操？常用的方法如下。

1. 语言法

（1）口头语言：讲解、讲述、叙述和描述；口令、指示、提示、口头评定、音乐伴奏、默诵与自我暗示等等；

①讲解与讲述：说明所学的动作名称、要领，讲解完成动作的关键及原理。讲解必须视对象（幼儿）已有的知识和经验；讲解要有针对性，要精讲多练。讲解时语气要肯定，表达要生动形象，比喻要恰当，并富有趣味，把幼儿的注意力集中到听讲上来。调动幼儿学习的积极性，启发学生积极思索，这样会加快幼儿建立动作形象与动作概念。

讲解要注意运用规范语言，使幼儿从小就养成正确认识自己的身体部位和名称的习惯。总之，要使讲解达到生动、形象、扼要、精确和富有情感，并不是一件容易的事情，因此，每位未来的幼儿教师应加强语言的修养。

②口令、指示和提示。

a. 口令。口令是调动队伍指挥做操的重要手段。我国的口令应以中国人民解放军的《队列条令》为准，全世界各个国家口令和动作都不同，所以，对口令的要求：第一要正确，第二要清楚、洪亮有力，第三节奏感要强。如，组织队形中，"立正！"没有预令只有动令；"齐步——走！""跑步——走！"；前面只是行动的性质，后面的"走"只是行动的命令。口令在领操中应根据动作幅度和动作性质来决定口令的快慢、长短和强弱。如，踢腿运动动作快，口令要喊得短促有力；跳跃运动要带有跳跃性地喊口令；动作幅度大的腹背运动（全身运动）口令喊得悠长些；最后的放松整理运动动作慢，口令要喊得轻松和缓些。另外，在练习时可采用一些带有提示性的口令，如，需要重复做动作时，可喊"五、六、七、再做"；需要连接下一节操时，可喊"五、六、七、体转运动"；需要提示的，可喊"一、二、三、四、手臂伸直"；需要停止练习时，可喊"五、六、七、停"；等等。

　　b. 提示和指示。有语言提示和手势提示。语言提示是指当幼儿在做动作的时候，教师用简练的语言指导和提醒幼儿注意的地方。如，"抬头""挺身""手要伸直"等等。手势提示是指用手指导学生练习。如"对齐""向右看齐"等等。手势起到无声语言或定向的作用。

　　③口头评定：是指教师用口头语言评定幼儿做操情况，"好""差"和存在的问题等等。对幼儿一般应以表扬为主。

　　④音乐伴奏：是基本体操教学不可缺少的教学手段，音乐是一种艺术语言，用音乐的节奏和旋律指导幼儿进行练习，对提高动作的节奏感和优美感都有很大的作用，同时还能激发幼儿学习的兴趣。一般常用钢琴、风琴、录音机、响铃手鼓、各种打击乐器等等。

　　⑤默诵与自我暗示："默诵"就是用无声的语言在心里想动作，这种心理活动与肌肉的感觉是有联系的。它不仅在头脑中表达将要进行的动作，而且还能出现表达动作的形象。一般是在做动作前让幼儿先想一想动作的顺序、要领等等。

　　自我暗示是指用无声语言警告自己的一种方法。在做动作前想一想教师的提示等，这样有利于树立完成动作的信心。

2. 直观法

　　幼儿在学习动作时，不仅要通过听觉、视觉而且还必须通过学生自身的练习（本体感觉）来体会、理解、掌握动作。只有当幼儿对动作有了空间、时间和用力的感觉后，才能逐渐掌握动作。

　　在教操的过程中要注意培养幼儿的观察力。幼儿除了认真观察教师的示范动作外，还可以观察同伴之间的动作。教师应在观察之前指出幼儿要观察什么、怎样去观察等等。如，"对比观察"后进行对比分析，找出错误的地方，产生的原因，等等，逐渐提高幼儿的观察力。常用的方法有以下几种。

　　（1）示范法。示范是最生动、最逼真、最真实的直观教学，示范动作应是动作的典范，正确优美的动作，不仅可以使幼儿建立正确的动作表象和概念，还可以引起幼儿学习动作的渴望心理，激发起幼儿学习的积极性。因此，教师在做示范时应注意以下几点。

　　①示范动作力求规范、正确、轻松和优美，给幼儿留下深刻的印象，使幼儿看完示范后就产生跃跃欲试之感。因此，教师要不断提高示范动作的质量。

　　②示范动作要有目的性，根据不同的目的采用不同的示范方法。为了建立完整动作表象，一般可先做一次完整动作示范。对较难的动作，可进行分解示范、重点示范或慢速示范。这种示范可以加深幼儿对动作细节和较复杂动作的认识和理解。

③要选择合适的示范位置。讲解、示范的位置与方法的选择运用，以有利于幼儿观察、显示动作路线和管理幼儿为原则，同时还要注意环境、阳光和风向等。示范的位置一般应站在队伍的中央前的等边三角形的顶点，使全体幼儿都能看清为原则。常用队形：正方形、长方形、三角形、圆形、半圆形、菱形、梯形等等。

④示范的方法。

正面示范（也称镜面示范）：即面对幼儿做反方向的动作。此法便于观察幼儿和管理幼儿。

侧面示范：即领操者（或教师）侧对幼儿做动作。此法便于显示动作路线，如踢腿运动等。

背面示范：即背对幼儿做同方向的动作。此法便于幼儿模仿动作，对初学者或动作较复杂时多采用此法。

示范还可以根据动作的难易程度采用完整或分解示范教学，如运动简单，幼儿又有一定的基础时，可以按正常速度做完整示范；如果动作较复杂，可先做慢动作示范，边讲边示范，必要时可采用分解示范、分解教学，然后再进行完整示范教学。总之要根据幼儿的实际情况来决定教学方法。

（2）演示法。演示是指利用实验、实物、图表照片、录像、电影等把事物的发展过程显示出来，使人们有所认识、有所理解。在演示的过程中，一定要配合教师的讲解，才能达到预想的效果。

（3）标志物和助力：标志物起到定向的作用，助力是帮助幼儿完成较难的动作时给予一定的助力。

以上方法的选用应根据动作的难易程度和幼儿的接受能力进行选择和综合运用，才能达到预期的教学效果。

第四节　儿童基本体操范例

第二套全国幼儿广播体操《世界真美好》

第二套全国幼儿广播体操《世界真美好》是国家教育部于 2002 年组织创编的系列广播体操，并于 2002 年 9 月 1 日开始在全国幼儿园实施。

第二套全国幼儿广播体操，在继承和发扬第一套系列广播体操成功经验的同时，更加注重教育性和时代性，在体操的整体结构设计、动作词汇的选择、音乐的创作等方面进行了新的探索，以体现改革创新的时代精神，使体操更加朝气蓬勃、新颖独特，动作具有韵律感，富有趣味性和模仿性，配乐节奏鲜明，符合儿童生理、心理发展规律。

全操动作要领：

（一）预备节（六个八拍）

预备姿势：直立。

第一个八拍（歌谣：大公鸡，喔喔叫）（见图9-35）

图9-35 预备节第一个八拍

1—2 两手胸前击掌两次。

3—4 还原。

5 左腿向侧伸（脚跟着地），同时右腿微屈，左手背于体后，右手胸前上屈（虎口张开，仿鸡叫），上体稍后仰。

6 还原成直立。

7—8 同5—6，但方向相反。

第二个八拍（歌谣：外面的世界多美妙）（见图9-36）

图9-36 预备节第二个八拍

1 左脚向侧一步，同时两脚起落踵弹动一次，两臂体前交叉向外转动一次（五指分开，掌心向后），稍含胸，低头。

2 起落踵弹动一次，同时两臂上举向外转动一次，头还原。

3 起落踵弹动一次，同时两臂侧举向外转动一次。

4 还原成直立。

5 两腿微屈膝，同时两臂胸前屈，两手左肩前击掌，头向左屈。

6 还原成直立。

7—8 同 5—6，但方向相反。

第三个八拍（歌谣：小朋友们排好队）（见图 9-37）

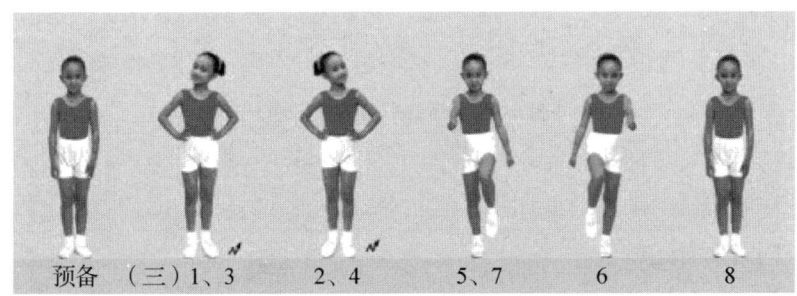

图 9-37　预备节第三个八拍

1 起落踵弹动一次，同时两手叉腰，头向左屈。

2 起落踵弹动一次，同时头向右屈。

3—4 同 1—2。

5—7 左腿开始踏三步，同时两臂伸直前后摆动（手握拳）。

8 还原成直立。

第四个八拍（歌谣：大家快快来做操）（见图 9-38）

图 9-38　预备节第四个八拍

1—2 起落提踵两次，同时两臂上举（五指并拢，腕屈伸两次，仿招手），身体稍向左倾。

3—4 同 1—2，但方向相反。

5—8 同第三八拍的 5—8。

第五个八拍（歌谣：间隔距离要保持）（见图 9-39）

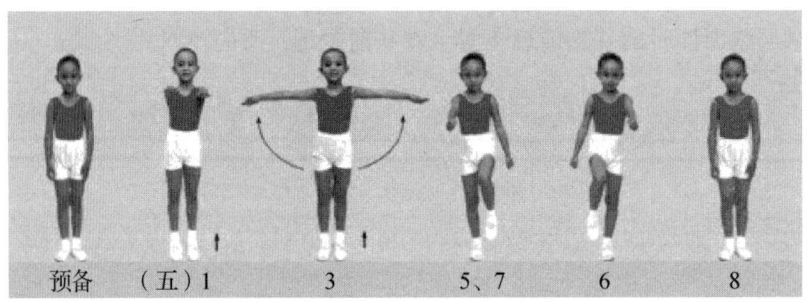

图 9-39　预备节第五个八拍

1 提踵，同时两臂前举（掌心向下）。

2 落踵，同时两臂还原。

3 提踵，同时两臂侧举。

4 落踵，同时两臂还原。

5—8 同第三八拍的 5—8。

第六个八拍（歌谣：大家都要准备好）（见图 9-40）

图 9-40　预备节第六个八拍

1—4 左脚开始踏四步，同时两臂交叉胸前屈手拍大臂四次。

5 左脚踏步一次，同时两手左肩前击掌一次。

6 同 5，但方向相反。

7 同 5。

8 还原成直立。

（二）第一节 伸展运动（四个八拍）

预备姿势：直立。

第一个八拍（歌谣：小海鸥，真勇敢）（见图9-41）

1 两腿微屈，同时两臂侧举（五指并拢，屈腕）。

2 还原成直立。

3 两腿微屈，同时两臂前举（五指并拢，屈腕）。

4 还原成直立。5—8 同 1—4。

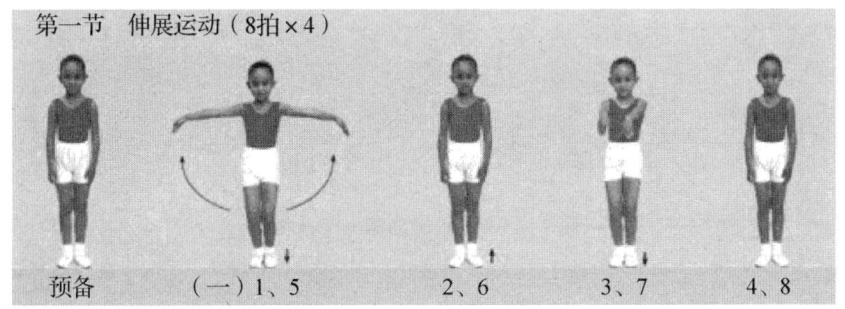

图 9-41　伸展运动第一个八拍

第二个八拍（歌谣：飞得高来飞得远）（见图9-42）

图 9-42　伸展运动第二个八拍

1—3 两腿微屈，同时两脚原地碎步踏动，两臂侧后举。

4 还原成直立。

5—6 提踵，同时两臂侧上举（五指并拢，屈腕）。

7—8 还原成直立。

第三个八拍（歌谣：我们学习小海鸥）

同第一个八拍。

第四个八拍（歌谣：不怕辛苦不怕难）

同第二个八拍，但方向相反。

（三）第二节 头胸运动（四个八拍）

预备姿势：直立。

第一个八拍（歌谣：小花猫，喵喵叫）（见图9-43）

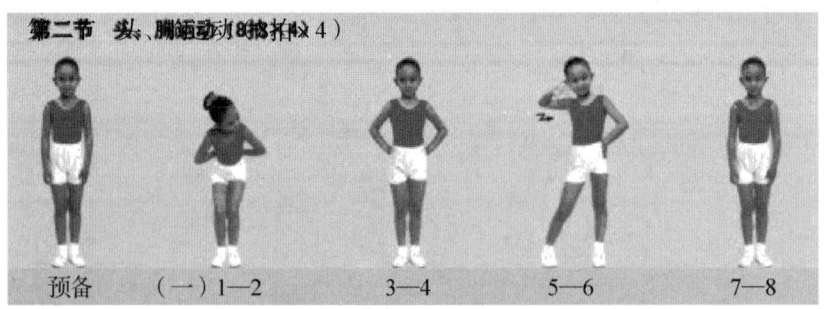

图9-43 头胸运动第一个八拍

1—2 两腿微屈，同时两臂体后屈，手背贴腰，上体稍前倾，头向左转。

3—4 两腿伸直，同时上体和头还原。

5—6 左脚向侧一步，同时右腿屈膝弹动两次，右臂胸前平屈侧振两次（五指分开，掌心向前）。

7—8 还原成直立。

第二个八拍（歌谣：摇摇脑袋舔舔毛）

同第一个八拍，但方向相反。

第三个八拍（歌谣：养成卫生好习惯）（见图9-44）

图9-44 头胸运动第三个八拍

1 两臂胸前屈下摆（五指分开，掌心向后），同时头后屈。

2 两臂胸前肘上摆，同时低头。

3—4 同 1—2，但 4 头正。

5 左脚向侧一步，同时两臂侧下举（五指并拢，伸腕），头向左屈。

6-头向右屈。

7 同 5。

8 还原成直立。

第四个八拍（歌谣：做个健康的乖宝宝）

同第三个八拍，但第 8 拍只是头还原。

(四) 第三节 体侧运动（四个八拍）

预备姿势：上节第四个八拍的结束动作。

第一个八拍（歌谣：企鹅弟弟站一排）（见图 9-45）

图 9-45 体侧运动第一个八拍

1 左腿向侧摆起后勾脚落地，同时右脚摆起（约 20°）。

2 同 1，但方向相反。

3 同 1。

4 右脚落地，同时两臂胸前屈小臂重叠（五指并拢，掌心向下）。

5—6 上体左侧屈。

7—8 还原成直立。

第二个八拍（歌谣：走起路来摇又摆）

同第一个八拍，但方向相反。

第三个八拍（歌谣：互帮互助最团结）（见图9-46）

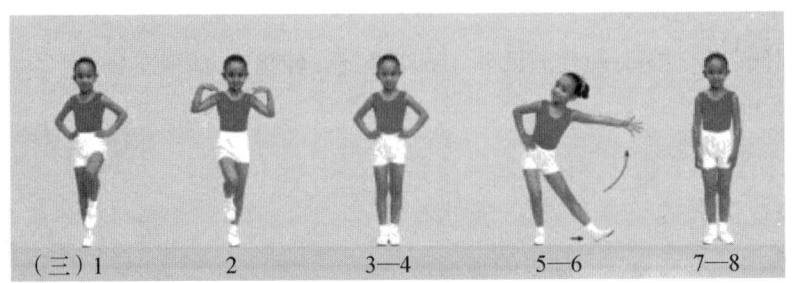

图9-46 体侧运动第三个八拍

1 左脚踏一步，同时两手叉腰。

2 右脚踏一步，同时两臂肩侧屈（手指触肩）。

3—4 两腿并立，同时两手叉腰。

5—6 左腿侧伸（脚跟着地），同时右腿微屈，左臂侧举（五指分开，掌心向前），上体向左屈。

7—8 还原成直立。

第四个八拍（歌谣：聪明伶俐人人爱）

同第三个八拍，但方向相反。

(五) 第四节 体转运动（四个八拍）

预备姿势：直立。

第一个八拍（歌谣：小猴子真顽皮）（见图9-47）

图9-47 体转运动第一个八拍

1—2 左腿向侧一步，同时两臂肩侧屈（手指触肩）。

3—4 两腿微屈，同时左臂肩侧上屈，右臂胸前平屈，上体向左转。

5 两腿伸直起落踵弹动一次，同时左手叉腰，右臂前伸（五指分开，向外转动一次）。

6 起落踵弹动一次，同时右臂向外转动一次，上体还原。

7 起落踵弹动一次，同时右臂摆至侧举向外转动一次，头向右转。

8 还原成直立。

第二个八拍（歌谣：望望东来望望西）

同第一个八拍，但方向相反。

第三个八拍（歌谣：遵守规则不胡闹）（见图9-48）

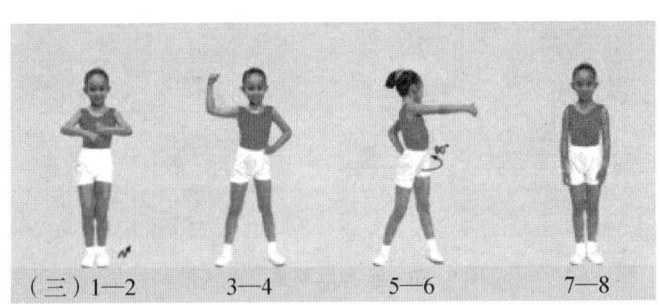

图9-48 体转运动第三个八拍

1—2 两腿屈膝弹动两次，同时两臂胸前平举（左臂在上），两手握拳相击两次（拳心向内）。

3—4 左脚向侧一步，同时左手叉腰，右臂肩侧上屈。

5—6 上体左转，同时右臂伸至前举（拳心向内，拇指翘起）。

7—8 还原成直立。

第四个八拍（歌谣：快快乐乐做游戏）

同第三个八拍，但方向相反。

（六）第五节 全身体运动（四个八拍）

预备姿势：直立。

第一个八拍（歌谣：大象伯伯慢慢走）（见图9-49）

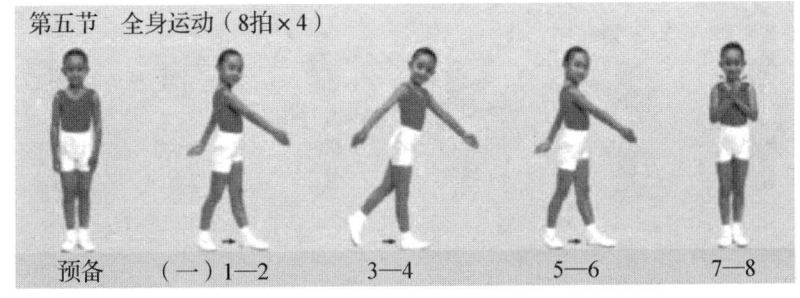

图9-49 全身运动第一个八拍

1—6 向左转体，同时左脚开始向前走三步，两臂伸直前后摆动，上体稍前倾，头向右转。

7—8 右脚并左脚，同时向右转体，两臂前平屈（击掌）。

第二个八拍（歌谣：伸伸鼻子仰仰头）（见图 9-50)

图 9-50　全身运动第二个八拍

1—2 左脚向侧一步，同时体前屈两臂伸直向左摆，头向左转。

3—4 两臂向左摆动，同时头向右转。

5—6 两腿微屈，两臂上举屈肘，上体抬起，头稍后仰。

7—8 还原成直立。

第三个八拍（歌谣：见到老人问个好）

同第一个八拍，但方向相反。

第四个八拍（歌谣：大家夸我有礼貌）

同第三个八拍，但方向相反。

（七）第六节　跳跃运动（四个八拍）

预备姿势：直立。

第一个八拍（歌谣：小青蛙呱呱叫）（见图 9-51)

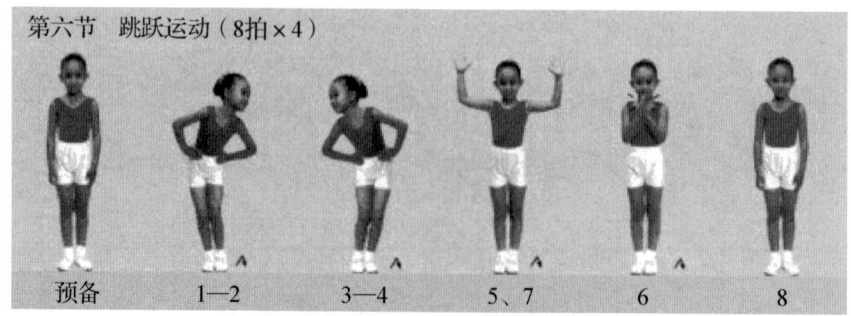

图 9-51　跳跃运动第一个八拍

1—2 两腿屈膝向左小跳一次，同时两手叉腰，上体稍前倾，头向左转。

3—4 同 1—2，但方向相反。

5 原地并腿小跳一次，同时两臂肩上侧屈（五指分开，掌心向前）。

6 再跳一次，同时两臂胸前屈（击掌一次）。

7 同 5。

8 跳成直立。

第二个八拍（歌谣：妈妈妈妈不见了）

同第一个八拍，但方向相反。

第三个八拍（歌谣：我们一起帮助它）（见图 9-52）

图 9-52　跳跃运动第三个八拍

1—4 左腿开始向后踢腿跑四步，同时两臂重叠胸前平屈向前依次绕环（两手握拳）。

5—7 两腿屈膝小跳三次转体 180°，同时两臂侧后举转动三次（五指分开），头向右转。

8 跳成直立。

第四个八拍（歌谣：找到妈妈哈哈笑）

同第三个八拍，但方向相反。

(八) 第七节 整理运动（四个八拍）

预备姿势：直立。

第一个八拍（歌谣：小黄莺高声叫）（见图 9-53）

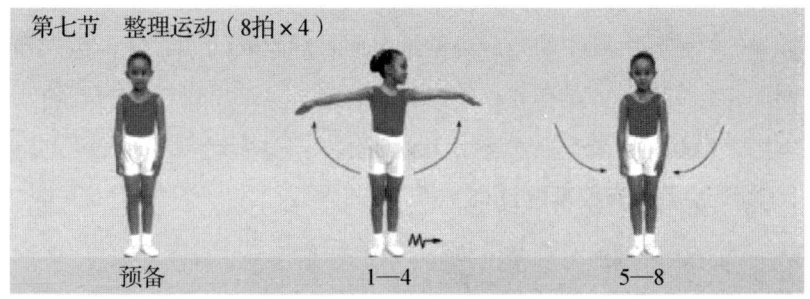

图 9-53　整理运动第一个八拍

1—4 提踵小碎步向左四步，同时两臂侧举，头向左转。

5—8 落踵还原成直立。

第二个八拍（歌谣：小朋友们齐欢笑）

同第一个八拍，但方向相反。

第三个八拍（歌谣：天天锻炼身体棒）（见图 9-54）

图 9-54　整理运动第三个八拍

1—2 两臂体前交叉，含胸，低头。

3—4 两臂摆至头上交叉，稍抬头。

5—6 两臂向外摆至侧举（掌心向下）。

7—8 两臂还原至体侧。

第四个八拍（歌谣：我们的世界真美好）

同第三个八拍，但方向相反。

幼儿模仿操

模仿操是形象地模仿人的生活、劳动、运动和军事训练，以及动物的各种姿态、动作等组成劳动模仿操、体育运动模仿操、军事训练模仿操、运动模仿操。

内容丰富、形象活泼的模仿动作练习，符合幼儿心理和生理发展的特点。模仿操不仅能引起幼儿做操的兴趣，有利于幼儿身心健康，而且能发展幼儿思维，扩大知识面，促进智力发育。因此，它是幼儿园基本体操的主要内容之一。这里仅选择一些幼儿园教材以外的典型动作范例，供教学时参考。

（一）上肢运动（仿游泳手臂动作）

预备姿势：直立，两臂前举（掌心向下）。

1—2 左臂向下经后环绕一周，同时向左转头眼看左手。

3—4 同 1—2，但换右臂。

5—6 上体前屈仿蛙泳，手臂动作一次。

7—8 仿蛙泳手臂动作一次。

（二）下肢运动

练习一 下蹲运动（仿打气）

预备姿势：左脚前出半步，两腿稍屈，上体稍前倾，两臂体前伸直。

1 两臂用力向上屈臂拉起，重心稍后移。

2 两臂伸直用力向下推压，同时屈膝半蹲。

3 同1；

4 同2；

5—8 同1—4，但换右腿在前。

练习二 踢腿运动（仿踢毽）

预备姿势：直立。

1—2 两手背叉腰，稍含胸低头，同时左腿提推屈内踢。

3—4 同1—2，但换右腿提推屈内踢。

5—6 两臂向右斜下伸，同时左腿提屈外侧踢，眼看左脚。

7—8 同5—6，但方向相反。

（三）四肢运动

练习一（仿拉锯）

预备姿势：直立。

1—2 左脚向前一步成弓箭步，同时上体前倾，两臂屈肘于腰间（两手握拳，拳心向下）向前推伸（仿推锯）。

3—4 两臂屈肘仿后拉锯，同时中心移至后脚。

5—6 同1—2。

7—8 还原成预备姿势。

注意事项：身体重心的前后移动要与拉锯动作配合协调。第二个八拍换出右脚。

练习二（仿拉纤）

预备姿势：直立。

1 左脚向前一步，同时两臂上举（两手半握拳）。

2 中心前移成弓箭步下压，同时上体向右转，左臂屈肘于肩上，右臂侧举，眼看右手。

3 同2，左腿蹬直下压。

4 还原成预备姿势。

5—8 同1—4，但出右脚。

(四) 体转运动

练习一（仿打锤）

预备姿势：立正。

1 左脚后出一步，屈左膝，同时上体左转，两臂后举（仿举锤动作）。

2 上体右转同时两臂用力下摆（仿打锤动作）。

3 同 1。

4 同 2。

5—8 同 1—4，但出右脚。

注意事项：由举锤到打锤的过程，动作幅度要大，腹背肌肉配合用力。

练习二（仿投弹）

预备姿势：立正。

1 右脚后出一步，重心移至右脚，同时上体向右转，右臂侧举（仿引弹动作）。

2 右腿蹬直，重心移至左腿，同时向左转体，右肘领先并高于肩。

3 右臂用力向前挥摆，同时中线完全移至左脚，右腿后举维持平衡。

4 还原成预备姿势。

5—8 同 1—4，但换左手。

注意事项：投弹时，要做出挥摆甩腕的动作。

练习三（仿吹号）

预备姿势：立正。

1—2 左脚侧出一步，重心移至左脚并向左转体 90°，右脚尖点地，同时左手叉腰，右手半握拳经侧举向下摆至胸前屈（拳眼对着嘴）。

3—4 还原成预备姿势。

5—8 同 1—4，但方向相反。

(五) 腹背运动（仿跳水）

预备姿势：立正。

1—2 左脚后撤一步，脚尖点地，同时两臂经前摆至侧上举（掌心相对），上体后屈，眼看手。

3—4 左脚向前并步，两腿屈膝半蹲，同时上体前屈两臂下摆至后举。

5—6 上体抬起，两腿伸直，左脚后撤一步足尖点地，同时两臂前摆至侧上举（掌心相对），上体后屈，眼看手。

7-6 还原成预备姿势。

（六）全身运动（仿举重）

预备姿势：立正。

1 上体前屈，同时两臂下垂（仿握杠铃）。

2 上体直立，同时两手翻腕，两臂肩前屈（拳心向前）。

3 跳成左脚在前的弓箭步，同时两臂伸至上举（拳心向上）。

4 跳还原成预备姿势。

5—8 同 1—4，但出右脚。

（七）跳跃运动（仿跳绳）

预备姿势：立正。

1—4 原地并腿跳，同时两臂侧下举，两手半握拳，小臂向前环绕（仿摇绳）。

5—8 两臂同 1—4，两腿交替向后踢腿跳。

响铃操

准备节：（4×8）

空：（2×8）

踏步：（2×8）

第一个八拍：原地踏步，1—2 两手体前持铃上下击铃；3 左臂侧上举，右臂胸前平屈；4 同 3 动作相反；5—8 同 1—4。

第二个八拍：原地踏步，1 两手持铃体前屈；2 两臂前平举；3—4 同 1—2；5—6 同 1—2；7—8 两臂由前平举，振铃三次，摆至侧平举。

（1—2 两臂经侧放下。）

（一）伸展运动（4×8）

第一个八拍：1 两脚并立，两手体前持铃振一次；2 左脚前出，脚尖点地，两臂前平举，振铃一次；3 重心前移，右脚脚尖点地，两臂侧平举；4 下肢动作不变，两臂放于体侧；5—7 两臂上举，向前振铃 3 次；8 两臂经前放于体侧，还原成直立。

第二个八拍：同第一个八拍，动作方向相反。

第三个八拍、第四个八拍同第一个八拍、第二个八拍。

（二）体转运动（4×8）

第一个八拍：1—3 左脚侧出，成侧弓步，上体侧转 45°，眼看左上方，左臂侧上举，右臂前平举，晃铃；4 还原成直立；5—7 同 1—3，动作方向相反；8 还原成直立。

第二个八拍：1—2 提踵立，两臂上举；3—4 屈膝半蹲，上体左转 90°，头左转，眼看后上方，左臂向后右臂向前摆至侧平举；5—6 上肢恢复 1—2 动作，下肢并立；7—8 两臂向侧还原成直立。

第三个八拍、第四个八拍同第一个八拍、第二个八拍，动作方向相反。

（三）踢腿运动（4×8）

第一个八拍：1 出左脚，两脚开立，两手体前持铃振一次；2 身体左转 90°，向左提右膝，两臂伸至侧平举；3 右腿放回，动作同 1；4 同 2，动作方向相反；5 两脚并立，两臂头上交叉；6 踢右腿，两臂腿下正击铃；7 右腿收回直立，两臂侧平举；8 还原成直立。

第二个八拍同第一个八拍，动作方向相反。

第三个八拍、第四个八拍同第一个八拍、第二个八拍。

（四）绕臂运动（4×8）

第一个八拍：1 两腿半蹲，头右侧转，左臂前上右臂后上绕环，两手晃铃；2 两腿直立，两臂绕环至上举，两手晃铃；3—4 同 1—2；5—7 提踵立，两臂上举，头右转 45°，身体向左转体 360°回原位；8 两臂经侧收于体侧，还原成直立。

第二个八拍同第一个八拍，动作方向相反。

第三个八拍、第四个八拍同第一个八拍、第二个八拍。

过渡四拍：两脚并立，连续提踵立 4 次，两臂体前屈持铃，上下振铃。

（五）下蹲运动（4×8）

第一个八拍：1 出左腿，两脚开立，两臂前平举；2 并右脚，两臂上举；3—4 屈膝半蹲，低头含胸，两臂经侧摆至侧下举；5 跳起两脚开立，屈膝半蹲，两臂胸前平屈，口呼"嗨"；6 跳起两脚并立，两臂侧平举；7—8 还原成直立。

第二个八拍同第一个八拍，动作方向相反。

第三个八拍、第四个八拍同第一个八拍、第二个八拍。

踏步同前（二个八拍）。

（六）腹背运动（第二个八拍）

第一个八拍：1—2 跳起落地两脚开立，体前屈，两臂前平举，晃铃；3—4 跳起向左转体 90°，两脚并立小跳两次，两臂前下举；5 出左脚，脚跟点地，头右转，两臂体前屈；6 还原为直立；7—8 同 5—6，动作方向相反。

第二个八拍：1 跳起右转回正面，其余动作同第一个八拍，动作方向相反。

（七）四肢运动（第二个八拍）

第一个八拍：1—2 出左脚，身体左转 90°回正面，两脚开立，两臂侧平举；3 上体左转 90°，两腿成弓步，两臂放于体侧；4 下肢动作不变，两臂前上举；5—6 下肢动作不变，两臂小臂重叠向前绕环；7 上体右转 90°，两脚开立，右臂经下摆至两臂侧平举；8 还原成直立。

第二个八拍同第一个八拍，动作方向相反。

（八）跳转运动（第二个八拍）

第一个八拍：1 两脚并立，两臂体前屈，振铃一次；2 左脚侧出，脚尖点地，右腿屈膝半蹲，左臂前平举，右臂侧平举；3—4 同 1—2，动作方向相反；5—6 屈膝半蹲，两臂体前屈，振铃两次；7 向左跳起转体 180°，两脚开立，两臂侧上举；8 跳起还原成直立。

第二个八拍同第一个八拍。

踏步同前后加两臂侧平举振铃 3 次。

第五节　基本体操的创编

普通大专学生学习基本体操，是对自身发展的教育、促使教学目标的完成。师范专业学生的基本体操教学，不仅要教会他们基本动作、成套动作，还要要求学生学会创编基本体操的技能与方法。

一、创编徒手操的原则

1. 要有明确的目的性

徒手操的动作很多，练习的方法也各有不同。为了更好地发挥徒手体操的作用，在创编整套动作时，首先要有明确的目的性，要根据对象和解决的任务来选择内容。例如：小班的幼儿大多 3 岁左右，此时幼儿学习动作比较困难，往往不能控制自己的四肢活动，基本动作的能力比较差、方向感弱等，创编操时就应采用一些简单易学的动作，动作幅度不要太大。中班幼儿年龄在 4 岁左右，此时幼儿的特点是好动，表现欲强。可以增加一些小肌肉群活动的内容。创编的动作要活泼、欢快，易于模仿，不宜疲劳。选择的音乐节奏要鲜明，速度不宜太慢，持续时间不宜过长。

2. 全面发展原则

在创编徒手操时，在内容的选择上不仅要符合幼儿的身心特征，同时还要注意幼儿身心的全面发展。因此，在整套动作中，徒手操应包括上肢、下肢、躯干、全身、跳跃和整理运动。动作的方向要有向前、向后、向左、向右的，还应把培养正确的身体姿势与发展幼儿身体素质结合起来，使幼儿身体各部位都能得到锻炼，促进幼儿全面发展。

3. 合理安排运动量原则

创编整套基本体操时，必须遵循人体运动生理变化规律，即运作量要由小到大，逐步上升。动作要由慢到快,由易到难。一般是先用踏步或从离心脏较远、活动量较小的上、下肢开始;如原地踏步或伸展运动、上肢运动、四肢运动、踢腿运动,中间是动作幅度和运动量逐渐加大的躯干运动(先侧后转)、腹背运动,然后转入较剧烈的、活动量最大的全身运动、跳跃运动,最后以放松整理运动或放松运动结束。运动量由小到大;参与活动的肌肉由小到大、由少到多、由单一到复合。

4. 要有一定的趣味性和创造性

徒手操的内容极为丰富,创编整套动作时,不仅可以根据实际情况选择各种不同的动作,而且还应针对不同的对象和要求,创造性地创编一些主题鲜明、形式多样和具有时代感的新的动作、新的编排,避免形式单一、千篇一律,枯燥乏味。利用轻快、活泼的各种动作和小范围的队形变化及欢乐的音乐表现出幼儿天真活泼可爱。徒手操的教学也是对幼儿进行思想品德教育的重要手段,所以在编操时也要注重对幼儿的教育性。

创编徒手操一般是通过改变开始姿势、动作方向、幅度、速度、路线等方法,创造一些动作优美、活泼可爱并富有时代感,又具有锻炼实效的动作,以提高幼儿的兴趣和锻炼效果。

二、编排轻器械体操练习时注意事项

持轻器械体操是在徒手操动作基础之上,手持轻器械,如棍棒操、花操、红旗操、哑铃操等进行练习。它既有身体各部位的运动,又有变化器械的动作,还可以利用轻器械的特点来练习(突出器械的特点),如棍棒操;要充分利用棍棒的特点,进行握棍、滑棍、举棍、转棍、绕棍等练习。因此轻器械体操内容丰富,形式多样,具有独特性。

编排轻器械体操练习时一定要注意:

(1)练习前应将器械集中有序地放在一起,练习前后都要有组织地取还器械。

(2)注意调整好体操队形(前后,左右;间隔、距离),不要碰撞。

(3)加强组织纪律教育,在统一指挥下进行练习。

(4)注意动作难度和运动量要适度。

(5)动作要突出器械的特点。

三、创编操的方法

编操的顺序:一般是先用踏步或从经常活动着的上、下肢开始,如原地踏步或伸展运动、上肢运动、四肢运动,接着是做踢腿运动、躯干运动(先侧后转)、全身运动或腹背运动、跳跃运动、放松整理运动或踏步。

(一)创编徒手操的要求和顺序

(1)全套操的名称:如"拍手操""模仿操——世界真奇妙""哑铃操""花操""红

旗操""棍棒操"等。

（2）节数：如"第一节""第二节""第三节"等等。

（3）动作名称：一般是以对身体的作用作为每一节动作的名称，如"扩胸运动"；或是指动作的部位，如"上肢运动"；还可以用动作表示儿歌的内容，如"清早起，阳光照，小朋友起得早"。

（4）预备姿势：如"直立""立正"。

（5）做操的拍数：如每节做两个八拍（2×8）。

（6）开始姿势：如立正、直立、两脚开立等。

（7）动作部位：如上肢、下肢、肩、躯干等。

（8）动作方向：如向前、向后、向左、向右、向内、向外等。

（9）动作方法：如举、踢、绕、绕环、体前（后、侧）屈等。

（10）结束姿势：还原成立正姿势。

（11）每节的动作要点。

（12）每节操基本结构有"ABAB""AABB"等，各拍要分行记写。最好要附上简图或照片。例如：以 ABAB 结构为例

第一节：伸展运动（4×8）

预备姿势：直立。

第一个八拍

1 左脚侧出，左臂侧举，右臂经侧至上举。

2 左臂上举，右臂侧举。

3 左臂侧举，右臂上举。

4 还原成直立。

5—8 同 1—4，动作方向左右相反。

第二个八拍

1 ……

2

3

4

5—8 同 1—4，动作方向左右相反。

第三个八拍同第一个八拍。

第四个八拍同第二个八拍。

（二）选编音乐要求与训练

①要根据徒手操的主题、风格来创作或选择音乐。音乐要有强烈的时代感，基调要有

生机。

②音乐要符合操的节拍和动作的速度，要使音乐与动作结构和队形变换达到完美统一。

③音乐的旋律、节奏要清晰，要易于掌握记住。

④音乐在徒手操中能起到代替口令和指挥的作用。好的音乐伴奏能准确地指挥学生的队形、动作变化，促使动作整齐。

⑤徒手操的音乐可以进行"创编"，也可以进行"选曲"。不管是"创编"或是"选曲"，音乐的节奏必须清晰、明确；要有强有弱、有张有弛。创编或选曲一般有三种形式：先编操后配音乐；先有成品音乐，再编操；编选音乐和编操同时进行。

⑥音乐训练。为了达到做操和音乐的统一，就必须进行音乐训练；通常采用下列步骤：先多听→随听学会唱（或先学会做操）→边听边做操，或边唱边做或在简单的伴奏下（加上口令）练习→用伴奏录音训练（加上口令）。随着音乐节奏可以加上拍手、击鼓、碰铃、唱儿歌等形式练习徒手操。

第六节 跳 绳

跳绳是广大青少年、儿童喜爱的一项体育健身内容，更是女学生所喜爱的一项运动。经常跳绳，能增强学生腿部的肌肉力量，发展弹跳力、灵活性、协调性和耐久力等身体素质，有利于促进身体全面发展，对提高运动器官和心血管系统的技能有良好的作用。

跳绳是一项简单易行，便于开展的运动，它既是学校体育教学的准备活动和体力练习内容，也是课外体育活动的内容之一，同时又是运动训练中发展弹跳力和耐久力的辅助练习手段。

跳绳包括跳短绳、跳长绳、绳操和跳绳游戏等，其内容丰富多彩，形式变化多样。在教学中一般采用定位取绳或行进间依次取绳较好。取绳后应要求学生用左（右）手持四折绳，听到口令后，再按要求打开绳。做完跳绳练习后，应教育学生根据需要，将绳系好后再按要求放绳。跳绳练习前，还应调整好队伍前后、左右的间隔、距离，以避免互相干扰。由于跳绳练习运动量较大，一般应注意定位（或行进间）绳操与跳绳动作相结合，适当调节运动量，则有利于提高锻炼效果。

一、跳短绳

跳短绳一般是以一人（或两人）持短绳两端摇转，一人、两人或三人同时跳动的跳绳练习。跳短绳时，首先要选择好绳子的长短，掌握好摇绳的方法，随之掌握各种跳法的变换。

（一）确定绳子长短的方法

两手各持绳的一端，用一脚或两脚踩住绳子的中央，两臂体侧屈肘，肘靠近身体，将绳拉直，即为合适绳长。两人或三人同时跳时，绳子的长度可酌量放长。

（二）摇绳

摇绳时两臂在体侧，先用手臂摇一两圈后，再以肘关节为轴，借用前臂和手腕的力量在体侧画小圆摇绳，使绳子均匀而有节奏的摇动。在跳绳时，要把绳子摇直，绳子落地点在脚前不超过10公分，从脚掌与地面间经过。

摇绳的方向有正摇、反摇、右侧摇和左侧摇。由绳在体后的开始姿势，向前摇绳为正摇；由绳在体前的开始姿势，向后摇绳为反摇；由绳在身体左侧（左手在体后，右手在体前）的开始姿势，向右侧摇绳为右侧摇；由绳在身体右侧（右手在体后，左后在体前）的开始姿势，向左侧摇绳为左侧摇。此外，向前、向后的摇绳均可做交叉臂摇。

（三）跳法

1. 单人跳

（1）并脚跳：正（反）摇绳，绳接近地面时双脚跳起，绳从脚下摇过去，摇一圈可跳一次。

（2）两脚交换跳：正（反）摇绳，绳接近地面时，左（右）脚跳起，右（左）脚由绳上跨过，接着右（左）脚落地，左（右）脚向后抬起，绳由脚下通过，摇一圈可交换脚跳一次。

（3）侧摇跳：一臂在体前，一臂在体后，向左（右）脚侧摇绳跳过。

（4）跳绳跑：正摇绳，身体稍前倾，绳每摇转一圈可向前跑两步（或一步），摇绳和跑的速度应配合好。

（5）正摇编花跳：正摇绳，绳向前摇至体前向下摆时，右臂向左（右臂摇得高一些，把绳抖开转过），左臂在腰部向右交叉，以手腕力量转动跳绳，当绳摇过脚至头上时，两臂再左右分开，进行下一次跳跃。也可在两臂交叉后不立即分开，而连续摇绳跳若干次后再分开做正摇跳。

（6）反摇编花跳：跳法同（5），但两臂在胸前交叉，摇绳时应利用手腕力量向前、向后下用力快速摇转绳。

（7）双摇跳：摇转绳两圈，并脚跳一次。

（8）向前"8"字摇绳：两臂稍向体前挥绳，经下向左（左手向侧后，右手向左右挥摆绳，上体稍向左转）向侧后挥绳绕环一周；在经下向右后（右手摆回并向侧后、左手向右后挥摇绳，上体稍向右转）挥绳绕环一周；然后左臂摆回，接正摇跳。

（9）向后"8"字摇绳：摇绳方法同上，但开始向左挥绳绕环时，两臂是经上向后绕环。然后两臂分开接反摇跳。

（10）向前摇绳跳转体向后摇绳跳（正转反）：当绳向前摇过头后，绳经右（左）侧下摆的同时，向右（左）转体180°（绳经下向上绕环一周，同时身体以右（左）脚为轴转体），按向后摇绳跳。

（11）向后摇绳跳转体接向前摇绳跳（反转正）：当绳向后摇过头上时，绳经左（右）侧下摆，接着以右（左）脚为轴向右（左）转体180°，接向前摇绳跳。

2. 双人跳

两人各握绳的一端，同摇同跳或同摇一人跳。

（1）两人并排站立，各用外侧手摇绳，内侧手互握同摇同跳。

（2）两人摇绳，一人助摇一人跳，然后两人互换。

（3）向前或向后双人进行跳绳。

3. 带人跳

由一人摇绳，两人或三人同时跳，跳时可加做各种动作。

（1）两人面对面（或同向）站立，一人摇绳，另一人扶同伴腰部，两人同时跳。

（2）同（1）跳法，但跳时两人互相传递摇绳。

（3）一人摇绳跳，另一人由前或后面来回跳出跳入。

（4）一人摇绳跳，另一人边跳边从摇绳者臂下钻过。

（5）三人前后站立，中间人摇绳带两人跳。

（6）一人摇绳跳，另二人由前、后来回跳入、跳出。

二、跳长绳

跳长绳是由两人对面站立，各持长绳一端，同时向同一方向摇绳；也可由一人摇绳，而将绳的另一端固定在其他物体上。根据练习者所在方向，摇绳又分为"正摇"和"反摇"，向练习者方向摇转为"正摇"，向练习者相反方向摇转为"反摇"。

三、跳单绳

跑过：跑过是指绳子摇转后，练习者迅速由绳子下跑过，两脚不越过绳子。

做法：两人正摇一根长绳，当绳子由最高点向着练习者这一边往下摇时，练习者应该在绳摇到与头齐高，绳将往下摇时跟在绳后面跑过。注意要摇得速度均匀。如果练习者被绳子挂住，摇绳人必须立刻松手，以免绊倒。

1. 徒手跳

（1）练习者一人或多人迅速从绳下跑过。

（2）每摇转一或二次绳，跑过一人。

（3）按教师规定的摇绳圈数或按教师发出的信号跑过。

（4）以各种不同的姿势（如叉腰、两手放背后、拍手等）在绳下跑过。

（5）单人鱼贯式"8"字形跑过。

（6）两人同时以各种姿势（换手或搭肩、踢腿动作等）跑过。

（7）两队斜向依次交叉跑过。两路纵队分别站在绳子一面的两侧，摇绳一圈跑过一人，两队依次交叉在绳下跑过。

（8）两队斜向同时交叉跑过。

2. 手持轻器材跳

（1）两人同时跑入，边跳边互相抛接小球。

（2）一人或两人跑入，边跳边捡拾、放回物体。

（3）以上各动作也可以加跳以后再跑出。

四、跳双绳

（1）跑过、跳过两个平行的长绳。

（2）两人摇双绳，一人跳两绳：两人面对站立，手持两条平行的长绳，两臂交替摇绳（一绳先摇，一绳后摇），当绳摇至一绳在上，一绳在下时，学生由正面或斜面跑至绳的着地点附近，用单脚交换跳的方式进行跳跃。

（3）四人摇两条"十"字交叉的长绳，两组同时摇绳，练习者跑入做连续并脚跳。

五、跳多绳与混合绳

（1）跳多绳：练习者按顺序依次跑过或跳过并列形、方形、梅花形等多条绳。

（2）跳混合绳：两人摇一条长绳，练习者手持一条短绳，当长绳向上摇起时，练习者跑入，自己摇短绳进行各种跳跃动作。要求短绳与长绳节拍一致。

思考题

1. 通过了解奥运会冠军邹敬园的故事，谈谈对精益求精精神的理解。

2. 请同学们参照队列队形指挥评价表，对自己的表现进行自我评价（见表9-1）。

表 9-1　队列队形指挥自我评价表

标准	优秀	良好	及格	不及格
内容	口令正确、清楚、声音洪亮。体态端正、调队准确、灵活、位置适当。指挥调队能力强。	口令基本正确，准确清楚，声音洪亮。指挥队伍能力较强，调动队伍较准确。	口令基本正确，声音不洪亮。指挥调队能力一般。	口令不正确或不会喊，口令声音太小，听不清。指挥调队能力差或不会调队。

3. 请同学们参照基本体操组织教学技能评价表，对自己的表现进行自我评价（见表 9-2）。

表 9-2　基本体操组织教学技能自我评价表

标准	优秀	良好	及格	不及格
内容	示范正确、动作规范、能根据队形、动作性质而灵活运用不同方向示范。位置适当。带操口令节奏鲜明，并能恰当运用提示性的语言。	示范正确、能做不同方向的示范。位置较适当。带操口令正确、清楚，但声音欠洪亮、节奏较明显。	示范基本正确、能做反向示范。位置基本合理，带操口令基本正确，但声音不洪亮、节奏平淡。	示范不正确、部位不准确，示范方向、位置不当。带操能力差或不会带操。

第十章 体育游戏

> **思政目标**
>
> 通过体育游戏组织实践和对中国共产党第二十次全国代表大会代表丁宁故事的讲解，培养学生解决实际问题的能力，增强对全民健身、建设体育强国的认识，养成良好健身习惯，树立终身体育意识。

体育游戏是具有一定动作、情节和竞赛因素的一种独特形式的体育活动，其内容丰富多彩、形式生动活泼多样，深受广大青少年、儿童和幼儿的喜爱。游戏是学校教育的重要组成部分，也是体育教学的重要内容和手段。游戏是学前儿童的基本活动，体育游戏是幼儿园体育的主要教学内容，因此，体育游戏是师范专业体育教学大纲中规定的重要内容之一。师范专业学生学习体育游戏则具有双重任务：锻炼身体；了解和掌握儿童体育游戏组织教学方法。

第一节 体育游戏基本知识

体育游戏主要是由各种走、跑、跳跃、投掷、越过障碍和各种对抗性练习等基本动作所组成的身体练习，是学生身体全面发展的重要手段之一。游戏的最大特点是能使人活泼愉快、情绪高涨，比其他身体练习更能引起学生的兴趣。在体育教学中，正确地组织和开展游戏活动，能充分调动学生参加活动的积极性和主动性，有利于帮助学生掌握和提高跑、跳、投等各项运动技能；有利于发展速度、灵敏、力量、耐力等身体素质；有助于发展注意力、记忆力、控制力，调动其思维活动的积极性，促进智力发展；并能培养朝气蓬勃、遵守纪律、团结互助的集体主义精神和机智、勇敢、果断、顽强等优良品质。

一、体育游戏的起源与发展

体育游戏源远流长，在人类社会初期就把它作为教育儿童的一种手段。家长常把自己的生活与劳动经验通过游戏的方式传授给孩子们。同时，孩子们也自发地对周围环境和成人的行为进行观察和模仿，做各种简单的、象征性的游戏。孩子们在结伴游戏中，还可受到友爱、合群等教育。远在荷马时代，斯巴达儿童就有了滚圈、木马、秋千等玩具。人们利用游戏对自己的后代进行生活、劳动等方面的技能教育。

我国原始社会末期，居住在大兴安岭一带过着游猎生活的鄂温克人，就利用"打熊""打虎""射雕"等游戏教给孩子们生活和生产的本领，并使其身体得到锻炼。抽陀螺，又称"打皮猴"，也是我国民间流传已久的儿童游戏。在1926年山西省夏县西阴村灰土岭出土的仰韶时期（5000多年前）文化遗址的文物中，曾发现一个陶制的陀螺，与现代儿童所玩的小陀螺形状基本相同。

此外，在我国敦煌壁画中也有游戏与舞蹈形象的图画。可见，体育游戏起源于原始社会中生产力发展和教育的需要，有着悠久的历史。随着人类社会的不断进化，人们的生活和劳动方式以及生产和交通工具等，也在不断演变和进化，体育游戏也随之不断发展。人类最初只会跑、跳、追逐、角力，或模仿鸟飞、兽走、鱼游、刮风、下雨等生物与自然现象，做些极其简单的游戏，大都是徒手。后来随着社会的发展，游戏的内容也不断丰富起来，动作也更为复杂。如模仿狩猎、畜牧、耕种、建筑等活动，或骑马、打仗等。大人对后代的游戏教育也越来越关注。当人类产生了语言之后，在儿童中就逐渐出现了带有说白、歌唱式的游戏了，在此基础上逐渐演变为当今小学、幼儿园的"唱游课"。

当人类有了文字之后，又逐渐出现了有故事情节和智力性的游戏（如猜谜、棋弈、填字组词、计算等）。游戏是随着时代的演进而翻新的。随着中外文化、教育的交流，国内外的许多民间游戏也得以相互传播。大凡好的游戏，总会世代相传而不衰。例如，在18世纪60年代，我国清朝同治年间的外交官张德彝，在游历各国的日子里，记录整理了八部游记。其中用大量篇幅介绍、引进了60多则外国民间游戏，如"抽陀螺""打水飘""跳索""击鹄""猜影""玩石球"等，大都与我国民间儿童传统性游戏相类似。

进入20世纪80年代，随着我国体育事业的发展，游戏作为体育的重要内容之一，得到了广泛的传播，特别是在中小学、幼儿园的体育教学中，游戏被列入基础教材，成为对学生进行体育教育的重要内容。所以说，在一定程度上，体育游戏也是社会进步和人类社会生活方式的反映。今后随着社会的不断发展，将会创造出更多、更好、更新颖的游戏。

二、游戏的分类

一般游戏可分为两大类，即发展智力的游戏（主要包括文字游戏、图画游戏、数字游戏等，大都属于文化娱乐）和发展体力的游戏（体育活动内容）两大类。幼儿游戏则根据游戏的教育作用可分为创造性游戏和有规则的游戏。创造性游戏有角色游戏、结构游戏、表演游戏。有规则的游戏有智力游戏、体育游戏、音乐游戏。

体育游戏也有各种不同的分类方法，见图10-1。

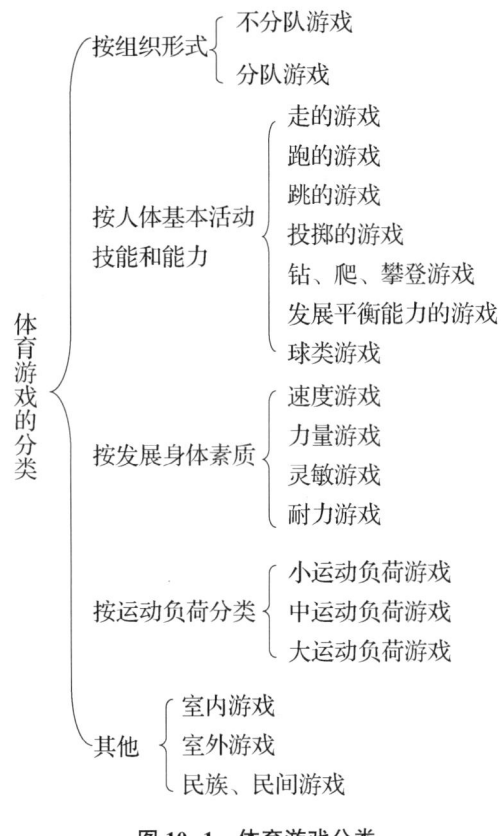

图10-1 体育游戏分类

告诉你

传播体育精神——丁宁

丁宁，中国共产党第十九次、第二十次全国代表大会代表，前中国乒乓球队女队队长、奥运冠军、世界冠军。在运动员时期，丁宁在赛场上争金夺银，为国争光。如今，她成为一名老师，更多地关注点放在了青少年体育、校园体育、全民健身等领域，并希望能在体育教育上发挥特长，为全民健身贡献力量。

球场上，丁宁不遗余力地传播奥运文化和精神；球场外，她也默默无闻地做着公益活动。2017年，丁宁和她的球迷后援会发起"叮当公益行"助学公益活动，以"叮当书屋""叮当奖学金""叮当梦想超市"等多种方式帮助青海、新疆、甘肃、四川等偏远山区的孩子们。丁宁说："孩子们都好可爱，希望他们能感受到体育带来的快乐，能在运动中学会面对困难、失败和挫折。"

"全民健身、全民健康是一个大的基础，让更多人参与到运动中去，让青少年德智体美劳全面发展，让孩子们有一个更好的身体。"丁宁说，"这个过程中既能提升幸福感，又能提高身体素质，还体现了对体育运动更广泛的认识、了解和参与。"

作者自编

第二节　体育游戏范例

1. 游戏：相反口令

目的：集中学生注意力，提高学生快速反应能力。

方法：听老师口令做相反动作。如：口令稍息时学生要立正，口令向左转时学生向右转。

规则：必须按相反口令做动作，否则为错误动作。

2. 贴膏药

目的：培养学生快速奔跑能力。

方法：学生围成双层圆圈，左右间隔两臂。一人站圈内为追者，另一人站圈外为被追者。被追者可利用圈上同学作掩护，也可沿圈外奔跑。如不想再跑，可用身体背部贴任意内圈游戏者前面，此时，追者须改追外圈游戏者。

规则：（1）手触到被追者即为追上，此时追者与被追者立即互换；（2）被追者须在圈外奔跑，不得跑离圈外3m以上。

3. 迎面追击

目的：培养学生快速反应、奔跑的能力。

方法：将学生分成人数相等的两队，以相距2米的距离面对面站立。规定一队为奇数队，一队为偶数队。比赛开始，老师喊数。奇数时，偶数队逃，奇数队追；偶数时，奇数队逃，偶数队追。在规定距离内抓到对手者为胜。

规则：（1）必须抓与自己相对的同学；（2）被抓着的同学就要举手，遵守游戏规则。

4. 打鸭子

目的：培养学生快速反应，身体活动的灵活性和准确性。

方法：将学生分成4组，每组约12～13人。3组同学手拉手围成圆圈，把第一组同学围在圆圈内当"鸭子"。圆圈上的同学手持球。游戏开始，圆圈上的同学利用传球，击打圈内同学头部以下，被打到的同学要退出圆圈。圆圈内同学跑跳躲闪，尽量不让球打到自己。游戏以小组成员都被打下结束，换下一组进行。最后以在圈内坚持时间最长的组为胜队。

规则：(1) 圆圈上的同学不能到圈内打鸭子；(2) 不能击打同学头部。

5. 打脚腕

目的：提高脚步移动能力。

方法：游戏者两人一组，间隔距离以相互不干扰、碰撞为宜。教师鸣笛后，两人相互以单手拍打小腿以下的脚腕部位，同时尽量不让对方打中自己。每打中一次得一分，在规定时间内得分多者为胜利。

规则：打中小腿以上部位无效。

6. 争人

目的：培养快速反应能力，发展速度素质。

方法：将学生分成人数相等的三队，第一、二队先站在起跑线后，第三队与两队相距30米。第一、二队按队形编号，第三队打乱编号，自己内定编号。游戏开始，第三队出一人到圆圈内，大声说出自己的号码，同号码的一、二队同学快速跑出，去拍圈内同学的手。先拍到的同学为争人成功，带同学回本队。第三队另一同学再在圆圈内继续。最后第三队人全部进行完毕，一、二队以哪队总人数多者为胜。三队交换位置继续进行。

规则：(1) 圆圈内同学必须公正确认谁先拍到自己的手；(2) 必须站在线后起跑。

7. 角篮球

目的：提高传球熟练性及隐蔽性。

方法：将学生分成人数相等的两队，双方在中圈跳球开始。获球队进行传球，设法配合将球传给本方接球员，接球员在接球区接到球即得二分。守队则设法抢断球转守为攻。在规定时间内得分多者为胜。

规则：(1) 除接球员外任何人不得进入接球区；(2) 某方得分后，由对方在端线外发球。

8. 游戏：跳篱笆

目的：培养学生跳跃能力。

方法：将学生分成人数相等的四队，各成两路纵队。各队学生蹲下，相互握住内侧的手,成"篱笆"状。最后两名学生站在队尾。比赛开始,各队最后的两名学生依次用双脚跳过前面的"篱笆",跳完后接着做"篱笆",后面的同学依次进行,直到全队完成。以先完成的队为胜队。

规则:必须用双脚跳过。

9. 游戏:挑战与应战

目的:发展学生的快速跑能力。

方法:将学生分成两队,距离30米。由一队排头先到二队挑战,二队的队员必须把手伸出。一队排头击打谁的手,即为向哪位同学挑战,被挑战同学必须迎战,去追一队排头。如果在一队排头回队前追上,一队的人归二队,站在迎战同学后面。如果没追上,二队同学归一队,站在排头后面。二队排头再向一队挑战。依次进行,最后以人数多的队为胜。

规则:要救回本队队员,必须向他前面的同学挑战。

10. 游戏:老虎、猎人、枪

目的:增强学生敏捷反应素质,提高学生快速跑的能力;培养团队意识。

场地:在空旷的塑胶跑道上,长约60米,宽约20米,中间画一条中线,两端各画一条安全线,把长约60米、宽约20米的长方形二等分。

方法:把学生分为人数相等的2队。可以一队为红队,另一队为蓝队,也可自己进行命名。各队选一个领头人。本队的领头人要和自己的队员们商量和规定,在"人""枪""老虎"中任选一个,要求全队的人必须说的一致。听老师口令两队一起做商量好的动作。按人→枪→老虎,老虎吃人的规律,输的队要快速转身跑,赢的队去追,在输的队返回本队安全线前被抓住的同学要到场外休息。游戏继续进行,三局后,看哪个队抓住的人多,哪队就为胜。

规则:(1)在游戏过程中,被抓住的同学要到场地外休息;(2)两队在商量"人""枪""老虎"的时候要小声,不准探听另一队的决定;(3)本队成员的想法要听领头人的,不准私自擅作主张。

11. 体育游戏:通过封锁区

目的:提高快速跑能力,培养学生机智勇敢的品质。

方法:设置两条线,一条是起点,另一条为终点,两条线之间是"封锁区"。选两名同学站在封锁区内当"狙击手",其他人分成人数相等的四队横队站在起点线后。游戏开始,第一队的学生商量好通过封锁区的方法后,或同时或先后冲过封锁区,狙击手进行追拍,被拍到的同学自动站到封锁区两侧,然后是第二队依次通过,直至全体同学做完为止。最后以被拍中的人数最少的队为胜。

规则：(1) 通过的方法可依次通过，可全部一次通过，方法由各队自己定，但必须在教师发令 10 秒内通过；(2) 只要手触到，即为狙击成功。

12. 大鱼网

目的：培养学生团结、协同一致的优良品质，发展奔跑和灵敏素质。

方法：规定篮球场为一个"池塘"，选出 2 名同学手拉手做"捕鱼人"，其余学生做"鱼"，在"池塘"里自由跑动。游戏开始，"捕鱼人"进入"池塘"，手拉手成"渔网"去捕"鱼"，凡是被捉到的同学就算被捕捉到的"鱼"，应立即与"捕鱼人"手拉手参加捕"鱼"，直到把所有的"鱼"全捕完或剩少数"鱼"为止。

规则：(1) "鱼"不能离开"池塘"，否则算被捉到；(2) "捕鱼人"必须手拉手，渔网不能破，鱼可以在渔网破处逃走。

游戏变化：游戏可以变为"小渔网"，被捕到的"鱼"达到两个，即可脱离原来的"渔网"，成为一个新的"小渔网"去捕捉其他的鱼。

13. 传球比快

游戏目的：发展学生动作的协调性；培养学生的团体合作能力。

游戏准备：排球四个。

游戏方法：将学生分成人数相等的四队，纵队站立。每队排头手持一球。老师鸣哨，比赛开始，各组的第一名同学从左侧（右侧、头上、胯下）传球给第二名同学，接着后者以同样方式传球给第三名同学，依次进行，传至最后一名同学，最后一名同学持球迅速跑至第一名同学身前，按上述方法传球进行，游戏直至原排头的第一名同学回到原位结束，以先完成的队为胜队。

规则：(1) 球必须经每一个同学的手向后传递；(2) 必须按要求的方式传球。

14. 游戏：钻大山

目的：增强学生力量素质，体会游戏的乐趣。

方法：请两名同学手搭手组成山洞，其余同学排成一路纵队，从山洞中穿过，同时念儿歌"钻大山，钻大山，钻完大山，钻小山，你也钻，我也钻，钻来钻去乐翻天"。说完最后一个"天"字，搭山洞同学的手臂放下，锁住一名同学。搭山洞同学通过剪子包袱锤决定这名同学归哪一方。直到全部同学分成两组，开始拔河比赛，决出胜方。

规则：(1) 学生要排成纵队，不能断开；(2) 说到"天"，两名搭山洞的同学手才能放下。

15. 龙头捉龙尾

目的：练习学生躲闪跑，提高学生身体协调能力，增强身体灵敏素质。

方法：将学生分成人数相等的两组，站成两路纵队。每队排头为龙头，排尾为龙尾，其余中间同学做龙身,每组相邻同学互相抱腰连在一起。游戏开始,龙头带领龙身、龙尾积极跑动,去追捉另一组的龙尾,同时要避免自己本组的龙尾被对方龙头捉到。在规定时间内,剩余人数多的一组为胜。

规则:(1)捉住的龙尾必须要自动退出场外;(2)龙身不能断开,如果断开,龙头可以捉断开的龙身。

16. 室内游戏:传口令

目的:培养学生灵敏的听力及记忆力,教育学生不可轻信传话。

方法:老师将写好的话或对联内容让甲乙两队的第一人看过,让其记住,当听到开始口令,各队的第一人立即把话传给第二人,依次向后传,直至本队最后一人。最后以传话速度快且较准确的队为胜队。

规则:(1)注意口令保密,传话只能两人听见;(2)只许按顺序传,不能隔人传话。

17. 狡猾的狐狸在哪里

方法:学生围成一个圆圈,闭眼,双手背后。老师在学生后面任意点3~4个学生的手,被点到的学生为狐狸。老师宣布睁开眼,学生一起问三遍"狡猾的狐狸在哪里?"被点到的狐狸必须举手喊出"我在这里",然后开始追逐同学,被捉到的同学游戏停止,并记住捉到自己的狐狸。游戏到一定时间结束,统计每个狐狸捉到同学的数量,最多的狐狸为最狡猾的狐狸。

18. 室内游戏:撞球

游戏目的:集中学生精力,培养学生快速反应能力。

游戏方法:以全班同学的学号为球数,即一号即为一号球,五号即为五号球。老师任意点一名同学开始游戏,这位同学说:"我是×球撞12球。"12号同学要快速反映说:"我是12球撞35球。"35号同学要快速接上,若反应迟钝或说出没有的号则罚行纸令一次。

游戏规则:被叫号的同学不能立刻反弹回去。

19. 室内游戏:不言明七暗七

游戏目的:培养学生的快速反应能力。

游戏方法:由一行的排头同学开始报数,按顺序往下传,学生遇到数字带7或7的倍数时不要报数,而应击掌一次。如出现错误,该报数时击掌,该击掌时报数,反应迟钝者罚自我介绍,姓名,哪的人,喜欢什么体育活动。

游戏规则:独立报数,其他同学不许提示。

20. 室内游戏:六人组字

游戏目的:培养学生随机应变能力,增强同学间凝聚力。

游戏方法:将学生分成若干小组,每组六人,由排头拿粉笔听老师命令开始后,快速向前跑到黑板前写下本组商定字的第一笔，再跑回将粉笔传给第二人，第二人在第一人基础上完成该字的第二笔，依次进行。以先完成的队为胜队。（字：亚、百、年、朱、后、乒、乓、买）

游戏规则：（1）后一名学生不得修改前一名同学的笔画；（2）前一名同学跑回后一名同学才能出发。

21. 室内游戏：猜猜谁是领头人

游戏目的：培养学生的观察能力。

游戏方法：选一同学作引导人来到讲台前，背对大家站好。老师另选一名同学作领头人，带领大家做动作。游戏开始后，老师让引导人回头观察，猜测谁是领头人。若猜对，引导人回座位，领头人上来作引导人；若三次都没猜对，引导人表演节目。

游戏规则：（1）其他同学不得暗示引导人；（2）领头人要不断变换动作。

第三节　儿童体育游戏指导与范例

　　幼儿园、小学体育工作的"育体"任务是通过两条途径来完成的：一是体育活动（包括早操、体育课等常规锻炼方式）；二是体育游戏。儿童体育游戏是体育活动中最重要的内容，它是以基本动作为主要内容，以游戏活动为形式，以增强儿童体质，培养优良品质为主要目的的一种活动。

一、儿童体育游戏的指导方法

1. 游戏前的准备

（1）钻研教材，熟悉游戏的内容和目标。

（2）根据儿童情况，考虑好开展游戏的具体步骤，包括怎样讲解（引导和示范）。

（3）选择和布置场地、场地标志、器材用具的安全、头饰、胸标的制作（可以和能力强的儿童共同布置）。

（4）督促、检查和帮助儿童整理服装、鞋子（脱去多余衣裤、手套、围巾等）。

（5）了解儿童健康状况。

2. 游戏的进行

1）游戏开始

（1）组织带领儿童进入游戏场地。

（2）引出游戏内容、方法结果和注意事项。

用形象、生动的语言和好的方法吸引儿童。语言简明扼要，生动形象；声音洪亮；讲解可结合示范进行（教师自己示范或请儿童示范）。

(3) 分组和分配角色。

竞赛性游戏对各组儿童的能力要搭配均匀，追逐游戏两人能力要相当。分组的方法一般有教师分配法、点将法、报数法、自由结合法等。主要角色由教师担任（小学也可由能力强的儿童轮流担任）。

2）游戏过程中

(1) 儿童游戏，教师观察指导，调节儿童运动负荷。

(2) 选用教师带领儿童游戏或儿童自己游戏等具体手段。儿童游戏时，老师应采用全面与个别相结合的方式观察儿童活动情况，运用适宜的鼓励、参与、帮助、保护等方法引导、纠正儿童，使儿童主动积极地参与到游戏中。

(3) 小结讲评。

对前段时间的游戏情况，教师可运用谈话、演示、讲评等方法，提出新的玩法和要求或对游戏进行阶段性小结讲评，鼓励儿童以较高兴趣继续游戏，进而达到调节运动负荷量或调整游戏的目的。

3）游戏结束

(1) 放松活动。组织带领儿童放松身心，使儿童身心逐渐平静。

(2) 讲评活动。对儿童游戏活动的表现进行全面与重点相结合的讲评（以鼓励为主），激发儿童下次游戏的愿望。

(3) 整理器材。体育游戏结束后往往还需要进行的一项重要活动就是场地、器械和儿童自身衣服的整理检查（整理场地与器材可让部分儿童参与），这种工作的指导有利于培养儿童的责任意识和承担责任的能力。教师切不可贪图省事而省略了这一环节。

二、儿童体育游戏范例

1. 老狼老狼几点了

游戏目的：练习听信号快跑，提高幼儿快速反应能力，培养幼儿勇敢的品质。

游戏方法：请一个幼儿（老师）扮演老狼，其余幼儿扮小动物站在老狼后面。游戏开始，小动物和老狼从起点出发一起向前走，小动物边走边问："老狼老狼几点了?"老狼回答："×点了"边走边问，直到老狼回答"天黑了"时，小动物赶快转身跑回起点。老狼追捉小动物不能越过起点线。

规则：(1) 小动物与老狼边走边问，不能停留；(2) 老狼不能倒数时间，不能回头看；(3) 老狼回答时间时，不能回头看。

2. 猫抓老鼠

游戏目的：幼儿练习钻、爬、翻等动作，发展幼儿动作的灵敏性与协调性；培养幼儿的动手能力、友好合作的能力以及爱劳动的良好品质。

游戏方法：老师首先可以带幼儿一起布置场地。所需的道具有拱形门、垫子和由硬纸箱自制的"地道"。地道可以在中间或两头挖个大洞，在地道的另一端放下一些"小老鼠"。"小老鼠"可以用沙包代替。幼儿自愿分成两组，两组幼儿手臂上分别系上红色、黄色的布条分别代表红房子、黄房子的"小猫"。小猫们排成两队依次进行"猫抓老鼠"的游戏：钻过或者爬过障碍物，去捉拿"小老鼠"并把"小老鼠"放回自己的"家"中，下一个小猫再去抓小老鼠。最后比比看哪家的"小猫"捉的"小老鼠"多。

规则：（1）幼儿必须一个接一个，不能抢，返回后必须站到队伍的后面；（2）必须按道路走，一次只能捉到一只"小老鼠"。

3. 吹泡泡

游戏目的：练习一个跟着一个走，培养幼儿遵守规则的好习惯。

游戏方法：老师与幼儿手拉手围成一个大圆圈，沿逆时针方向边走边念儿歌："吹泡泡，吹泡泡，吹成一个大泡泡。"念到"泡泡飞高了"，老师与幼儿一起两臂上举，念到"泡泡飞低了"，老师与幼儿蹲下，念到"泡泡变小了"，老师与幼儿手拉手一起向圈内跑，念到"泡泡变大了"，老师与幼儿手拉手一起向后跑，念到"泡泡破了"，老师与幼儿一起发出"啪"的声音，同时松手，两臂上举。当听到老师说"吹泡泡了"，幼儿和老师再次手拉手。

游戏规则：必须按老师发出的信号要求做动作。

4. 老猫睡觉醒不了

游戏目的：提高幼儿轻轻走、轻轻跑的技能，培养幼儿对游戏的兴趣。

游戏方法：请老师扮演老猫，幼儿扮演小猫围着老猫蹲下。游戏开始，老猫假装睡着了，小猫一起轻轻念儿歌："老猫睡觉醒不了，小猫偷偷往外瞧，小猫小猫爱游戏，轻轻走到外面去。"念完儿歌，幼儿才能轻轻走到场地周围藏起来，老猫听到小猫走开藏好后，睁开眼睛，四处看看说："老猫睡醒四面瞧，我的孩子不见了，喵喵。"小猫听到老猫的叫声，才能"喵喵"地叫着跑回老猫身边。

游戏规则：（1）小猫必须念完儿歌才能离开，必须听到老猫的叫声才能赶回来；（2）老猫只有等小猫走后才能睁开眼睛找小猫。

5. 大皮球

游戏目的：练习双脚原地向上跳，培养幼儿参与游戏的兴趣。

游戏方法：地上画一个大圆圈，幼儿站在大圆圈上，老师带领幼儿沿着圆圈边走边念儿歌："走走走，跟着老师走；走走走，跟着朋友走；走走走，走成一个大皮球。"念完后，幼儿站好转向圆心。教师到圆圈中间边拍皮球，边与幼儿念儿歌："大皮球，真正好。拍一拍，跳一跳。拍得轻，跳得低。拍得重，跳得高。拍拍拍，跳跳跳。"在念儿歌时幼儿要做相应的双脚原地向上跳动作。教师说："皮球漏气了！"幼儿蹲下，教师说："皮球气足了！"幼儿起立。游戏继续进行。

游戏规则：幼儿要按老师说的儿歌节奏做双脚原地向上跳。

6. 小孩小孩真爱玩

游戏目的：练习幼儿向指定方向跑。

游戏方法：教师与幼儿在场地中间，一起念儿歌："小孩小孩真爱玩，摸摸这，摸摸那。"老师自己说："摸摸××跑回来。"幼儿立刻跑向老师指定的地点摸一下，然后快速返回老师身边。老师不断变化指定地点让幼儿进行练习。也可以变化口令"摸摸××（跳、走、跑、抓）回来"让幼儿练习。

游戏规则：一定按老师的口令练习，必须摸到才能回来。

7. 小羊和狼

游戏目的：增强体质，提高幼儿快速躲闪和奔跑的能力，培养幼儿机智的品质。

游戏方法：请一个幼儿做大灰狼，老师做羊妈妈，其余幼儿做小羊。游戏开始，羊妈妈带领小羊们吃青草、喝水、做游戏，当听到老狼来了时，小羊要快点跑回自己的家。被抓到的小羊取消游戏一次。老狼走远以后，小羊继续出来游戏。

游戏规则：（1）大灰狼必须听老师说老狼来了才能出现；（2）小羊回到家大灰狼就不能追了。

8. 乌鸦捉麻雀

游戏目的：训练幼儿动作敏捷能力和弹跳力，培养幼儿勇敢敏捷的优良品质。

游戏方法：在场地上画一个直径为2米的大圆圈。选一名到二名幼儿扮乌鸦，站在大圈内，其余的参加者为麻雀，均在圆圈外。游戏开始，麻雀可沿圆圈线跳进跳出，乌鸦力争将跳进的麻雀捉住，被捉住者停止游戏。老师要鼓励扮演麻雀的幼儿勇敢地跳进跳出。

游戏规则：（1）麻雀必须双脚跳；（2）乌鸦不得到圈外抓麻雀；（3）凡被乌鸦用手拍到者，即为捉住。

9. 爱护小树

游戏目的：幼儿练习听信号迅速反应，提高幼儿灵敏、协调素质；培养幼儿对体育的兴趣和活泼开朗的性格。培养团队合作精神；教育幼儿应该爱护小树。

游戏方法：小朋友们先拉好小手，围成一个大圆圈。老师把小树放在中间，老师说："因为风好大，小树快被吹倒了。所以请老师来站在圈内用手扶着小树。"小朋友们就要手拉手边走边念："小树小树，我们都爱护。"这时扶树的老师随时叫一个小朋友的名字。如："××请你来保护树。一、二、三！"说完就松开手，被叫到的小朋友就要马上跑上去扶住小树，两人交换位置。如果被叫到的小朋友会扶树时，小朋友没扶到树就由老师接着扶树。老师要看哪个小朋友反应最快。

游戏规则：（1）扶树的小朋友叫名字时，声音要响亮、清楚，让大家都听得见；（2）扶树的小朋友要在数完后才能松开小树。

10. 冰糕化了

游戏目的：练习幼儿跑的能力、反应能力以及互助的团结精神。

游戏方法：选出一个幼儿（老师）扮抓人角色，其余幼儿在规定的场地内自由跑动。在即将被抓到的时候，幼儿说"冰糕"就原地不动，抓的人也不能抓他了，再去追其他人，定住的冰人需要其他组员解救他，拍拍他身体的某个部位，定住的冰人一定说"化了"就可以自由活动啦……如果在被抓到时，没有及时说"冰糕"，则角色互换，成为抓人角色。

游戏规则：（1）成为冰人，别人不拍你时不能动；（2）当被别人解救时必须说"化了"才能跑动。

11. 小镰刀割青草

游戏目的：锻炼幼儿跑的基本能力和反应能力；培养幼儿集体合作的能力。

游戏方法：首先推荐3名小朋友，手攥手连在一起，老师带小朋友说儿歌："小镰刀，割青草，割着谁，谁就跑。"剩下最后一位小朋友即为抓人者，去抓其他小朋友，其他小朋友快速在规定场地内跑动。当快抓到自己的时候，可以说"小镰刀"并保持当前动作不动来保护自己，抓人的小朋友就不能再抓他。其他小朋友可以跑来拍他身体任何部位，同时说"割青草"，即表示这个小朋友又可以自由跑动了。如果在被抓到时，没有及时说"小镰刀"，则角色互换，成为抓人角色，开始抓小朋友。

规则：（1）必须在指定范围内活动；（2）喊小镰刀之后就不能动了，违规就成为抓人角色。

12. 两人三足

游戏目的：培养幼儿身体动作的协调性；让幼儿学会用口令的方法来指挥自己的脚步；培养幼儿的团体合作能力。

游戏准备：宽布若干条；羽毛球拍两个。

游戏方法：引发幼儿兴趣，老师："有一个巨人长了两个身体三条腿，走起路来大摇大摆，那么也让我们的小朋友来试一下，好不好呀！"教师讲解游戏，并且示范。首先把靠在一起的两只脚绑住，变成"三只脚"并指导幼儿用口号"一二一二"来练习行走，游戏开始,将幼儿分成等份的两个队,幼儿两人一组并绑上布带做两人三足状并排站立。听老师口令,两队的小朋友手拿羽毛球拍走到终点,然后返回交给下一组,看谁在最短时间内完成为胜者。提醒幼儿不要用力过猛,注意两人配合以免勒到。

13. 小动物赛跑

游戏目的:练习幼儿圆圈跑,发展幼儿下肢力量,培养幼儿的记忆力。

游戏方法:将幼儿分成三组,分别做"小兔、小马、小羊、小鹿",老师做大象公公,大家围成一个圆圈。游戏开始,小动物们一起说儿歌:"森林里真热闹,小动物来赛跑。大象公公当裁判,现在该谁来赛跑?"大象公公说:"小动物准备好,现在请小 X 来赛跑。"被叫到的小动物要迅速跑出,绕圆圈外跑一圈回到原位,谁先回来谁为胜。

游戏规则:幼儿必须等老师说完才能跑出。

14. 划船比赛

游戏目的:发展幼儿耐力素质,增强身体协调能力,培养团结合作的品质。

游戏方法:场地上画两条相距 5 米的两条线,幼儿两人一组在起点线准备。两人面对面互相坐在对方伸出的脚面上,并抓住对方的两臂,形成"小船"状。游戏开始,通过两个幼儿身体的屈伸,让"小船"向前行进。先到达终点的一组为胜。

游戏规则:两名幼儿在游戏过程中臀部不能离开对方的双脚面。

15. 炒黄豆

游戏目的:发展幼儿身体的柔韧性,培养相互配合能力。

游戏方法:两个幼儿一组,面对面手拉手,一起边说儿歌边开合摆动手臂,"炒炒炒,炒黄豆,炒完黄豆翻跟头"。当说到翻跟头时,两个幼儿同时抬起一侧的手臂,头同时从抬起的手臂下钻过,身体自然翻转成背对背,游戏继续进行。

游戏规则:要边说儿歌边做动作。

16. 小球回家

游戏目的:培养幼儿传接球的能力,发展幼儿手臂肌肉的动作,提高团队意识。

游戏准备:篮球(2 个)。

游戏方法:选择活动地点空阔的地方,把班内的人分成相同人数的两队,让幼儿围成两个圈。每队从老师开始传,向右或者左开始,最后再传到老师那里,传得快的一队为胜队。

游戏规则:(1)在游戏中传球的姿势正确,必须一个接一个地传;(2)在游戏过程中不能到处跑;(3)球不能落地。

17. 狡猾的狐狸在哪里?

目的:发展灵敏、速度素质。

方法：全体幼儿闭眼、背手站成一个大圆圈，教师在圈外沿逆时针方向走一圈，并用手指触任一幼儿的手，以示请他扮演"狡猾的狐狸"。然后请大家睁开眼睛，并齐声连问三遍："狡猾的狐狸在哪里？"随之，狐狸迅速跑出，举手说："我在这里。"然后，狐狸开始追捉，其余幼儿在规定范围内奔跑，被捉到的幼儿站到场外。捉到几名幼儿后，更换狐狸，游戏重新开始。

规则：（1）教师点"狐狸"时，幼儿必须闭上眼睛；（2）被捉到的幼儿必须站到场外。

18. 学打保龄球

游戏目的：练习投准，增强幼儿上肢肌肉的力量，锻炼手眼协调的能力；培养幼儿养成积极参加体育活动的良好习惯。

活动准备：内装若干沙子或水的大号可乐瓶子若干个，小皮球两个，小红花若干个，记录展示牌。

游戏方法：老师："让我们一起进行比赛吧。看哪一队得到的小红花最多！"老师将幼儿分成人数相等的两队，将相同数量的可乐瓶放置前方，幼儿站在规定距离的线后进行比赛，由老师记录每一队的小朋友，谁击倒的瓶子多，就得一朵小红花。游戏反复练习，最后看谁得到的红花多。

游戏规则：幼儿必须站在规定距离的线后进行比赛。

19. 螃蟹赛跑

游戏目标：训练幼儿侧走的能力和身体的灵活性；培养幼儿之间的协作能力。

游戏准备：2个小皮球，场地上划有起跑线至终点线。

游戏方法：幼儿分成两组，两人成一组，面对面用胸部夹住小皮球，侧身跑到终点处，绕过小旗往回跑，返回起点后，把球交给下一组小朋友，游戏继续进行，哪队先跑完，哪队获胜。

游戏规则：（1）夹球走时手不能碰球；（2）球若中途落地，应回到起点夹好球重新再跑。

20. 老鹰捉小鸡

游戏目的：锻炼幼儿的快速躲闪能力，增强幼儿之间的团结协作能力。

游戏方法：把全班小朋友分成四组。从每组中找出两个小朋友，一个扮演老鹰，另一个扮演鸡妈妈。挑出来做老鹰的幼儿要在其他三组中的任意一组扮演老鹰，鸡妈妈在本组。其余本组小朋友扮演小鸡。游戏时间为10分钟。规定鸡妈妈和小鸡的活动场地和老鹰的家。游戏开始后，鸡妈妈带着小鸡排成一路纵队出来觅食，老师发出口令："老鹰来了。"这时，老鹰出来了，鸡妈妈可以张开双臂保护小鸡，小鸡灵巧躲闪。被老鹰拍到的小鸡即为被捉。一段时间后，老鹰累了就要回家休息，这时鸡妈妈带小鸡坐在地上休息，时间为 1 分钟。休息完毕老鹰出现，新一轮游戏开始。游戏结束后进行评比，抓到小鸡最多的老鹰为"超级老鹰"，剩余小鸡最多一组的鸡妈妈评为"无敌鸡妈妈"，没有被老鹰抓到的小鸡都是"优秀宝宝"。

游戏规则：（1）不能离开规定的场地，老鹰在休息时不准到鸡妈妈和小鸡的活动场地；（2）小鸡不能和妈妈脱离，如果和鸡妈妈脱离将直接成为老鹰的猎物；（3）鸡妈妈不能抓住、抱住、拖住老鹰；（4）老鹰不能从鸡妈妈胳膊下面捉小鸡。

21. 小兔子接力赛

游戏目的：培养幼儿跳跃和跑的能力，增强幼儿的集体荣誉感。

游戏方法：场地画好起点、中间站，准备四条跳袋及奖品（卡纸制作的胡萝卜）。组织幼儿在起点按组站好，下达游戏口令，幼儿套上跳袋后，蹦到中间站，在中间站摸一下，从跳袋里出来，拿着跳袋跑回队伍，把跳袋给下一位幼儿，该幼儿重复上述动作，以此类推，接力进行比赛。以所有幼儿依次完成一遍为游戏结束，最先全部归队的小组为获胜组，分出第一、二、三、四名。

游戏规则：（1）幼儿必须套上跳袋从起点跳到中间站；（2）幼儿必须站在中间站处摸地一下。

22. 小小飞行员

游戏目的：增强体质，培养幼儿短跑和投掷的能力，提高幼儿的身体素质。

游戏准备：8 个大小、材料相同的纸飞机。

游戏方法：在场地内画好起点线、终点线。将幼儿分成几个小组，每组发两个纸飞机。从每队中找两个个头差不多的小朋友，手拉手围成一个圆圈。剩余小朋友由老师带领到篮球场的一个边线处并以此为起点，以另一条边线为终点线，小朋友由起点处开始跑，到终点处停住，捡起旁边的纸飞机，然后手臂弯曲在肩上，两脚前后分开，身体后仰，用力蹬地投向前方的圈内。投掷完后，往回跑，击下一个小朋友的手。下一个小朋友再接上，如此反复，直至最后一个小朋友跑回终点线。游戏以投入圆圈内的纸飞机多的队为胜。

游戏规则：（1）小朋友从始发处跑到终点处时，不能越过终点线；（2）回到起点时，一定要击下一个小朋友的手，下一个小朋友才能开始跑；（3）每人只能投一次。

23. 鸭子排队走

游戏目的：锻炼幼儿下肢肌肉力量和关节的灵活性；培养幼儿的集体观念，增强团队精神。

游戏方法：将幼儿分成四组进行比赛，各组成纵队站在起点线上。排头的幼儿两臂自然下垂并微微向两侧展开，做小鸭张开双翅状，后面的幼儿将双手搭在前面幼儿的肩上。

游戏开始,全体幼儿都蹲着向前走,当排头踏上终点"嘎嘎"叫两声表示到家。以排头先到家的小组获胜。

游戏规则:(1)幼儿必须屈膝蹲下,腿不能伸直,队伍不能断;(2)排头的幼儿到达终点后才能发出"嘎嘎"的叫声。

24. 一物多玩(报纸)

目的:发展思维的创新性。

方法:出示报纸,请幼儿玩报纸,并谈谈自己想到的幼儿体育游戏与游戏方法。(1)走的游戏:将报纸裁成窄条,铺在地上,幼儿可以练习直线走、曲线走;(2)跑的练习:置于腹前,练习快速跑;(3)躲闪跑练习:捉带子(捉尾巴);(4)跳跃练习:将报纸有规则摆放在地面上,从报纸上跳过;(5)掷准练习:叠成纸飞机或团成球,练习掷远或掷准;(6)平衡能力练习:头顶报纸站立或行走;(7)击鼓传花;(8)魔毯游戏。

一物多玩报纸游戏范例:

1)跑类游戏

(1)捉尾巴。

目的:培养幼儿机智灵活的品质,发展幼儿追逐跑、躲闪跑的能力。

准备:将报纸竖着截成宽 5 cm 的长条,在报纸的一端粘双面胶。

方法一:请两名幼儿(人数可根据幼儿人数多少增减)为追捉者,其余幼儿每人身后粘一条报纸做尾巴,四散在规定场地内。游戏开始,两名追捉者捉其余幼儿身后的尾巴,其余幼儿在规定的场地内跑动躲闪,保护自己的尾巴。游戏中被捉掉尾巴的幼儿退出场地外。游戏以尾巴全捉完或到规定时间结束。

方法二:给每一个幼儿发一条报纸纸条并粘在身后作尾巴,四散在规定场地内。游戏开始,每一位幼儿积极跑动,追捉躲闪,做到既要保护好自己的尾巴,又要抢捉其他幼儿的尾巴。游戏到一定时间结束,以保护好自己尾巴又捉尾巴多的幼儿为胜。

规则:①追捉幼儿不能推拉有尾巴的幼儿;②幼儿只能跑动躲闪并保护自己的尾巴,不得藏起尾巴或拿在手中;③追捉过程中不得跑出规定场地。

(2)风儿在这里。

目的:发展幼儿快速跑的能力,培养幼儿竞争意识。

方法:给幼儿每人发一张报纸,游戏开始,要求每一个幼儿将报纸放在腹前,在规定场地内跑动,看谁的报纸最后掉下来,引导幼儿感受风的作用。再进行一次游戏,引导幼儿感受逆风跑时速度越快报纸越晚掉落。游戏再开始,幼儿一起说歌谣:"风儿在哪里?风儿在哪里?风儿在这里。"然后快速跑出,以报纸最后掉落的幼儿为胜。

规则:①游戏中不得用手抓住报纸,否则判为失败;②听口令开始,不得延迟。

(3) 顶球接力。

目的：发展幼儿快速跑素质，提高幼儿身体协调能力。

准备：场地设两条线相距 30～50 m，各为起点线和河岸线，两条线之间设为河水（见图 10-2）。将多张报纸卷成直筒状，另用一张报纸压紧团成纸球，用胶带粘紧。

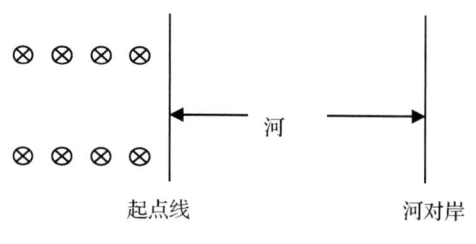

图 10-2　场地准备

方法：将幼儿分为两组（可以命名一组海狮队，一组海豹队），每队排头手拿报纸筒，筒上顶纸球，站在起点线前。游戏开始，每队排头顶球快速游（跑）向河对岸，并快速返回将报纸筒和纸球给下一个幼儿，游戏继续进行，直到最后一名幼儿完成。以先完成的队为胜队。

规则：①在河水中游时顶的球不能掉，掉球的幼儿捡起球后从掉球位置继续进行；②必须到达河对岸才能返回。

2）跳类游戏

(1) 青蛙跳荷叶。

目的：发展幼儿双脚跳跃能力，培养幼儿快速反应能力。

准备：用双面胶将报纸分散地粘在规定场地上，做荷叶。报纸数量依据幼儿人数多少来定。

方法：老师做指挥者，幼儿做青蛙。游戏开始，幼儿在规定场地内自由双脚跳，边跳边念儿歌："小青蛙呱呱呱，吃害虫保庄稼"。听老师说"×只小青蛙在一起"，幼儿要快速双脚跳到荷叶（报纸）上，荷叶上停留的幼儿数目必须按老师规定的"×只"，后到的幼儿必须离开另找荷叶，最终没有找到荷叶停留的幼儿出来表演节目。游戏继续进行，幼儿一边念儿歌一边在场内自由双脚跳。

规则：①幼儿念儿歌时不得停留在荷叶上；②必须双脚跳，不得快速跑，否则停止游戏一次。

(2) 解救同伴。

目的：培养幼儿机智的判断能力，发展幼儿跳跃能力。

准备：如图 10-3 所示，将报纸粘在场地上。

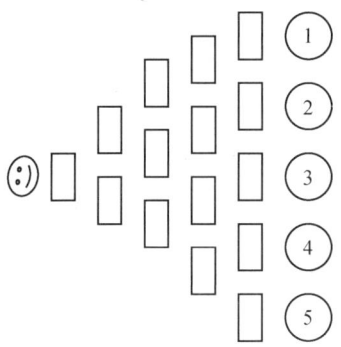

图 10-3 解救同伴场地图

方法：选五名幼儿到被解救区，其中 1～2 名幼儿做被解救者，剩下的幼儿为灰太狼，分别站到五个圆圈中。其余幼儿站在报纸前，游戏开始，排头双脚跳跃过报纸，不得踩踏报纸。跳到任意一个圆圈前，双手击掌做敲门状。圈内如果是灰太狼就跳出来追捕解救人，在他返回本队前捉到，就带到自己圆圈后站好；如果是被解救者就跳出来和解救人一起返回。下一名幼儿继续进行。当两名被解救者都被救出，重新选五名幼儿继续进行。

规则：①跳跃时不得踩踏报纸；②圆圈内的幼儿不能事先透露自己的角色；③必须敲门后灰太狼才能跳出来追捕，追捕时必须跳跃，不跳跃者即为失败。

3）投掷游戏

(1) 我是小小飞行家。

目的：提高幼儿投掷能力，发展幼儿上肢力量，培养幼儿动手创造能力。

方法：给幼儿每人一张报纸，让幼儿自己动手制作纸飞机。做好后，站在同一起飞线后，听老师口令一起将飞机投掷出去，看谁的飞机飞得最远。

拓展：如果幼儿还不会折纸飞机，也可将报纸团成纸球练习掷远。也可两人一组，相隔一定距离，一人投，一人接。

(2) 给河马喂食。

目的：锻炼幼儿的手眼协调能力，发展幼儿投掷能力，培养幼儿集体意识。

准备：见图 10-4，将报纸中间掏成一个圆洞，作为河马的嘴巴；用撕下的报纸团成纸球，作为食物。

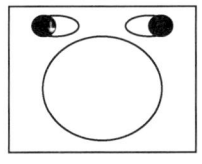

图 10-4 河马

方法：将幼儿分成四组，每组排两个幼儿拉住报纸两端，其余幼儿每人五个食物球。

方法一：游戏开始，幼儿站在投掷线后依次拿食物球投向河马的嘴巴。以投进个数多者为胜。报纸的距离可根据幼儿掷准技能的增强逐渐增加。

方法二：组与组竞赛。将幼儿分成人数相等的四组站在投掷线后，由其他组幼儿负责举报纸并数投进河马嘴巴的食物个数。每组组员两个食物球，游戏开始，由排头投掷食物，掷完两球，排二继续，依次进行，直至最后一个幼儿游戏结束，以投中个数多的队为胜。

规则：①拿报纸的幼儿不能随意移动手中报纸位置；②喂食的幼儿不能超过投掷线。

4）合作游戏

（1）奥比岛遇险。

目的：培养幼儿团结合作、相互配合的品质，发展平衡能力。

准备：大报纸若干张。

方法：将幼儿分成五或六人一组，每组一张大报纸，做奥比岛，可以让幼儿为自己组的奥比岛命名。游戏开始，黑古拉出来捣乱，他让海水呼啸，水位上涨。勇敢的幼儿们要站在岛上保护自己的安全。随着水位上涨，岛变小了，报纸对折为原来的二分之一，要求幼儿们想办法全部站到岛上，并保护自己不能掉到海里（脚触地面）。但水位又上涨了，岛越来越小，报纸对折为原来的四分之一，幼儿可以用抱、背、单脚支撑等方式，保证自己组幼儿全部站在报纸（岛）上为胜。还可以继续减小报纸面积，以全部幼儿站到面积最小的报纸上的组为胜。

规则：①游戏中幼儿身体任何部位不得触及地面；②报纸按要求对折，不得随意扩大。

（2）抢渡

目的：发展幼儿动作协调、平衡能力，培养相互合作的优良品质

准备：画两条10～15 m的线，作为起点线、终点线。两条线中间为河。报纸折为原大小的四分之一。

方法一：将幼儿分成人数相等的四队，每队三张报纸。游戏开始，每队排头由起点线出发，用三张报纸交替移动，脚踩在报纸上渡河。到终点线返回，将报纸交给本队第二名幼儿继续，依次进行，以先完成的队为胜队。

方法二：将幼儿分成人数相等的四队，分给每队的报纸数比人数多一张。由起点先开始集体渡河。每队通过队员间传递、移动报纸，保证全队队员脚踩在报纸上集体渡河，以排尾先到终点线的队为胜队。

规则：①过河时脚不得触及地面，否则为落水；②必须手触到终点线才能返回；③必须经每一个队员的手传递报纸，不得抛掷。

(3) 不用手搬运。

目的：培养幼儿相互配合、勇于创新的优良品质，发展幼儿肢体协调性。

方法一：将幼儿两人组成一组，想办法在不用手的情况下，两人配合将报纸运送到指定地点，看哪一组幼儿想的方法好，想的方法多。

方法二：在前一个游戏的基础上，将幼儿分成人数相同的两队。在场地上画两条15～20 m的线，作为起点线和货运站，如图10-5所示。幼儿两两站在起点线前，每两人一张报纸。游戏开始，每队前两名幼儿合作，不能用手将报纸运到货运站，再快速返回，拍本队第二组幼儿的手，第二组幼儿不能用前一组用过的方法，不用手合作将报纸运到货运站，返回拍下一组的手，依次进行，以先完成的队为胜队。

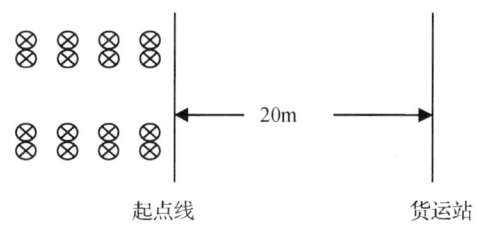

图10-5 不用手搬运场地图

规则：①游戏过程中不能用手触及报纸，报纸掉落捡起除外；②报纸中途掉落必须捡起从掉落点继续进行；③拍手后才能进行下一组。

25. 一物多玩（手帕）

目的：发展思维的创新性。

方法：出示手帕，请幼儿谈谈通过手帕可以想到的幼儿游戏，并谈谈游戏方法。（1）丢手绢；（2）捉迷藏；（3）摸人；（4）捉带子（捉尾巴）；（5）两人三足；（6）平衡能力练习；（7）击鼓传花；（8）炒黄豆。

手帕游戏：蒙眼摸猜。

目的：增强幼儿的判断能力，促进幼儿间的熟悉度。

方法：找一幼儿作领头人，蒙上眼睛。其余幼儿散在场地内，随意走动。当领头人说"红灯停"时，全体幼儿立刻停住，脚不能离开地面，领头人开始摸人，摸到后要根据所摸幼儿的特征猜出这个幼儿是谁。

规则：①领头人不能偷看；②停止后，两脚不能离开地面。

同学们，你们还能想到别人想不到的关于手帕的游戏吗？尝试自己写下来。

第四节 儿童体育游戏的创编

一、儿童体育游戏创编的意义

幼儿园教师每天都要组织指导幼儿开展各种各样的体育游戏。小学教师要根据班级学生实际情况开展班级体育教育活动,由于每个年龄段、每个班级、每个儿童的身体和心理发展水平不同,每个地区、每个民族地域的环境条件不同,在开展体育活动中,因地制宜、因人而异创编(包括改编)和指导儿童体育游戏就成为教师的重要任务。而教师只有具备了体育游戏创编和指导的专业技能,才能更好地发挥体育游戏的功能,促进儿童身心和谐发展。

二、儿童体育游戏创编的原则与方法

(一)儿童体育游戏创编的原则

1. 锻炼性原则

体育游戏不同于一般游戏(如角色游戏,娱乐游戏等),它应该是以增强幼儿体质为主要目的。创编时应考虑以下几点:

(1)必须要有某些基本动作。将1~2个基本动作渗透到游戏的情节中,如:"小蚂蚁运粮",则让"小蚂蚁"(幼儿)背驮沙袋从场地的一端爬到另一端。

(2)要有一定的运动负荷量。游戏活动中,要保证幼儿身体承受适宜的运动负荷量,充分利用面积宽大的场地,数量充足的运动器械,尽可能采用共同活动的方式练习,保证幼儿实际活动的时间。

(3)充分利用运动器械以及草地、树林等自然环境。体育游戏一般可选用1~2件运动器械,使幼儿活动更有兴趣,也可提高幼儿使用器械的能力。体育游戏还可以与自然环境中的草地、树林及大型运动器械等有机结合,使幼儿的活动充满生机,并将大自然与体育游戏融为一体。

2. 趣味性原则

体育游戏的趣味性,是体育游戏具有生命力的重要因素。因此,应选择幼儿熟悉和喜爱的角色,安排简单有趣的情节,使孩子对体育游戏感到十分有趣。托班、小班在动作设计时,根据幼儿爱模仿的特点,做一些模仿操等,做一些基础的动作练习。中班大班在游戏中可以利用游戏情节、体育器械,提高幼儿参与运动的兴趣。

3. 智慧性原则

体育游戏过程要能够让幼儿有机会闪现出智慧的亮点。体育游戏除了担负"育体"的任务，同时还应包含"育智"的成分，通常在较大型的体育游戏中，都存在一个怎样完成游戏才能做到多、快、好、省以及提高游戏成功率和取胜率的问题。故意给幼儿留下解决这些问题的思考空间，有利于促使幼儿积极开动脑筋，以最佳的方式完成游戏。体育游戏也只有体现出较多的智慧性，才有可能显示出较多的趣味性。

为了更好地体现智慧性原则，教师在设计体育游戏的过程中，在规则允许的范围内尽可能多地留有完成游戏的多种方法的选择余地，这样就能不断地拓展幼儿的想象空间和创造空间，提高他们的智力水平。如果一种体育游戏只有一种完成方法，就很难说它是一则好的体育游戏，同样是"穿山洞""过障碍""走下坡"，就应该有不同的"穿"法、"过"法和"走"法。这正是优秀体育游戏的价值所在。

4. 教育性原则

体育游戏具有较多的竞技性、趣味性，除了能发展、完善幼儿精细动作和局部机能之外，更能在心理上使幼儿体验各种感受：或成功，或失败，或欢乐，或痛苦，或希翼的实现，或期望的落空。这其中就有一个如何促进幼儿心理成熟与适时进行思想教育的问题。

体育游戏的教育性原则主要体现在培养幼儿自信、自强品质和团结友爱的集体主义精神等优良道德风貌的塑造上。一个好的体育游戏或者说一个能较好地体现教育性原则的体育游戏应该既能表现个人价值，又能体现集体力量。为此，在设计体育游戏时，教师应有意识地把个人项目与集体项目有机结合在一起，既不搞单一的个人项目的游戏，也不能搞纯粹的集体项目游戏。

5. 安全性原则

在体育游戏的设计和组织过程中，创编者更应强化安全第一的观念。体育游戏具有竞争、竞技和趣味性强的特点，有一定的激烈程度和完成难度，幼儿参与的欲望一般都比较强烈。这就使得幼儿在参与游戏的过程中比较"忘乎所以"，会不同程度地产生一些激动的情绪，再加上有允许自由发挥来完成游戏的余地，因此每个幼儿完成游戏的过程可能相同，也可能不同，老师也就无法完全预料游戏过程会发生什么事情。

因此在设计上要注意整个的游戏空间、场所、环境没有任何尖锐的棱角和坚硬的器具，不会产生撞击情况，不会因摔跤而造成伤害，等等。这就要求游戏尽量在有草坪、有木地板或地毯覆盖的平面上进行；应采用质地轻柔、棱角圆滑的木材或塑料、橡胶、泡沫、海绵等制作的器材作游戏的道具；游戏材料的立体高度不能太高，坡度不能太陡，诸如"独木桥""跷跷板""平衡木"之类的安装设计高度离开地面20～30 cm即可；游戏的固体材料或液体材料均应无毒、无臭、无刺激性、无腐蚀性。

6. 发展性原则

儿童体育游戏活动能力是与儿童年龄、身体、动作、素质、智力发展水平密切相关的，不同年龄阶段的儿童在体育游戏活动中表现出来的行为也不同，因此在创编体育游戏时需要了解儿童各阶段游戏活动能力发展特征。

（二）儿童体育游戏创编的方法

儿童体育游戏创编是按儿童体育游戏的结构进行创新性编写。儿童体育游戏结构是由游戏的目标、内容、活动方式、活动条件、情节、规则、结果等成分构成。经常用到的儿童体育游戏创编的方法有模拟法（即由熟悉事物的运动方式引起联想）、变化法（将熟悉的动作与具体的事物或故事情节联系起来）、竞赛法、儿歌法（伴随儿歌或歌曲）、组合法（将各种动作、器械、情节、角色等因素组合在一起），具体创编步骤如下。

1. 制定目标

制定游戏目标，它在游戏中具有定向的作用，是确定内容、活动方式、规则等的主要依据，是儿童体育游戏创编最重要的一环。长期以来，在体育游戏创编和指导中，存在着只重视内容、形式，而忽略目标，或先选内容再定目标的现象，从而使儿童体育游戏活动产生了极大的盲目性。

首先，必须从儿童已有的水平出发，最终促进儿童达到新的发展水平。

其次，目标内容应从以下四个方面来选择确定，避免单纯以身体发展为唯一目标，以及太抽象、太笼统、不具体、不切实际的要求。

◆ 儿童的活动参与（态度）

◆ 身体发展（技能）

◆ 心理健康（情感）

◆ 社会适应

再次，应尽量运用儿童体育活动时的行为来表述目标。如中班"拍球比多"游戏的目标是体验和感受球性，尝试单手连续拍球的方法，感受"拍球比多"的快乐，培养玩球的兴趣。

2. 选择内容，确定设计方法

（1）儿童体育游戏，主要是以身体活动为主要内容，它包括：

①走、跑、跳、投、钻、爬、攀登、各种滚动等基本动作。

②利用各种球、绳、圈、棍、沙包、钻架等大、中、小型运动器械的体育游戏。

③利用水、土、沙子、石头、冰雪、山坡、田野等大自然环境的各种体育游戏活动。

④各种舞龙、斗鸡、跳竹竿、荡秋千等民族、民间地域性体育游戏活动。

（2）儿童体育游戏设计可以从角色、情节入手，结合开始信号、动作过程、结束姿势、游戏规则等。

情节也可成为体育游戏的方法。情节具有激发兴趣的动力作用和教育作用，它可根据需要做多种多样的变化，有的反映自然现象、社会生活场景；有的利用儿童生活；也有的是利用成人生活或动物生活为题材。如"妈妈找宝宝""给小动物喂食""郊游"等；也可以用电视、电影、画报、报刊中的童话故事为题材，如"猫头鹰抓田鼠""小鲤鱼跳龙门""沙漠中的骆驼"等。

角色是儿童在体育游戏中不可缺少的重要部分。在比较简单的儿童体育游戏中，可以只设计一个角色；在较复杂的体育游戏中，也可选择多个角色。角色选择可以让儿童自己承担，即小朋友为游戏角色；也可以冠以各种小动物的名称，如小白兔、大象、大灰狼等；各种人物名称，如爸爸、妈妈、运动员、解放军、机器人等；各种物体名称，如树叶、雪花、小汽艇、卡车等。

角色安排方面，可以设计同一角色或不同角色共同完成一个任务。如"小小送货员"——全体儿童都扮演送货员，拖着车把"货"（水果、蔬菜）送到各个商店、学校、医院等。也可以选择不同角色相互对抗，如"坦克兵与投弹手""小猫抓鱼"等等。

规则是游戏的重要成分，它具有组织教育及保证游戏合理，公正开展的作用。它从属于游戏的内容、情节和角色等。儿童体育游戏规则，随着年龄及动作要求的变化而变化，具有很大的可变性和灵活性。

小班儿童不注意、不重视规则，常常以游戏方法及活动内容代替游戏，如拖、推着各种玩具走各种弯弯曲曲的路，拖着玩具走路既是方法又是规则。而中、大班可以逐渐增加规则数量和难度要求，如走过平衡木时必须两臂侧平举，头顶沙袋，如沙袋掉地上，必须原地捡起，放回头顶，才能继续走平衡木，否则暂停走平衡木一次。

活动条件是重要的教育资源，应通过环境的创设和利用，有效地促进儿童身心发展。儿童园内的户外草地、塑胶地、土坡、沙池、水池、投掷墙、攀岩墙、室内大教室等各种场地的空间和设施，各种购置和自制的大、中、小型运动器材等，都是儿童体育游戏环境创设的资源。在环境创设中，应充分利用场地和运动器材使儿童体能得到发展，使锻炼身体的积极性、主动性得到激发；环境创设应有利于贴近儿童的生活，为儿童所理解和接受。

思考题

1. 通过了解中国共产党第二十次全国代表大会代表丁宁的故事，谈谈你对"广泛开展全民健身活动，加强青少年体育工作，促进群众体育和竞技体育全面发展，加快建设体育强国。"的理解。

2. 同学们参照儿童体育游戏指导评价表，对自己的表现进行自我评价（见表10-1）：

表10-1 儿童体育游戏指导技能训练自我评价表

标准	优秀	良好	及格	不及格
内容	游戏前准备好，游戏方法讲解清楚，层次分明、语言精练。游戏组织能力强。能对游戏中出现的问题及时、有针对性小结。	游戏前准备较好，游戏方法讲解较清楚、明白。游戏组织能力较强。能对游戏中出现的问题进行小结。	游戏有准备，游戏方法讲解清楚，语言不精练。游戏组织欠灵活。简单小结。	游戏无准备，游戏方法讲解不清楚，游戏组织能力差。无小结。

3. 用一物多玩的报纸分别创编跑、跳跃、投掷三个体育游戏。

参考文献

［1］国家体育总局编写组. 深入学习习近平关于体育的重要论述［M］. 北京：人民出版社，2022.

［2］刘新民，张辉. 新时代大学体育与健康教程［M］. 北京：高等教育出版社，2020.

［3］陈克正. 体育导论［M］. 北京：高等教育出版社，2021.

［4］潘瑞成，吴建平. 大学体育［M］. 北京：高等教育出版社，2020.

［5］黄汉升. 球类运动——排球［M］. 3版. 北京：高等教育出版社，2015.

［6］王家宏. 球类运动——篮球［M］. 3版. 北京：高等教育出版社，2015.

［7］王崇喜. 球类运动——足球［M］. 3版. 北京：高等教育出版社，2014.

［8］李鸿江. 田径［M］. 3版. 北京：高等教育出版社，2014.

［9］中国健美操协会. 全国大众健美操锻炼标准第三套［Z］. 北京：北京精彩视觉文化传播公司，2021.

［10］张立燕，吕昌民，田志升. 学前教育专业体育与幼儿体育活动指导［M］. 济南：山东人民出版社，2014.